商务数据
分析与应用

主 编　**胡创业　孙晶晶**

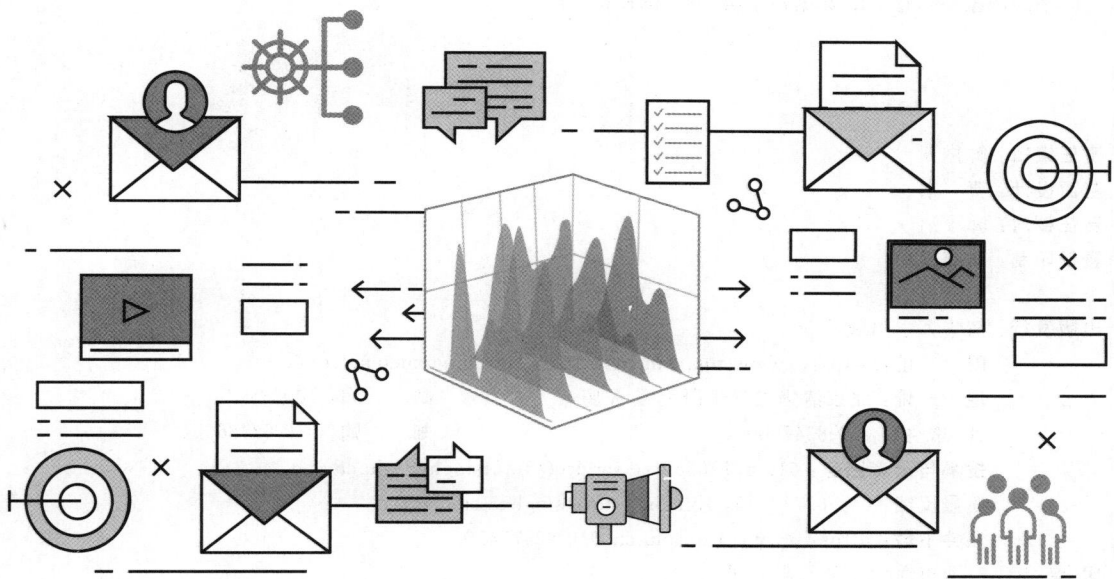

清华大学出版社

北 京

内 容 简 介

本书对接岗位需求,依托企业真实项目,以企业数据分析的真实工作过程为逻辑展开,从数字经济角度对企业经营各环节进行分析解读,用数字经济为企业赋能。本书共设置了六个项目:项目一为走进数据分析,主要介绍数据分析的工作流程、数据分析的思路与方法;项目二为销售目标制定与跟踪管理,主要包括目标制定、目标分解、销售追踪;项目三为顾客数据分析,主要包括商圈调研、会员画像、价值分层、周期管理等;项目四为商品数据分析,主要包括采购选品、结构优化、全链管理等;项目五为网络数据分析,主要包括店铺指标、流量密码、精准营销等;项目六为财务数据分析,主要包括认识三大财务报表、盈利能力分析、偿债能力分析。

本书可作为高等院校财经商贸类相关专业的教材,也可作为相关行业技术人员的阅读和培训资料。

图书在版编目(CIP)数据

商务数据分析与应用 / 胡创业,孙晶晶主编.

北京 : 清华大学出版社,2025.6. -- ISBN 978-7-302
-69721-3

Ⅰ. F712.3

中国国家版本馆 CIP 数据核字第 20258RE133 号

责任编辑:鲜岱洲
封面设计:曹 来
责任校对:郭雅洁
责任印制:曹婉颖

出版发行:清华大学出版社
   网   址:https://www.tup.com.cn,https://www.wqxuetang.com
   地   址:北京清华大学学研大厦 A 座   邮   编:100084
   社 总 机:010-83470000   邮   购:010-62786544
   投稿与读者服务:010-62776969,c-service@tup.tsinghua.edu.cn
   质量反馈:010-62772015,zhiliang@tup.tsinghua.edu.cn
   课件下载:https://www.tup.com.cn,010-83470410
印 装 者:三河市龙大印装有限公司
经 销:全国新华书店
开 本:185mm×260mm   印 张:15   字 数:358 千字
版 次:2025 年 8 月第 1 版   印 次:2025 年 8 月第 1 次印刷
定 价:59.00 元

产品编号:111901-01

当前,数字经济已经上升为国家战略。党的十九届四中全会首次提出将数据作为生产要素,党的十九届五中全会提出"发展数字经济""推动数字经济和实体经济深度融合"。2021年3月,《政府工作报告》明确"打造数字经济新优势,协同推进数字产业化和产业数字化转型"。2022年1月,国务院印发《"十四五"数字经济发展规划》,明确指出,数字经济是继农业经济、工业经济之后的主要经济形态。2023年2月,国务院发布《数字中国建设整体布局规划》,提出数字经济发展和数字中国建设的总体目标、主要任务和政策措施。2023年12月,国家数据局等17部门联合印发《"数据要素×"三年行动计划(2024—2026年)》,提出要进一步发挥数据要素的放大、叠加、倍增作用,推动经济社会高质量发展。

在数字经济背景下,传统商业模式发生了巨大变化,企业数字化转型不断加快,线上与线下从独立、碰撞走向融合、共生,数字经济已经贯穿商业策划、运营管理、复盘改进的全过程。当前,数据已经成为企业发展的核心要素,如何用好数据、让数据发挥最大的价值,已经成为企业数字化运营中的关键问题。本书紧扣新零售发展的时代背景,聚焦企业数字化运营的实践,以数据的视角解读企业运营状况,采取"数据中有分析、分析后有应用"的编写思路,发挥"校企双元合作"的优势,引入企业真实工作任务及岗位标准,做到德技并重、知行合一。全书内容围绕"人""货""场""财"四个方面,遵循学生的认知和学习规律,将数据分析工作进行流程化改造,让学生以任务的形式进行学习,同时注重将教育理念与岗位职业素养要求相结合,实现知识传授、能力培养和价值引领的统一。

本书采用项目导向、任务驱动的编写体例,突出理论体系完整性、实践指导针对性、深度学习可延伸性。本书的编写主要突出以下特色。

(1)校企双元协作:紧密联系行业企业,集合双方优势资源,在教学内容上,紧密结合行业发展的新动态、新技术,根据实际工作岗位需求进行模块化内容设计,引入企业的真实工作任务,融入新技术、新标准、新模式,同时校企双方共建数字化资源,打造立体化课程学习平台。

(2)融合岗课赛证:基于岗位职业能力分析,将学习内容与课程标准、专业教学标准、1+X职业技能等级标准、全国职业院校技能大赛、连锁经营管理师比赛、职业标准对接,融合岗课赛证的要求,从专业能力和职业素养两个维度,分析岗位应具备的知识、能力和素质,并以此为基础构建模块化课程体系。

(3)内容创新:在内容编排、案例选取、设计实训等环节,将社会主义核心价值观与数字伦理等内容融入其中,实现职业技能和职业精神培养高度融合。同时,以零售运营岗位实际工作内容进行模块任务开发,在每个模块中,以实际工作任务为引领,遵循数据分析的工作流程,即"数据收集—数据清洗—数据分析—结果展现—解决方案"。

（4）体例创新:本书按照任务驱动式结构编写,遵循学生认知规律,以"任务描述""任务分析""任务背景知识""任务实施""任务考核"设计任务流程,并融入"拓展阅读""案例分析""知识链接""课堂互动""思维导图"等形式,突出"做"与"练"。同时,新增数字学习平台,二维码资源可实现随扫随学,使纸质教材与数字资源有效融合,打造立体化课程资源。

本书由河南经贸职业学院与巴奴毛肚火锅有限公司、河南君友数字科技有限公司共同组织编写。胡创业、孙晶晶担任主编,张郑晗、项晓娟、杨佩芳担任副主编,韩鹏辉、晋妍妍、王怡婷、胡扬参与编写,全书由胡创业、孙晶晶统稿。具体编写分工是:张郑晗负责项目一的编写,胡创业负责项目二的编写,项晓娟负责项目三中模块一、模块二以及模块三中任务2和任务3的编写,孙晶晶负责项目三中模块三任务1和项目四中模块一、模块二的编写,韩鹏辉负责项目四中模块三的编写,晋妍妍负责项目五的编写,王怡婷负责项目六的编写。河南君友数字科技有限公司的杨佩芳、胡扬负责提供相关素材、指导实训项目。

由于编者水平有限,书中难免存在疏漏和不足之处,敬请广大读者批评指正。

编　者
2025 年 2 月

目 录 🔍

项目六　财务数据分析　198

走进数据分析

思维导图

```
                          ┌── 认识数据，明晰价值 ──┬── 走进数字时代
                          │                      └── 大数据的利与弊
                          │
走进数据分析 ──────────────┼── 厘清思路，明晰步骤 ──┬── 数据分析的思路
                          │                      └── 数据分析的步骤
                          │
                          └── 用对方法，合理呈现 ──┬── 企业经营四要素
                                                 └── 数据分析的方法
```

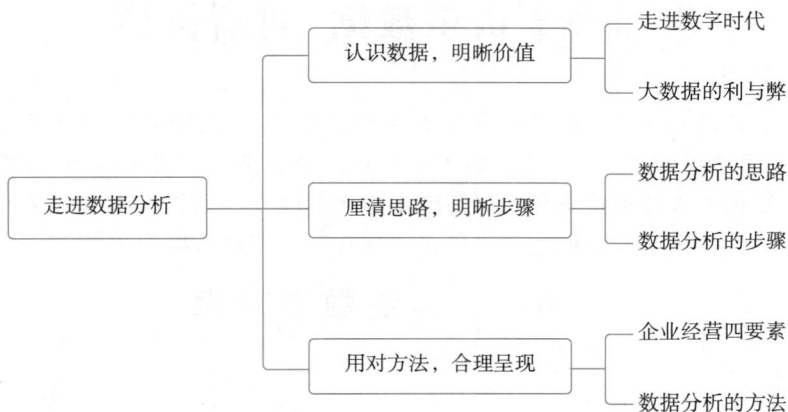

微课：
走进数据
分析

项目导入

　　数字技术创新、数字产业化成为推进中国式现代化的重要驱动力量。习近平总书记指出，"数字技术正以新理念、新业态、新模式全面融入人类经济、政治、文化、社会、生态文明建设各领域和全过程，给人类生产生活带来广泛而深刻的影响。当前，国际社会迫切需要携起手来，顺应信息化、数字化、网络化、智能化发展趋势，抓住机遇，应对挑战。"习近平总书记指明了未来竞争发展的方向。那么，什么是数字时代？大数据有哪些应用场景？应该如何探寻数据价值？本项目主要对数据分析背景做初步介绍，主要内容包括认识大数据、数据分析的思路与流程等，请根据学习情境描述和任务指引完成相应工作。

知识目标

（1）理解数据分析的概念、原因及对象。

（2）掌握数据分析工作的基本流程。

（3）熟悉数据分析的基本思路和方法。

（4）理解企业经营四要素。

🖥 能力目标

（1）能够用5W2H分析法、用户行为理论分析法、4P理论分析法进行简单的思路分析。

（2）掌握对比分析法、分组分析法、结构分析法、平均分析法、交叉分析法、综合评价分析法、矩阵关联分析法、预测分析法的基本用法。

（3）能够从企业经营四要素角度进行数据分析。

🖥 素养目标

（1）培养严谨细致的工作作风。

（2）培养批判性思维和独立思考精神。

（3）培养理论知识与社会实践需求相结合的思维意识，增强社会责任感。

模块一 认识数据，明晰价值

通过对市场营销和连锁经营等前序相关课程的学习，小组团队在学习过程中接触到了数据，并感受到了数据的力量，但是他们对如何进一步认知了解数据分析仍然处于入门阶段。什么是大数据？大数据给我们的生活带来怎样的改变？提供了哪些价值？我们为何要学习数据分析？大数据给我们的生活只带来了优化吗？有没有副作用？

任务1 走进数字时代

🔷 任务描述

小王是一名大一新生，他来自一个小镇，对于大城市的繁忙和陌生感到有些不安，但也充满了期待和好奇。刚到大城市，小王被高楼大厦、车水马龙的繁华景象震撼了。刚开始，他常常迷路，不熟悉的公交地铁系统也让他感到头疼。但是，他并没有因此气馁，而是充满了探索的欲望。他发现，大城市也充满了机会和可能。他开始规划自己的未来，希望能在这个城市里落脚，实现自己的梦想。老师告诉他，在数字经济时代，数据已经成为最新和最重要的生产要素，也是重要生产力，要多留意生活中的数据，从数据里发现行业发展的奥秘。那么，数据在我们的日常生活中都有哪些应用呢？应该关注哪些数据呢？

🔷 任务分析

根据任务描述，要想从身边的生活入手，了解数字时代各行业发展的情况，具体可以从以下四方面来发散思维。

（1）衣：人们的穿衣风格、购买方式等是否被数据影响。

（2）食：复购率、翻台率、主打菜品等名词的出现。

（3）住：为何有些地区酒店布局多、有些布局少。

（4）行：高铁系统的更新，拼车等软件的产生。

学习准备

请以衣、食、住、行为发散思维逻辑的主要方面,列出数字时代对当今社会的影响,填写表 1-1。

表 1-1　数字时代对社会的影响分析

序号	涉及方面	数据新名词	数字时代新产物	数字时代新现象
1	衣			
2	食			
3	住			
4	行			

任务背景知识

1. 数字技术的含义

当今时代,数字技术是科技革命和产业变革的先导力量,发展数字经济是抓住先机、抢占未来发展制高点的必然选择。党的十八大以来,以习近平同志为核心的党中央高度重视发展数字经济,加快推进数字中国建设。从实施网络强国战略和国家大数据战略,到出台《网络强国战略实施纲要》《数字经济发展战略纲要》,再到 2023 年印发《数字中国建设整体布局规划》,要求做强做优做大数字经济,培育壮大数字经济核心产业、推动数字技术和实体经济深度融合……数字经济和数字中国建设为经济社会高质量发展注入了澎湃动能。

党的二十大强调"以中国式现代化全面推进中华民族伟大复兴"。建设数字中国是数字时代推进中国式现代化的重要引擎,是构筑国家竞争新优势的有力支撑。近年来,数字中国建设稳步推进,数字经济发展成效显著,不仅为人民群众创造更加美好的生活提供了坚实支撑,也为中国式现代化事业发展提供了重要助力。

案例分析:
数字技术
概览

2. 数字技术的应用

当前数字化技术的应用非常广泛,几乎涵盖了现代社会的各个产业。数字化技术的不断创新和应用,可以提高生产效率和服务质量,促进经济发展和社会进步。

任务实施

1. 基础任务

以小组为单位,查阅大数据相关资料,填写表 1-2。

表 1-2　大数据基本信息自学总结

大数据的含义	广义	
	狭义	
大数据的应用	国家层面	
	社会层面	
	个人层面	
大数据的弊端	弊端	
	避免及改进	

2. 提升任务

根据表 1-2"大数据基本信息自学总结"设计调查问卷,对全校学生大数据认知情况做调查,对调查数据进行统计汇总,填写表 1-3。

表 1-3　在校生大数据认知调查报告

调查目的	
调查方法	
调查内容	
调查结论及建议	

任务考核

在本次任务完成后,综合各项表现和评分标准,填写表 1-4 和表 1-5。

表 1-4　评分标准

评价项目	分值	评分标准	得分
大数据的含义	20	完成表 1-2,内容完整,得 20 分;不符合要求,酌情扣分	
大数据的调查	60	调查目的明确,内容完整,调查方法得当,结论准确,得 60 分;内容不完整,酌情扣分	
小组汇报	20	根据调查结果完成分析评价,得 20 分;分析不够深刻,流于形式,酌情扣分	
合　　计			

表 1-5　综合成绩

任务形式	任务成果展现	个人自评(20%)	小组互评(30%)	教师点评(50%)	合计
大数据的含义(20 分)					
大数据的调查(60 分)					
小组汇报(20 分)					
综合得分					

任务 2　大数据的利与弊

任务描述

在数据分析公司工作了三年的小张被分配了一项新任务:带刚从学校毕业的新人小王快速了解行业。小王为人踏实勤劳、责任心强,作为新员工受到了大部分领导和同事的肯定。但是小王在学校里没有学过数据分析的相关知识,没有专业背景,这可让小张犯了难。该如何快速让新人了解什么是大数据,如何客观看待大数据呢?

任务分析

根据任务描述,要想让新人快速了解行业概念,客观分析行业技术利弊,就要从正反两方面出发。本任务具体内容包括以下四方面。

（1）大数据的定义和概念。

（2）大数据的应用场景。

（3）大数据的技术基础。

（4）大数据的伦理和社会影响。

◐ 学习准备

请搜集相关资料，填写表 1-6。

表 1-6　大数据利弊分析

序号	涉及方面	正面影响	负面影响
1	大数据的定义和概念		
2	大数据的应用场景		
3	大数据的技术基础		
4	大数据的伦理和社会影响		

任务背景知识

1. 大数据的概念

大数据（big data）又称巨量资料，指的是所涉及的资料量规模巨大到无法通过主流软件工具，在合理时间内撷取、管理、处理并整理，达到帮助企业经营决策目的的资讯。

大数据不仅自身能够迅速衍生为新兴信息产业，还能够同云计算、物联网和才智工程技能联动，支撑一个信息技能的新时代。大数据会记录人们的浏览习惯、购买习惯。常用淘宝、支付宝这些软件的人，其消费能力、购物习惯、活动场所、收入情况、生活质量、年龄、身高、体重、鞋码、口味等，都是可以分析出来的，这些基本囊括了人们的生活。

课堂互动：发散思维，查阅相关资料，试找出用数据手段颠覆传统思维的案例。

2. 大数据的特点

IBM 公司提出了大数据的 5V 特点，分别是 volume（大量化）、velocity（快速化）、variety（多样化）、value（价值）、veracity（真实性）。

volume——大量化，指的是非结构数据的超大规模和增长，比结构化数据增长快 10～50 倍，是传统数据仓库的 10～50 倍。

velocity——快速化，指的是实时分析而非批量式分析，数据的快速提取、清洗、汇聚、标签化，结果立竿见影。大数据时刻都会处理万亿级以上的数据，因此具有很强的时效性，能够高速处理、响应迅速。

variety——多样化，指的是大数据的异构和多样化，有很多不同的形式（结构化数据、非结构化数据、半结构化数据），呈现方式也不仅限于文本、图像、文件、数据库类、标准格式等。

value——价值，指的是对大量的不相关信息，通过对未来趋势与模式的可预测分析、深度复杂分析，快速提炼出有价值的信息，为客户带来真正的受益点（如机器学习、人工智能、数据汇聚等）。

veracity——真实性，指的是大数据中的内容是与真实世界息息相关的，研究大数据就

案例分析：
体育大数据

是从庞大的网络数据中提取出能够解释和预测现实事件的信息,提高数据的准确度、可依赖程度,保证数据质量。也可以利用大数据进行未来某种趋势的预判,以及提取真正的需求点。

⚙ 任务实施

1. 基础任务

以小组为单位,查阅相关资料完成表1-7,并进行结果交流。

表1-7　数据分析相关软件资料

数据分析相关软件	特点	适用场景	获取方式

2. 提升任务

查找相关资料,以各地交通管理数据为例,了解所用数据分析软件的相关内容,评价并提出改进措施。

数据内容分析:

_____

_____

评价改进建议:

_____

_____

⚙ 任务考核

在本次任务完成后,综合各项表现和评分标准,填写表1-8和表1-9。

表1-8　评分标准

评价项目	分值	评分标准	得分
数据分析相关软件资料表	40	完成数据分析相关软件资料表中数据分析相关软件名称条目的整理查找工作,软件特点的整理归类工作,适用场景的调查相关工作,相关软件获取信息的搜集工作,要求完整准确填表,得40分;不符合要求,酌情扣分	
数据内容分析	30	查阅相关资料,完成各地交通管理数据软件的分析和归纳,要求逐条分析,涵盖内容完整,条理清晰,言之有据,得30分;不符合要求,酌情扣分	
评价和改进	30	查阅相关资料,完成各地交通管理数据软件的评价和改进,要求条理清晰,言之有据,有针对性地给出评价和改进意见,得30分;不符合要求,酌情扣分	
合　　计			

表 1-9　综合成绩

任务形式	任务成果展现	个人自评(20%)	小组互评(30%)	教师点评(50%)	合计
数据分析相关软件资料表(40分)					
数据内容分析(30分)					
评价和改进(30分)					
综合得分					

模块二　厘清思路,明晰步骤

对大数据进行初步学习认知后,小组团队要开始探索数据分析的准备工作。采用科学的思路和正确的方法,才能在海量的数据里面获取相关的信息。那么,应该如何"对症下药",什么情况下采取什么思路? 采用什么方法?

任务 1　数据分析的思路

任务描述

升任部门主管的小张给小王分配了一项新任务:给爱心便利店目前存在的问题做诊断。爱心便利店的选址在市内大型写字楼旁,主要服务周边上班族,目前已开业两月有余,但是中午的销量一直不容乐观。小王拿到厚厚一沓资料,开始犯愁:这么多的资料到底要怎么找有用信息?

任务分析

根据任务描述,需要在海量数据中进行筛选,剔除无用信息,只关注有用信息。具体可以从 3W1H 来确定数据筛选思路。

(1)确定时间 when:提取中午时间段的营业数据,并进行对比。

(2)确定人群 who:提取特定时间段内不同人群的购买数据,并进行对比。

(3)确定产品 what:提取午间不同销量的产品数据,并进行对比。

(4)购买价格 how much:从产品关联提取价格,从价格关联提取利润,并进行对比。

学习准备

请查找相关资料,对某企业的用户行为进行分析,并填写表 1-10。

表 1-10　某企业用户行为分析

序号	涉及方面	本星期数据	一星期前同日数据	两星期前同日数据
1	购买时间 when			
2	人群画像 who			
3	产品偏好 what			

续表

序号	涉及方面	本星期数据	一星期前同日数据	两星期前同日数据
4	购买价格 how much			

任务背景知识

1. 5W2H 分析法

5W2H 分析法又叫七何分析法,该分析法简单、方便,易于理解、使用,富有启发意义,广泛用于企业管理和技术活动,对于决策和执行性的活动措施制定也非常有帮助,还有助于弥补考虑问题的疏漏。发明者以五个 W 开头的单词和两个 H 开头的单词进行设问,发现解决问题的线索,厘清思路。5W2H 的具体内容如下。

(1) why 何种目的:顾客购买的目的是什么? 如何吸引顾客购物?

(2) what 何种商品:我们能提供什么商品? 能否满足顾客需求?

(3) who 何人购买:我们的顾客是谁? 这些顾客有何特点?

(4) when 何时购买:顾客一般何时购买? 多久会再次购买?

(5) where 何处购买:购买地周边的环境如何?

(6) how much 价格几何:顾客的购买承受价格是多少? 人均购买量是多少?

(7) how to do 如何成交:顾客的习惯支付方式是什么? 如何让顾客更方便付款?

2. 用户行为理论分析法

用户行为理论分析法是对用户在产品上产生的行为及行为背后的数据进行分析,通过构建用户行为模型和用户画像,来改变产品决策,实现精细化运营,指导业务增长。在产品运营过程中,对用户行为的数据进行收集、存储、跟踪、分析与应用等,可以找到实现用户自增长的因素、群体特征与目标用户,从而深度还原用户使用场景、操作规律、访问路径及行为特点等。

用户行为理论分析法具体包括认知、熟悉、试用、使用、忠诚。

(1) 认知:来店顾客的数量有多少? 顾客从何处得知店铺的位置?

(2) 熟悉:顾客平均在店铺停留时长是多久? 顾客感兴趣的商品是哪些?

(3) 试用:顾客初次购买的产品是哪种? 顾客的初次消费金额是多少?

(4) 使用:顾客来店频率是多少? 顾客常购买的商品是什么? 顾客订购的商品是什么?

(5) 忠诚:顾客再次来店的比例是多少? 顾客流失率是多少? 复购率是多少?

对于互联网金融、新零售、供应链、在线教育、银行、证券等行业的产品而言,以数据为驱动的用户行为分析尤为重要。用户行为分析的目的是:推动产品迭代,实现精准营销,提供定制服务,驱动产品决策等。

具体来说,用户行为分析的目的主要体现在以下几方面:对产品而言,帮助验证产品的可行性,研究产品决策,清楚地了解用户的行为习惯,并找出产品的缺陷,以便进行需求的迭代与优化;对设计而言,帮助增加体验的友好性,匹配用户情感,提供细腻地贴合用户的个性服务,并发现交互的不足,以便改进与完善设计;对运营而言,帮助提升裂变增长的有效性,实现精准营销,全面地挖掘用户的使用场景,并分析运营的问题,以便转变与调整决策。

3. 4P 理论分析法

4P 理论分析法是密歇根大学教授杰罗姆·麦卡锡在 20 世纪 60 年代提出的。4P 营销

案例分析:
第谷和开普勒
的数据分析
思路对比

理论被归结为四个基本策略的组合,即产品(product)、价格(price)、促销(promotion)、渠道(place),简称 4P。

产品(product):指满足用户需求的东西,可以是实物、服务、技术等或者是它们的组合。主要维度有:公司提供哪些产品? 哪些产品销量好? 哪些产品销量差? 哪些产品盈利? 哪些产品亏损? 产品是如何满足用户的需求的? 产品的目标用户是谁?

价格(price):指产品的销售价格。主要维度有:产品的定价机制怎么样? 公司的销售收入是增加还是减少? 价格、用户期望、成本、市场供求之间的关系如何平衡?

促销(promotion):是指企业通过改变销售行为来刺激用户消费,以短期行为促成消费增长。主要维度有:公司的促销方式有哪些? 哪些促销方式的效果好? 线上和线下相比,投入产出比怎么样?

渠道(place):指产品从生产者流转到使用者(购买者)手上的全过程中所经历的各个环节。主要维度有:有哪些销售渠道? 哪些渠道销售情况比较好? 各个地区的渠道覆盖率如何?

4. 逻辑树分析法

逻辑树分析法又称为麦肯锡逻辑树分析法,其最大的优势在于,将繁杂的数据工作细分为多个关系密切的部分,不断地分解问题,帮助人们在纷繁复杂的现象中找出关键点,推动问题的解决。首先它的形态像一棵树,把已知的问题比作树干,然后考虑哪些问题或任务与已知问题有关,将这些问题或子任务比作逻辑树的树枝,一个大的树枝上还可以延伸出小的树枝,逐步列出所有与已知问题相关联的问题,如图 1-1 所示。逻辑树将已知问题及所有子问题分层罗列,从最高层开始逐步扩展,帮助我们厘清所有的思路,避免重复和无关的思考。

逻辑树分析法的使用遵循以下步骤。

(1)罗列问题:将问题的所有子问题分层罗列,从最高层开始,并逐步向下扩展。

(2)找出问题关联题目:把一个已知问题当成树干,找出该问题的所有相关联项目,将大问题按照逻辑关系派生出一连串的小问题。

(3)逐步解决问题:将小问题逐步解决,最终解决大问题。

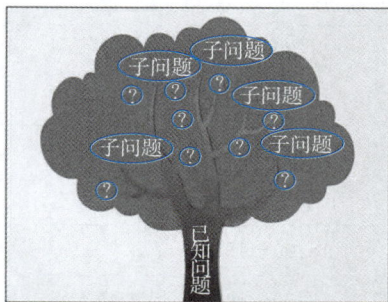

图 1-1　逻辑树分析法

🌐 任务实施

1. 基础任务

选取校内商业街任意一家超市,完成表 1-11。

表 1-11　某超市星期日上午人流量情况调查统计

调查时间:　　年　月　日　　　　　　　　　　　　　星期日　天气:　晴□　阴□　雨□
店铺名称:_____　　　　　　　　　　地址:_____

时间	人数	时间	人数
10:00—10:30		11:00—11:30	

续表

时间	人数	时间	人数
10:30—11:00		11:30—12:00	
上午平均人流量			

注:(1)颜色加深区域为人流高峰期的时段,必须做到全程监测统计人数,其他非高峰期的时段,只测量前10分钟,乘以3作为该时段的人流量即可。可以任选表格里的时段完成。

(2)平均人流量指标单位:人/时。

2. 提升任务

选取校内商业街任意一家超市,完成表1-12。

表1-12　某超市星期日人流量情况调查统计

调查时间:　年　月　日　　　　　　　　　　　　星期日　　天气:　晴□　阴□　雨□

店铺名称:_____　　　　　　　　　　　地址:_____

时间	人数	时间	人数
10:00—10:30		11:00—11:30	
10:30—11:00		11:30—12:00	
上午平均人流量			
12:00—12:30		13:00—13:30	
12:30—13:00		13:30—14:00	
中午平均人流量			
14:00—14:30		16:00—16:30	
14:30—15:00		16:30—17:00	
15:00—15:30		17:00—17:30	
15:30—16:00		17:30—18:00	
下午平均人流量			
18:00—18:30		20:30—21:00	
18:30—19:00		21:00—21:30	
19:00—19:30		21:30—22:00	
19:30—20:00		22:00—22:30	
20:00—20:30		22:30—23:00	
晚上平均人流量			
调查结论			

注:(1)颜色加深区域为人流高峰期的时段,必须做到全程监测统计人数,其他非高峰期的时段,只测量前10分钟,乘以3作为该时段的人流量即可。可以任选表格里的时段完成。

(2)平均人流量指标单位:人/时。

任务考核

在本次任务完成后,综合各项表现和评分标准,填写表 1-13 和表 1-14。

表 1-13　评分标准

评价项目	分值	评分标准	得分
某超市星期日上午人流量情况调查统计表	30	完成某超市星期日上午人流量情况调查统计表,调查方法得当,结论准确,得 30 分;内容不完整,酌情扣分	
某超市星期日人流量情况调查统计表	70	完成某超市星期日人流量情况调查统计表,调查方法得当,结论准确,得 70 分;内容不完整,酌情扣分	
合　　计			

表 1-14　综合成绩

任务形式	任务成果展现	个人自评(20%)	小组互评(30%)	教师点评(50%)	合计
某超市星期日上午人流量情况调查统计表(30 分)					
某超市星期日人流量情况调查统计表(70 分)					
综合得分					

任务 2　数据分析的步骤

任务描述

小王在学习了数据分析的思路后,对爱心便利店目前存在的问题进行诊断,然后向部门经理小张口头做了汇报。小张把小王批评了一顿,小王心里觉得很委屈,明明自己做了大量的功课。正当小王委屈之际,同事小红来安慰他,告诉他向领导汇报时,不仅要有口述,更重要的是要形成图文并茂的报告和解决方案。小王豁然开朗,原来经理小张是在对自己严格要求,希望自己变得更好。那么,数据分析的步骤和呈现应该是怎样的?

任务分析

根据任务描述,完整的数据分析步骤具体内容应该包括以下几方面。

(1)发现问题:目标确定。

(2)解决问题:数据获取、清洗、整理。

(3)得出结论:数据分析。

(4)形成报告:结果呈现。

学习准备

请搜集相关资料,填写表 1-15。

表 1-15 数据分析的步骤

步骤	任务	分析
第一步	目标确定	
第二步	数据获取、清洗、整理	
第三步	数据分析	
第四步	结果呈现	

任务背景知识

1. 数据分析的工作任务

数据分析的主要工作任务如图 1-2 所示。

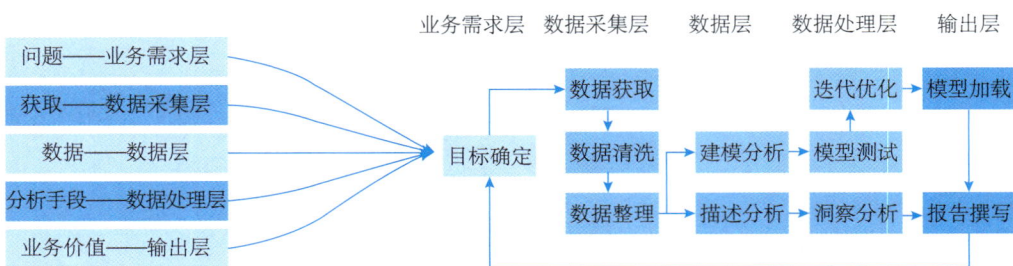

图 1-2 数据分析的主要工作任务

2. 数据分析的流程

数据分析的具体工作流程如图 1-3 所示。

图 1-3 数据分析的具体工作流程

1）目标确定

数据分析一定是带着某种业务目的的。它可能是要追踪一个新产品上线之后的用户使用情况，也可能是观察用户在某段时间的留存情况，还有可能是考察运营某种优惠券是否有效。带着一定的目的，确定要从哪几个角度进行分析，然后找到能够达到目的的指标。例如，想要验证运营最近的一批优惠券是否有效，可以从优惠券的领取情况和优惠券的使用情况两个方面分析，而优惠券的领取情况指标可以细化为领取率，使用情况指标可细化为使用率、客单价等。

2）数据获取、清洗、整理

在确定了数据分析的核心指标后，就要针对数据指标做数据收集。有些企业的数据准备非常充分，数据仓库、数据集市等早早就建设好了。有一些企业在数据分析上比较落后，那就需要前期做大量的数据收集工作。例如，使用公司自有的或者第三方的数据分析工具进行"埋点"，获得日志；或者使用数据库中的现有数据，如订单数据、基础的用户信息等。数据提取出来之后，要剔除"脏"数据（清洗），然后进行数据转化。在进行最基本的数据汇总、聚合之后，就可以得到比较简单的、字段相对丰富的数据宽表。

3）数据分析

数据分析是用适当的分析方法及工具,对处理过的数据进行分析,提取有价值的信息,形成有效结论的过程。例如,可以运用漏斗模型分析用户在不同阶段的转化情况,用 RFM（最近一次消费 recency,消费频率 frequency,消费金额 monetary）模型对用户价值进行分层,用 ABC（activity based classification）分析法来进行商品结构优化等。

4）结果呈现

通过数据分析,隐藏在数据中的关系和规律将逐渐呈现。此时,数据显示模式的选择尤为重要。数据最好以表格和图形的形式呈现,即用图表说话。常用的数据图包括饼图、柱形图、条形图、折线图、散点图、雷达图等,这些图可以进一步加工,变为需要的图形,如金字塔图、矩形图、漏斗图、帕累托图等。然后,以图文并茂的方式,呈现明确的结论,并给出建议和解决方案。

任务实施

1. 基础任务

以小组为单位,对某企业的运营情况进行调研,搜集相关指标,并填写表 1-16。

表 1-16　企业数据收集

指标	数据	数据来源

2. 提升任务

根据收集到的数据,按照数据分析的工作流程进行分析,并整理成文字报告和 PPT,以小组汇报的形式上台汇报。企业经营数据分析报告制作步骤如表 1-17 所示。

表 1-17　企业经营数据分析报告制作步骤

步骤	主要工作内容	数据分析结论
第一步	目标确定	
第二步	数据获取、清洗、整理	
第三步	数据分析	
第四步	结果呈现	

案例分析:
谷歌预测
冬季流感的
最终结局

任务考核

在本次任务完成后,综合各项表现和评分标准,填写表 1-18 和表 1-19。

表 1-18　评分标准

评价项目	分值	评分标准	得分
数据收集	20	数据收集内容丰富,数据翔实,来源权威,得 20 分;数据不完整,酌情扣分	

续表

评价项目	分值	评分标准	得分
数据分析报告	60	数据分析步骤清楚,内容全面准确,图文并茂,表格图形选择合适,配合明确的结论并给出建议和解决方案,得 80 分;内容不完整、不准确,酌情扣分	
小组汇报	20	讲授内容正确,无知识性错误,重点突出,能调动观众积极性和参与度,台风大方,普通话标准,声音洪亮,有抑扬顿挫,得 20 分;未达到上述要求,酌情扣分	
合　　计			

表 1-19　综合成绩

任务形式	任务成果展现	个人自评(20%)	小组互评(30%)	教师点评(50%)	合计
数据收集(20分)					
数据分析报告(60分)					
小组汇报(20分)					
综合得分					

模块三　用对方法,合理呈现

初步学习数据分析的思路和步骤后,小组团队要开始结合现实企业的现状进行有针对性的研究方法的选择和分析了。只有结合企业经营四要素,加以分析,再采取适当的数据分析的方法,才能保证数据分析的结果符合企业现状,能够解决实际问题。那么,企业经营四要素是什么? 数据分析的方法具体包括什么?

任务 1　企业经营四要素

任务描述

小王对爱心便利店中午销售情况欠佳的初步数据分析报告得到主管小张和爱心便利店刘老板的一致认可,刘老板不禁感叹:知识就是力量。刘老板年轻时是一名光荣的士兵,退伍后开了这家爱心便利店,凭借诚信经营获得了众多客人的一致认可,但让刘老板苦恼的是,自己缺乏企业经营管理相关的知识,很多问题自己只能干着急,没有解决方案,于是他虚心向小王和小张请教企业经营相关的知识。小王应该从哪方面入手来给刘老板讲解呢?

任务分析

根据任务描述,需要明确零售业态下企业经营管理的要素分别有哪些。具体可以从以下几方面来确定。

(1)人:人即流量。

(2)货:价格和品质,这背后涉及供应链的问题。

（3）场：场是连接人与货的载体，是促进销售的催化剂。

（4）财：财务数据分析是企业经营至关重要的一个环节。

学习准备

以小组为单位，对某企业进行调研，探寻企业存在的问题，并将相关问题汇总填入表 1-20。

表 1-20　企业经营管理存在的问题调研

序号	调研对象	岗位及职务	存在问题描述
1			
2			
3			
4			

任务背景知识

1. 商业类型和企业业态

众所周知，全球商业类型主要分为五大类：制造业、批发和零售业、金融和保险业、房地产业及服务业。数据分析广泛存在于各个行业，与消费者日常生活息息相关的是其对服务业和零售业的影响。

现代服务业是指伴随信息技术和知识经济的发展而产生，利用现代科学技术和现代管理理念，推动生产性服务业向专业化和价值链高端延伸，推动生活性服务业向高品质和多样化升级，加强公益性基础性服务业发展所形成的具有高技术含量、高人力资本含量、高附加价值等特征的经济活动。其分类标准参照国际上知识密集型服务业、高级生产性服务业、高科技服务业等产业分类中的共性原则和特征，保持与国际相关服务业划分标准同质可比。

生产性服务业和生活性服务业是从服务功能角度对服务业进行的分类。两个概念的内涵和外延，至今国际上仍未形成统一认识。生产性服务业可以理解为一种中间服务部门，主要为各类市场主体的生产活动提供服务；而生活性服务业提供的服务主要用于居民最终消费。

2018 年，根据《国民经济行业分类》（GB/T 4754—2017），国家统计局对《三次产业划分规定（2012）》中的行业类别进行了对应调整。2025 年 2 月 28 日，国家统计局发布《中华人民共和国 2024 年国民经济和社会发展统计公报》显示，2024 年，全年国内生产总值约 135 万亿元，比 2023 年增长 5%；全国规模以上工业增加值比 2023 年增长 5.8%；服务业增加值比 2023 年增长 5%。

零售业态（retail formats）是指零售企业为满足不同的消费需求进行相应的要素组合而形成的不同经营形态，零售业态从总体上可以分为有店铺零售业态和无店铺零售业态两大类。就商业主体而言，它是商人针对某一目标市场所选择的体现商人意向和决策的商店。零售商业业态包括百货店、超级市场、大型综合超市、便利店、专业市场（主题商城）、专卖店、购物中心和仓储式商场等形式。

案例分析：主动拥抱新技术，打造新场景、新业态

2. 企业经营四要素——"人""货""场""财"

零售是指直接将商品或服务销售给个人消费者或终端消费者的商业活动，是商品或服

务从流通领域进入消费领域的最后环节。从概念中可以发现零售存在几个特点：直接为消费者服务，每笔交易数量小，交易次数频繁，经营的产品品种多。这几个特点都与消费者（人）、交易产品（货）、交易场所（场）、财务（财）相关。

1）人

在传统零售中，更多关注的是货和场，有好而全的产品、价格的优势、好的商圈地理位置和一站式的场地服务，是零售业务成功的关键；在新零售中，更多关注了"人"的重要性，以人为中心，关注消费者的体验，通过大数据和互联网技术，提供个性化的服务，实现新的发展。所以在"人"的维度上，除了关注最重要的客单价、转化率、复购率和流量外，还需要对用户画像进行分析，通过购买习惯等关注用户的行为习惯和特征，以便更好地匹配产品和服务。除了顾客层面，员工层面也是"人"的维度的一部分，提高组织效率，关注员工的成交率、平均成交时长、投诉率、流失率等也是十分重要的。

2）货

货最直观的体现是价格和品质，这背后则涉及供应链的问题，不同的销售模式对供应链的要求不一样。研究供应链就是研究如何减少库存规模、提高物流速度、提升周转效率、降低交易成本。分析商品，需要关注的是商品生产和商品流通。生产方面，在新零售的环境中，以人为核心，所以对于商品的价值的判定，不再是简单的使用价值，从人的需求出发，会赋予商品更多社会价值、精神文化价值等。有了对人的需求的精准分析，才能达到品—消共创的全方位的零售时代。商品流通部分，为了避免传统的"经验供货"造成的库存积压等问题，提升流通效率、降低库存成本是新零售的重点。结合移动互联网、移动支付、大数据、云计算、物联网等多种技术，提升用户购买决策、仓储配送等环节的效率，优化供应链决策由供应方转向需求方，提升商品流通效率。

3）场

场是指消费场景，无论是线上还是线下，消费者和商品接触的终端都可以称为"场"，在这个过程中流动的是信息、资金和商品，所以分别发挥线上线下的优势，提高"场"的效率是这个过程中的重点。场是连接人与货的载体，是影响销售、促进销售的催化剂。不管是线下商场还是线上电商平台，人只要进入这个场就容易受其影响，场的氛围不断刺激人的购买欲，从而产生购买行为。

4）财

财主要是从企业财务方面对企业经营进行反馈，包括资产负债情况、利润情况、债务情况等指标数据。财务数据分析是企业经营至关重要的一个环节。

🌐 任务实施

1. 基础任务

选取商业街任意一家超市，从"人""货""场""财"角度入手，进行数据实地考察，完成表1-21。

表1-21　某超市四要素问题分析

调查时间：　年　月　日　　　　　　　　　星期：_____　　　　天气：晴□　阴□　雨□
店铺名称：_____　　　　　　　　　　　　地址：_____

序号	涉及方面	存在问题（对比数据）
1	人	

续表

序号	涉及方面	存在问题（对比数据）
2	货	
3	场	
4	财	

2. 提升任务

根据表 1-21 的内容，就存在的问题给出针对性建议，完成表 1-22。

表 1-22　某超市四要素解决方案分析

调查时间：　年　月　日　　　　　　　　　星期：＿＿＿＿＿　　天气：晴□　阴□　雨□
店铺名称：＿＿＿＿＿＿＿＿＿＿＿　　　　　　　　　　　　　　　地址：＿＿＿＿＿＿＿＿＿

序号	涉及方面	存在问题（对比数据）	解决方案
1	人		
2	货		
3	场		
4	财		

任务考核

在本次任务完成后，综合各项表现和评分标准，填写表 1-23 和表 1-24。

表 1-23　评分标准

评价项目	分值	评分标准	得分
某超市四要素问题分析表	40	从企业经营四要素入手，完成某超市四要素问题分析表，重点突出，能发现问题，结论准确，得 40 分；内容不完整，酌情扣分	
某超市经营解决方案	60	从企业经营四要素入手，完成某超市四要素问题分析表，重点突出，能发现问题并解决问题，结论准确，解决方案对症，得 60 分；内容不完整，酌情扣分	
合　　计			

表 1-24　综合成绩

任务形式	任务成果展现	个人自评（20％）	小组互评（30％）	教师点评（50％）	合计
某超市四要素问题分析表					
某超市经营解决方案					
综合得分					

任务 2　数据分析的方法

任务描述

　　小王凭借过硬的专业素养得到爱心便利店刘老板的高度评价和肯定。目前,小王又收到一个任务:任选市面上某一餐饮品牌,以对比分析的方式,找到与头部品牌的差异。该从哪些方面进行对比呢?

任务分析

　　根据任务描述,截至 2024 年,与头部品牌差异对比的具体内容应该包括以下几个方面。
　　(1) 门店数量。
　　(2) 有无自主专有供应链。
　　(3) 区域分布对比。
　　(4) 全年营业额对比。
　　(5) 有无独立速食产品线。

学习准备

　　根据收集到的数据,填写表 1-25。

表 1-25　餐饮品牌对比分析表

2024 年数据	某头部品牌	某自选品牌
门店数量		
有无自主专有供应链		
区域分布对比		
全年营业额对比		
有无独立速食产品线		

任务背景知识

1. 对比分析法

　　对比分析法不管是在生活中还是工作中,都会经常用到。对比分析法也称比较分析法,是将两个或两个以上相互联系的指标数据进行比较,分析其变化情况,了解事物的本质特征和发展规律。

　　对比分析法有不同的分类方式,可以分为静态比较和动态比较两类。静态比较是在同一时间条件下对不同总体指标的比较,如不同部门、不同地区、不同国家的比较,也叫横向比较,简称横比;动态比较是在同一总体条件下对不同时期指标数值的比较,也叫纵向比较,简称纵比。进行对比分析时,可以单独使用总量指标、相对指标或平均指标,也可将它们结合起来进行对比。比较的结果可用相对数表示,如百分数、倍数等。

　　课堂互动:对比你经常去的两家餐饮店,说出这两家店的区别。

对比分析法还可以分为时间对比、空间对比及标准对比三类。

1）时间对比

最常用的就是同比和环比，通过时间周期的数据对比，了解目前数据水平的高低。同比：某个周期的时段与上一个周期的相同时段比较，如今年的 6 月与去年的 6 月相比，本星期的星期一与上星期的星期一相比等。环比：某个时段与其上一个时长相等的时段做比较，如本星期环比上星期等。

2）空间对比

空间对比即在相同时间范围内与不同空间指标数据进行对比。例如，不同部门、不同业务人员、不同地区等进行对比，各省份订单销售数据进行对比，可以得出产品的优势地区，进行重点突破、平衡人力物力等。

3）标准对比

业务数据通常会设定目标计划，标准对比可以将目前数据与设定的目标计划进行对比，了解目前发展进程、完成进度等，了解差距后可以及时调整策略。

对比分析法在使用时需要注意的是：指标的口径范围、计算方法、计量单位必须一致，即要用同一种单位或标准去衡量；对比的对象要有可比性；对比的指标类型必须一致。无论绝对数指标、相对数指标、平均数指标，还是其他不同类型的指标，在进行对比时，双方必须统一。

案例分析：中国连锁咖啡品牌重点企业对比分析

2. 分组分析法

分组分析法是在分组的基础上，对现象的内部结构或现象之间的依存关系从定性或定量的角度做进一步分析研究，以便寻找事物发展的规律，正确地分析问题和解决问题。

分组时必须遵循两个原则：穷尽原则和互斥原则。穷尽原则要求对研究对象进行全面的分类，确保所有可能的情况都被纳入分组。这意味着所有观察对象或样本都应该被分配到一个明确定义的组别中，没有遗漏或重叠的情况。穷尽原则确保了分组的全面性和完整性，避免了遗漏关键信息或数据的风险。互斥原则要求不同组别之间互不重叠，即每个观察对象或样本只能属于一个组别，不能同时属于多个组别。互斥原则确保了组别之间的独立性和明确性，使得在组别间进行比较和分析时能够准确地区分和解释差异。

根据指标的性质，分组分析法可以分为数量指标分组和属性指标分组。

1）数量指标分组

数量指标是指连续或离散的数值型数据，具有可测量和可比较的特点。数量指标分组是将研究对象根据数量指标的取值范围或数值区间进行分类。

数量指标分组有单变量分组和组距分组两种。单变量分组是把每一个变量值作为一组，这种分组通常只适合离散变量，且在变量较少的情况下使用。组距分组是将全部变量值依次划分为若干个区间，并将一个区间的变量值作为一组。各组之间的取值界限称为组限，一个组的最小值称为下限，最大值称为上限；上限与下限的差值称为组距；上限值与下限值的平均数称为组中值，它是一组变量值的代表值。在连续变量或变量值较多的情况下，通常采用组距分组。

组距分组的步骤如下：

第一步，确定组数。根据数据本身的特点（数据的大小）来判断确定。由于分组的目的之一是观察数据分布的特征，所以确定的组数应适中。如果组数太少，数据的分布就会过于集中,组数太多,数据的分布就会过于分散,这都不便于观察数据分布的特征和规律。一般情况下,一组数据所分的组数不应少于5组且不多于15组。实际应用中,可根据数据的数量、特点及分析的要求来确定组数。

第二步,确定各组的组距。组距是一个组的上限和下限之差,可以根据全部数据的最大值和最小值及所分的组数来确定,即组距=(最大值-最小值)/组数。

第三步,根据组距大小,对数据进行分组整理,划归至相应组内。第一组的下限应低于最小变量值,最后一组的上限应高于最大变量值。统计分组习惯上规定"上组限不在内",即当相邻两组的上下限重叠时,某一组上限的变量值不算在本组内,而算在下一组内。

课堂互动:如果你是教师,需要对班级成绩情况进行摸底,你会如何分组呢?

---

2)属性指标分组

属性指标是指描述性质、特征或类别的非数值型数据,通常用于描述对象的特征、类别或状态。属性指标分组是将研究对象根据属性指标的不同取值进行分类,如将消费者按性别分组,将产品按品牌分组。

属性指标分组可以分为固有属性分组和衍生属性分组。固有属性分组是依据数据自身携带的属性分组,如用户性别、产品品牌等。衍生属性分组是将原始数据根据业务需求进一步加工后按照特征再进行分组,如根据用户是否购买过产品将客户分为新客户和老客户等。

3. 结构分析法

结构分析法是指将总体内的各部分与总体进行对比的分析方法,即分析总体内各部分占总体的比例,属于相对指标。一般某部分所占比例越大,说明其重要程度越高,对总体影响越大。结构分析法的优点就是简单实用。在实际的零售企业运营分析中,最常见的市场占有率就是一个非常经典的应用了结构分析法的指标。

$$市场占有率=(某商品销售量/该种商品市场销售总量)\times100\% \qquad (1\text{-}1)$$

市场占有率是分析企业在行业中竞争状况的重要指标,也是衡量企业运营状况的综合经济指标。市场占有率高,表明企业运营状况好,竞争能力强,在市场上占据有利地位;反之,则表明企业运营状态差,竞争能力弱,在市场上处于不利地位。

4. 平均分析法

平均分析法是指运用计算平均数的方法来反映总体在一定时间、地点、条件下某一数量特征的一般水平。平均分析法的作用如下。

(1)利用平均指标对比同类现象在不同地区、不同行业之间的差异程度,比用总量指标更具说服力。

(2)利用平均指标对比某些现象在不同历史时期的变化,更能说明其发展趋势和规律。

平均指标是同质总体中各单位某一指标的平均值,反映总体在一定时间、地点条件下的一般水平。平均指标有算数平均数、调和平均数、几何平均数、众数和中位数等。

5. 交叉分析法

当分析对象有两个或者多个的时候,应该采用交叉分析法。交叉分析法是一种以表格的形式同时描述两个或多个变量的联合分布及其结果的统计分析方法。交叉分析法易于理解、便于解释、操作简单,却可以解释比较复杂的现象,弥补了"各自为政"分析方法所带来的偏差。

6. 综合评价分析法

综合评价分析法是将多个指标转化为一个能够反映综合情况的指标来进行分析评价。其步骤如下。

（1）确定综合评价指标体系，即包含哪些指标，是综合评价的基础和依据。

（2）收集数据，并对不同计量单位的指标进行标准化处理。

（3）确定指标体系中各指标的权重，以保证评价的科学性。

（4）对经处理后的指标进行汇总，计算出综合评价指数或综合评价分值。

（5）根据评价指标或分值对参评单位进行排序，并由此得出结论。

不同评价指标往往具有不同的量纲，数值间的差别可能很大，不进行处理可能会影响到数据分析的结果。为了消除指标之间的量纲和取值范围差异的影响，需要进行标准化处理，将数据按照比例进行缩放，使之落入一个特定的区域，便于进行综合分析。权重是一个相对的概念，针对某指标而言。某指标的权重是指该指标在整体评价中的相对重要程度。确定权重的方法比较多，如主观经验法、主次指标排队分类法、专家访谈法、德尔菲法、层次分析法、主成分分析法、因子分析法、回归分析法等。

7. 矩阵关联分析法

矩阵关联分析法是指将事物（如产品、服务等）的两个重要属性（指标）作为分析的依据进行分类关联分析，找出解决问题的方法的一种分析方法，如图 1-4 所示。矩阵关联分析法在解决问题和资源分配时，可为决策者提供重要参考依据。先解决主要矛盾，再解决次要矛盾，有利于提高工作效率，并将资源分配到绩效高的部门、工作中，有利于决策者进行资源优化配置。

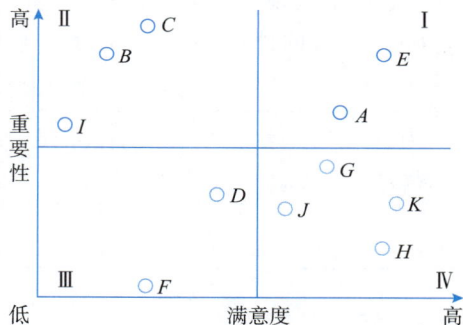

图 1-4　矩阵关联分析法示意图

以属性 A 为横轴，以属性 B 为纵轴，建立一个坐标系，在两坐标轴上分别按某一标准（可取平均值、经验值、行业水平等）进行刻度划分，构成四个象限，将要分析的每个事物对应投射至这四个象限内，进行交叉分类分析。比如，在图 1-4 中，C 点意味着高重要性和低满意度，H 点意味高满意度和低重要性。将需要分析的对象以矩阵来划分，使分析变得简单清晰。

8. 预测分析法

预测分析法是根据客观对象的已知信息，运用各种定性和定量的分析理论与方法，对事物在将来的某些特征、未来发展的趋势和水平进行估计、测算。这里主要介绍预测分析法常用的两种方法，即移动平均法和平滑指数法。

移动平均法是从 n 期的时间数列销售量中选取一组 m 期（假设 $m < n/2$，且数值固定不变）的数据作为观察期数据，求其算术平均数，并不断向后移动，连续计算观测值平均数，以最后一组平均数作为未来销售预测值的一种方法。

平滑指数法又叫指数平滑法，是在前期销售量的实际数和预测数的基础上，利用先确定的平滑指数（用 α 表示）预测未来销售量的一种方法。本质上讲，平滑指数法也是一种特殊的加权平均法。

任务实施

1. 基础任务

表1-26呈现了某组合品2024年1—9月的销售额。

表1-26　爱心便利店某组合品2024年1—9月销售额

月份	1	2	3	4	5	6	7	8	9
销售额/万元	550	560	540	570	600	580	620	610	630

1）月销量分析

_____

2）前三季度销量分析

_____

_____

2. 提升任务

表1-27呈现了某组合品2024年1—9月的销量，结合基础任务，用不同的方法预测该品2024年10月的销量，填写表1-28。

表1-27　爱心便利店某组合品2024年1—9月销量

月份	1	2	3	4	5	6	7	8	9
销售额/万元	550	560	540	570	600	580	620	610	630

表1-28　爱心便利店某组合品2024年10月销量

序号	方法	10月的销量预测值	对比分析

任务考核

在本次任务完成后，综合各项表现和评分标准，填写表1-29和表1-30。

表1-29　评分标准

评价项目	分值	评分标准	得分
月度分析	20	思路清晰，分析有理有据，得20分；分析不准确，内容有误，酌情扣分	
季度分析	20	思路清晰，分析有理有据，得20分；分析不准确，内容有误，酌情扣分	

续表

评价项目	分值	评分标准	得分
预测分析	60	思路清晰,方法正确,分析有理有据,得 60 分;分析不准确,内容有误,酌情扣分	
合　　计			

表 1-30　综合成绩

任务形式	任务成果展现	个人自评(20%)	小组互评(30%)	教师点评(50%)	合计
月度分析(20 分)					
季度分析(20 分)					
预测分析(60 分)					
综合得分					

项目小结

(1) 认识数据分析是本书的一项重要的背景和热身任务,旨在帮助学生理解数字经济及其产物,主要包含大数据的概念和大数据的特点。

(2) 要想做好数据分析,必须厘清数据分析的思路和步骤。数据分析的思路主要有 5W2H 分析法、用户行为理论分析法、4P 理论分析法和逻辑树分析法。数据分析的步骤主要是:目标确定—数据获取、清洗、整理—数据分析—结果呈现。

(3) 数据分析的主体离不开企业,因此,了解企业经营四要素有助于从宏观角度对数据分析进行梳理。企业经营主要包含"人""货""场""财"四个要素。

(4) 数据分析需要选择合适的方法,数据分析的方法主要有八种(对比分析法、分组分析法、结构分析法、平均分析法、交叉分析法、综合评价分析法、矩阵关联分析法、预测分析法)。

拓展阅读:
国家出手
遏制大数据
"杀熟"

销售目标制定与跟踪管理

思维导图

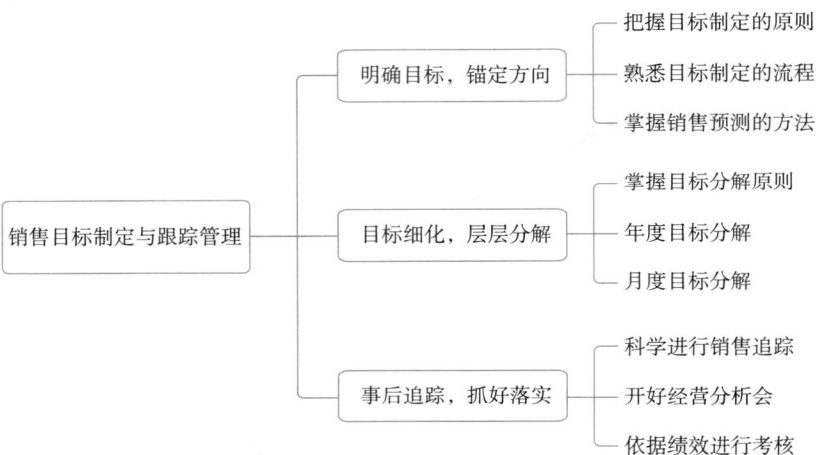

销售目标制定与跟踪管理

- 明确目标，锚定方向
  - 把握目标制定的原则
  - 熟悉目标制定的流程
  - 掌握销售预测的方法
- 目标细化，层层分解
  - 掌握目标分解原则
  - 年度目标分解
  - 月度目标分解
- 事后追踪，抓好落实
  - 科学进行销售追踪
  - 开好经营分析会
  - 依据绩效进行考核

项目导入 ▶▶

对于门店经营来讲，目标是行动的导向和努力的方向。那么如何制定科学合理的门店销售目标呢？本项目主要对门店销售目标进行分析，主要包含目标制定、目标分解、目标追踪管理三项任务，请根据学习情境描述和任务指引，完成相应工作。

知识目标

（1）了解目标管理的重要意义。

（2）掌握目标制定的原则。

（3）掌握目标制定的具体方法。

（4）掌握销售追踪的方法。

能力目标

（1）能够运用定性方法制定门店销售目标。

(2) 能够运用定量方法制定门店销售目标。

(3) 能够对目标完成情况进行销售追踪。

素养目标

(1) 培养团队合作精神,能够根据整体任务需要,合理分工,齐心合作。

(2) 培养知行合一的精神,能够用科学方法进行合理分析。

(3) 培养严谨细致的工作作风。

模块一　明确目标,锚定方向

通过对门店运营相关情况的分析,小组团队要根据目标制定的原则,选择一定的方法,制定门店的销售目标,明确下一步努力的方向。那么目标应该怎么制定,应该遵循什么原则,用什么流程和方法呢?

任务 1　把握目标制定的原则

任务描述

小王新加入一家公司,部门经理在培训的时候语重心长地说,年轻人要好好干,做好个人发展规划,同时交给他一项任务,让他熟悉公司下属各门店呈报的年度计划书,并给出修改意见。小王犯愁了,该如何进行个人规划和计划书修订呢?

任务分析

根据任务描述,要想做好个人发展规划和计划书的修订,就要掌握目标制定的原则和流程步骤,具体内容包括以下两个方面。

(1) 掌握目标制定的原则。

(2) 能够给出计划书修改的合理建议。

学习准备

请搜集相关企业资料,列出各企业制定的销售目标,填写表 2-1。

表 2-1　企业销售目标

序号	企业名称	门店数量	门店销售目标
1			
2			
3			

任务背景知识

1. 认识目标管理的重要性

目标管理是由管理大师彼得·德鲁克在《管理的实践》一书中首次提出的。他认为,并不是有了工作才有目标,恰恰相反,有了目标才能确定每个人的工作,因此,企业的使命和任务首先必须转化为目标。如果一个领域没有目标,这个领域的工作必然被忽视。

对于个人和企业来讲,目标的重要性不言而喻,主要体现在以下三个方面。

(1)目标是企业行动的指南。清晰的目标是企业行动的指向。一旦确定企业目标,企业就需要充分调动各种内部和外部资源,各部门也会根据目标进行沟通协调,从而形成最大的合力。因此,目标管理能够激发团队协作精神,促进团队成员不断改进提升、突破自我,实现更高的目标。

(2)目标是绩效考核的依据。企业经营目标经过层层分解,就会落实到具体部门和个人。每个部门、岗位在有明确的目标后,就开始进行目标任务的实施。因此,目标完成情况可以用于对组织或者个人的工作成效进行考核。同时,也可以根据目标对组织或个人的阶段完成情况进行跟踪管理,一旦发现行动有偏差,也便于及时纠正。

(3)目标是个人行动的方向。对于个人来说,目标是个人工作、生活奋斗的方向。科学合理的目标能够激发个体不断完善自我、努力拼搏的积极性,也有助于个体集中精力和资源,提高工作效率,避免精力分散和资源浪费。

2. 目标制定的原则

目标对企业及个人发展都非常关键,好的目标可以催人上进,形成合力。如果没有目标或者目标不够明确具体,将无法成为行动的导向,最终也会一事无成。

既然目标管理很重要,那么如何制定科学合理的目标呢?这就需要遵循目标制定的原则和步骤。

一般来说,在制定目标时,应遵循 SMART 原则,具体内容如下。

S(specific)——明确性,即目标要用具体的语言清楚地说明要达成的行为标准。如果目标不明确,团队执行起来就比较模糊。比如本学期学习要取得进步,这个目标就是模糊的,没有明确的界限和成败标准。

M(measurable)——可衡量性,即目标要有明确的数据进行量化,以此作为衡量是否达成目标的依据,比如期末成绩 95 分以上、销售业绩增长 30% 等。

A(achievable)——可完成性,即目标是要能够被执行人接受的。王健林说:"我们可以给自己定一个小目标,比如一年赚一个亿。"这个目标对他来说轻而易举,但是对于很多人来说,可能毕生都无法企及。

R(realistic)——实际性,即目标制定一定要切合实际,要充分考虑环境、硬件、技术等因素。

T(time-constrained/time-related)——时限性,即目标要有时间限制。没有时间限制的目标会造成工作的拖延低效。例如,"我将在 2025 年 10 月 30 日前完成某事",这里的 2025 年 10 月 30 日就是一个确定的时间限制。

🔵 任务实施

1. 基础任务

搜集不少于 3 个人的个人年度发展计划,对比一下,看谁的计划做得最好,并给出理由,填写表 2-2。

表 2-2　个人年度发展计划调查

姓名	计划内容摘要	评价

续表

姓名	计划内容摘要	评价

2. 提升任务

以小组为单位,对 3 家门店的年度目标制定情况进行调研,依据 SMART 原则对年度目标进行审核,并提出修改意见,填写表 2-3。

表 2-3　企业年度目标调查

门店	目标制定情况	员工反馈意见

任务考核

在本次任务完成后,综合各项表现和评分标准,填写表 2-4 和表 2-5。

表 2-4　评分标准

评价项目	分值	评分标准	得分
目标规划数据收集	20	数据收集 3 个以上,内容完整,得 20 分;不符合要求的,酌情扣分	
目标规划内容分析	20	结合 SMART 原则,分析有理有据,得 20 分;内容不完整的,酌情扣分	
小组分类讨论	30	对不同个人规划、不同门店目标的分析细致,得 30 分;分析不够深刻,流于形式,酌情扣分	
修正建议	30	改进建议针对性强,可操作性高,得 30 分;改进措施可操作性差,不够全面,酌情扣分	
合　　计			

表 2-5　综合成绩

任务形式	任务成果展现	个人自评（20%）	小组互评（30%）	教师点评（50%）	合计
目标规划数据收集(20 分)					
目标规划内容分析(20 分)					
小组分类讨论(30 分)					
修正建议(30 分)					
综合得分					

任务2　熟悉目标制定的流程

任务描述

经过对各门店年度计划书的审核,公司认为有两个门店的年度计划问题比较严重,员工对此计划书的意见也比较大,需要重新修订。那么应该遵循怎么样的工作流程和步骤呢?

任务分析

根据任务描述,门店年度目标的制定应该按照一定的流程和步骤进行,具体内容包括以下两个方面。

(1)掌握目标制定的流程。

(2)掌握目标制定的步骤。

学习准备

请搜集相关企业资料,列出各自的目标制定的流程,填写表 2-6。

表 2-6　企业目标制定的流程

序号	企业名称	目标制定的流程
1		
2		
3		

任务背景知识

科学制定目标,除了掌握目标制定的原则外,还需要按照一定的流程步骤,具体如下。

1. 收集信息

主要收集与企业经营相关的宏观和微观信息。宏观信息包括宏观政策、经济形势、产业发展等。微观信息包括企业历史销售数据、客户需求数据、市场推广数据、竞争对手信息等。

2. 自我评估

知己知彼,百战不殆。目标的制定也需要结合自身企业的发展状况和未来的发展战略,做到心中有数。例如,公司下一年要进行新店开发,那目标就要根据新开店的规划来进行制定。

对于公司来说,与目标制定相关的公司策略主要有公司下一步的产品策略、渠道策略、价格策略、促销策略、人员策略、推广策略、生产计划、财务策略等,具体见表 2-7。

表 2-7　与目标制定相关的公司策略

公司策略	具体了解内容
产品策略	有新产品上市吗?上市时间是什么时候?上市区域有哪些?销售预估是多少?有旧产品下线吗?下线时间如何安排?会影响多少销售额?
渠道策略	拓展计划是什么?拓展新店铺或新渠道的销售目标是多少?有关店计划吗?会影响多少销售?有渠道商重组计划吗?会促进或影响多少销售额?

公司策略	具体了解内容
价格策略	有价格调整计划吗？整体向上还是向下调整？会促进或影响多少销售额？
促销策略	下一年的促销策略和今年有何不一样？是加大促销力度还是降低力度？有无特殊的促销计划？促销对销售额的影响几何？
人员策略	有营运相关的组织结构调整吗？前线的销售力量是加强还是削弱？是否可以量化这些策略对销售额的影响值？
推广策略	市场推广策略是什么？会加大还是降低推广力度？市场费用的比例是降低还是上升？对销售额的影响多大？
生产计划	目前的生产计划是否会影响销售进度？有无扩大生产计划的内容？如果会影响，影响有多大？
财务策略	是从紧还是宽松的财务政策？哪些政策会影响销售完成计划？影响有多大？

3. 设置目标

当完成了信息收集和自我评估之后，就可以着手进行目标的设置。目标设置可以根据实际情况进行，最好分解到各个最小执行单位，做到各个部门有任务、人人头上有指标。由于目标的制定涉及公司运营的方方面面，应慎重务实，切忌拍脑门决策。

4. 验证目标

目标设置是由上而下进行的，但是设置的目标合理不合理、要不要调整，就需要召集相关人员进行目标验证。目标验证一般是自下而上的。这个步骤可以由各个区域（门店）的主要负责人来完成，因为他们最了解自己区域（门店）的真实情况。需要注意的是，验证目标要有技巧性。不要直接告诉各个区域（门店）的主要负责人公司的目标值，而是由他们自己根据公司的策略来预估未来当地可实现的销售额，相当于让他们制定未来可实现的目标。在完成上述步骤后，公司需要根据上述情况做一些汇总，并根据这些情况进行公司整体目标的适当修订。如果设计目标和汇总目标差距比较大，还需要进行专项讨论。

5. 沟通目标

沟通目标主要就是将目标下发到各部门主要负责人手中，这个过程需要上下级进行面对面的沟通。通过沟通，下级能够对目标的合理性、达到目标的策略方法等有更深的了解，同时也能明白自己下一阶段的责任和压力。

6. 确认目标

年度目标层层分解，最终就落到了每一个部门及员工的头上。企业与员工还需要签署目标责任书，以文书的方式确认目标。

任务实施

1. 基础任务

自选一家企业，了解企业目标制定的流程，收集不同人员对目标制定的看法，并对目标制定情况进行总结，填写表 2-8。

表 2-8　企业目标制定流程调查

企业名称	目标制定的流程	反馈意见

2. 提升任务

以小组为单位,对 3 家门店的年度目标制定情况进行调研,通过小组讨论,对比分析 3 家门店年度目标制定情况,并给出修改意见,填写表 2-9。

表 2-9　不同企业目标制定情况对比分析

门店	目标制定情况	对比分析结论

任务考核

在本次任务完成后,综合各项表现和评分标准,填写表 2-10 和表 2-11。

表 2-10　评分标准

评价项目	分值	评分标准	得分
目标制定流程调查	30	数据收集 3 个以上,内容完整,得 30 分;不符合要求的,酌情扣分	
目标制定对比分析	30	结合目标制定流程,分析有理有据,得 30 分;内容不完整的,酌情扣分	
修正建议	40	改进建议针对性强,可操作性高,得 40 分;改进措施可操作性差,不够全面,酌情扣分	
合　　计			

表 2-11　综合成绩

任务形式	任务成果展现	个人自评（20%）	小组互评（30%）	教师点评（50%）	合计
目标制定流程调查(30 分)					
目标制定对比分析(30 分)					
修正建议(40 分)					
综合得分					

任务 3　掌握销售预测的方法

任务描述

转眼又到了年末,公司最近在进行下一年度的销售预测,以便为下一步目标制定做参考。那么,如何进行销售预测呢?

任务分析

根据任务描述,门店目标的制定应该先进行销售预测,具体内容包括以下两个方面。

(1)掌握定性预测的方法。

(2)掌握定量预测的方法。

学习准备

请搜集相关企业资料,列出各企业销售预测值,填写表 2-12。

表 2-12　企业销售预测值

序号	企业名称	销售预测的部门	销售预测值
1			
2			
3			

任务背景知识

销售预测是制定销售目标的前提和基础工作。一般来说,销售预测的方法主要有定性预测方法和定量预测方法。

1. 定性预测方法

定性预测方法分为高级经理意见法、销售人员意见法、购买者期望法和德尔菲法。

1)高级经理意见法

高级经理意见法是依据销售经理、企业经营者或者销售管理者的经验与直觉,通过个人或所有参与者的平均意见得出销售预测值的方法。

2)销售人员意见法

销售人员意见法是根据销售人员的意见对未来销售进行预测。由于销售人员对所负责的区域比较熟悉,所以由其根据市场需求情况进行预测,并将结果按照地区逐级向上汇总,最后得出企业的销售预测数据。

3)购买者期望法

购买者期望法是根据顾客的购买意向情况进行销售预测的方法。通过向顾客或潜在客户征询其需求或未来购买计划等情况,分析市场变化,预测未来市场需求。

4)德尔菲法

德尔菲法又称专家意见法,是指企业邀请一批专家,按照规定的程序,以背靠背的方式征询专家对未来市场的意见,然后进行销售预测的方法。该方法 1946 年由美国兰德公司创始实行,它最大的优点是能够充分民主地收集专家意见,把握市场的特征。

知识链接:群体盲思

2. 定量预测方法

定量预测方法主要是通过定量分析,找到销售变化的规律,以此来进行销售预测,主要有比率法、移动平均法、加权算术平均法、指数平滑法、回归分析法等。

1)比率法

比率法是一种简单的预测方法,不需要很多数据资料和统计方法。如果市场的发展趋势稳定,或者各个时期的变化比较一致,那么就可以用比率法来进行预测。

例如,如果一家餐饮企业市场变化比较平稳,去年营业额 4 000 万元,今年营业额 4 500 万元,增长率为 12.5%,那么明年的营业额就可以按照现有的增长率进行预测。明年的营业额=4 500×(1+12.5%)=5 062.5(万元)。

2)移动平均法

如果某些变量值未来变化趋势和较近时期关系密切,而与较远过去关系不大,那么就也可以用最近几期的实际值的平均数作为下一期的预测值。计算公式为

$$X_{t+1}=\frac{x_t+x_{t-1}+\cdots+x_{t-n+1}}{n} \tag{2-1}$$

式中,X_{t+1}——第 $t+1$ 个时间序列的数值,即预测值;

x_t——第 t 个时间序列的实际值;

n——选择的期数,即移动平均法取实际值的个数。

例如,某企业在 2024 年前 9 个月的销售数据见表 2-13。

表 2-13 某企业 2024 年前 9 个月的销售数据

月份	1	2	3	4	5	6	7	8	9
销售数据/万元	910	795	693	785	857	689	752	768	803

如果 $n=4$,那就取近 4 个月的数据来对 10 月的销售进行预测。根据式(2-1),10 月的预测销售额=(689+752+768+803)/4=753(万元)。

课堂互动:(1)移动平均法适用的条件是什么?

_____

_____

(2)近几个月的时间对预测值的影响谁更大?

_____

_____

3)加权算术平均法

移动平均法将前几期数值对预测值的作用平均看待,不太合理。事实上,距离预测期近的数据对预测值的影响较大,而离得远的(时间间隔较长的)数据影响较小。因此,要考虑到距离预测期远近的数据参考价值大小不同。实际操作中,可以给不同时间间隔的数值分别赋以不同的"权数(比例数)",按照"重近轻远"的思路,用加权平均数来计算下期预测值。其计算公式为

$$X_{t+1}=\frac{x_t d_t+x_{t-1}d_{t-1}+\cdots+x_{t-n+1}d_{t-n+1}}{d_t+d_{t-1}+\cdots+d_{t-n+1}} \tag{2-2}$$

式中,X_{t+1}——第 $t+1$ 个时间序列的数值,即预测值;

x_t——第 t 个时间序列的实际值;

d_t——第 t 个时间序列的权重;

n——选择的期数,即移动平均法取实际值的个数。

以表 2-13 中数据为例,还是取近 4 个月的数据来对 10 月的销售进行预测。如果分别给 6 月、7 月、8 月、9 月这 4 个月赋以权重 1、2、3、4,那么用加权算术平均法,10 月的预测销售额=(689×1+752×2+768×3+803×4)/(1+2+3+4)=770.9(万元)。

4）指数平滑法

指数平滑法是在移动平均法基础上发展起来的一种时间序列分析预测法，它是以一个指标本身过去变化的趋势作为预测未来的依据的一种方法。指数平滑法基本公式为

$$S_{t+1} = a Y_t + (1-a) S_t \qquad (2-3)$$

式中，S_{t+1}——时间 $t+1$ 的预测值；

　Y_t——时间 t 的实际值；

　S_t——时间 t 的预测值；

　a——平滑常数，其取值范围为 0～1。

假如 $a=0.6$，第 t 期的实际值是 500，预测值是 480，则第 $t+1$ 期的预测值为 $S_{t+1} = 0.6 \times 500 + (1-0.6) \times 480 = 492$。

需要注意的是，a 的大小体现不同时期的观测值（实际值）在预测中所起的不同作用，若希望指数平滑后所得序列能敏感地反映最新的一些观测值的变动，a 应取较大值；若希望消除其周期变动，以反映长期趋势，则 a 应取较小值。

5）回归分析法

回归分析法是运用一定的数学模型，以一个或几个自变量作为依据，来预测因变量发展变动趋势和水平的一种方法。这种变动趋势和水平，不单纯表现在时间序列上的自然变化规律性，而且更主要地表现为变量之间因果关系的规律性。

具体的回归分析的步骤如下。

（1）根据预测目标，确定自变量和因变量。一般来说，要预测的值就是因变量。如预测目标是下一年度的销售量，那么销售量 Y 就是因变量。与预测目标相关的影响因素即自变量。

（2）建立回归分析模型。依据自变量和因变量的历史统计资料进行计算，在此基础上建立回归分析方程，即回归分析预测模型。

（3）进行相关分析。回归分析是对具有因果关系的影响因素（自变量）和预测对象（因变量）所进行的数理统计分析处理。只有当自变量与因变量确实存在某种关系时，建立的回归方程才有意义。因此，要先对变量之间的相关性进行分析，通过相关系数的大小来判断自变量和因变量的相关程度。

（4）检验回归预测模型。利用统计工具软件进行回归预测模型的构建，并进行检验。回归方程只有通过各种检验，且预测误差较小，才能作为预测模型进行预测。

（5）计算并确定预测值。根据拟合的回归预测模型，计算预测值。

表 2-14 是某企业 2024 年 1—11 月的销售数据，根据给定数据进行 12 月的销售预测。

表 2-14　某企业 1—11 月的销售数据

月份	1	2	3	4	5	6	7	8	9	10	11
销售数据/万元	150	140	160	148	162	166	165	173	173	181	193

给定数据只有时间和销售额两个变量，要预测 12 月份的销售额，因此销售额为因变量，时间为自变量。

先使用一元线性回归方程进行预测：$y = ax + b$。

在 Excel 中选择"1—11 月的数据"—"插入"—"折线图"，单击右上角加号"显示趋

势线",选择"线性",然后选择"显示公式"和"R 平方值",可以得到线性回归方程为 $y=4.281\,8x+138.95,R^2=0.861\,7$。具体如图 2-1 所示。

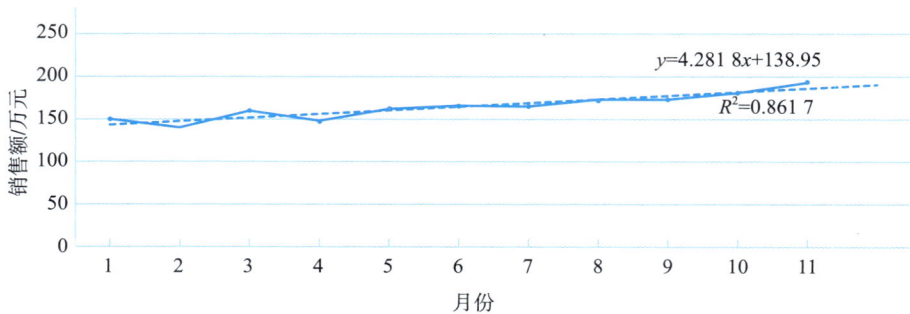

图 2-1　某企业月度销售预测

根据数据显示,x 与 y 两个变量之间的相关系数 R^2 的值是 $0.861\,7$,说明两个变量之间具有较强的相关性。具体函数式是 $y=4.281\,8x+138.95$。套用一元线性回归方程可得,12 月的销售预测值 $=4.281\,8\times12+138.95=190.331\,6$。

知识链接:
根据相关系数判定变量之间的相关性

任务实施

1. 基础任务

自选 3 家企业,了解企业销售预测的方法,并对销售预测情况进行总结,填写表 2-15。

表 2-15　企业销售预测方法调查

企业名称	销售预测的方法	总结反馈

2. 提升任务

以小组为单位,根据历史数据,对门店 12 月的销售进行预测,预测结果填写在表 2-16 中,并对不同方法得出的结果进行对比分析,填写表 2-17。(要求:用 3 种以上销售预测的方法。)

表 2-16　某企业的销售数据

月份	1	2	3	4	5	6	7	8	9	10	11	12
销售数据/万元	210	196	224	207	227	196	192	244	241	253	270	

表 2-17　某企业 12 月的销售预测

序号	预测方法	预测值	对比分析结论

任务考核

在本次任务完成后,综合各项表现和评分标准,填写表2-18和表2-19。

表2-18　评分标准

评价项目	分值	评分标准	得分
销售预测方法调查	50	数据收集3个以上,内容完整,得50分;不符合要求的,酌情扣分	
不同预测方法对比分析	50	结合销售预测,分析有理有据,得50分;内容不完整的,酌情扣分	
合　　计			

表2-19　综合成绩

任务形式	任务成果展现	个人自评(20%)	小组互评(30%)	教师点评(50%)	合计
销售预测方法调查(50分)					
不同预测方法对比分析(50分)					
综合得分					

模块二　目标细化,层层分解

公司整体目标定好之后,还需要按照一定的方法将目标分解到各部门、各季度(月份),只有这样,各部门才能明确下一步努力的方向。那么目标应该怎么分解呢?

任务1　掌握目标分解原则

任务描述

小刘应聘到一家企业工作,正值年末,公司制定了下一年的整体目标是营业额3 000万元,他们部门要牵头进行目标分解。为什么要进行目标分解?目标分解应该遵循什么样的原则和方法呢?

任务分析

根据任务描述,要想进行目标分解,就要掌握目标分解的原则和方式,具体内容包括以下两个方面。

(1)掌握目标分解的原则。

(2)了解不同的目标分解方式。

学习准备

请搜集相关企业资料,列出各企业年度目标及门店目标,填写表2-20。

表 2-20　企业年度目标及门店目标

序号	企业名称	年度目标	门店目标
1			
2			
3			

任务背景知识

1. 目标分解的重要性

销售目标是零售管理的重中之重。目标定好之后,还需要对目标进行分解。目标分解就是将整体目标在纵向、横向或时序上分解到各层次、各部门甚至具体的人,形成目标体系的过程。

目标分解是明确目标责任的前提,是总体目标得以实现的基础。

1）明确责任,促使组织内各部门形成合力

目标分解可以使组织中各主体明确自己的职责,驱动各主体朝着同一个目标去努力,形成组织的合力。如果没有目标分解,整个企业则是一盘散沙,组织内部人员涣散,部门之间相互推诿。

案例分析:
用智慧
战胜对手

2）明确节点,保证整体目标有效推进

通过目标分解,将大目标按照时间节点分为小目标,从而有助于形成阶段小目标的逐步推进机制。如果没有目标分解,就如同没有终点的马拉松一样,看不到希望,无法有效推进落实。

2. 目标分解原则

有了整体目标之后,还需要将目标进行分解。分解目标时应遵循的原则如下。

1）整合分工,化整为零

这一原则就是将总体目标分解为不同层次、不同部门的分目标,分目标要保持与总体目标方向一致,内容上下贯通,保证总体目标的实现。

2）实事求是,全面考量

目标的实现离不开支持保障要素,因此,在目标分解中,要注意各分目标所需要的条件及其限制因素,如人力、物力、财力和协作条件、技术保障等。

3）时空协调,同步推进

在进行目标分解时,除了将总目标划分为若干分目标外,还需要明确各具体的目标值和完成时限要求。同时,各分目标在内容与时间上要协调、平衡,同步发展。

3. 目标分解方式

在实践中,企业目标的分解一般分为自上而下和自下而上两种方式。

1）自上而下的指令式分解

这种目标分解是一种行政命令式的分解方式。在分解前不与下级商量,由领导者确定分解方案,以指令或指示、计划的形式下达。虽然这种分解方法容易使目标构成一个完整的体系,但由于未与下级协商,对下级承担目标的困难、意见不了解,容易造成某些目标难以落实,不利于下级积极性的调动和能力的发挥。

2）自下而上的协商式分解

这种目标分解方式充分发挥了下属部门员工的民主性,在目标分解前,上级与下级充分沟通,上下级对总体目标的分解和层次目标的落实进行充分的商谈或讨论,取得一致意见。这种协商容易使目标落到实处,也有利于下级积极性的调动和能力的发挥。

课堂互动:自下而上与自上而下的目标分解方式,你更喜欢哪一种? 说出你的理由。

案例分析:
仆人式领导

任务实施

1. 基础任务

以小组为单位进行调查,了解企业年度目标情况和目标分解流程方法,并征求相关人员的反馈意见,填写表 2-21。

表 2-21　企业年度目标调查

企业	年度目标	部门目标	对目标分解的反馈

2. 提升任务

以小组为单位,调研某企业年度目标及部门目标,运用系统图的方法绘制公司目标分解任务书并填写表 2-22。

表 2-22　目标分解任务书

经营目标	目标细分	目标分解	责任承担部门	完成时间
收入目标	销售收入			
	其他收入			
	……			
市场指标	市场占有率			
	销售量			
	……			
……				

任务考核

在本次任务完成后,综合各项表现和评分标准,填写表 2-23 和表 2-24。

表 2-23　评分标准

评价项目	分值	评分标准	得分
年度目标数据收集	30	数据收集内容完整,得 30 分;不符合要求的,酌情扣分	
目标分解情况调查	30	结合目标分解的基本要求,思路明晰,结论正确,得 30 分;不清晰不准确的,酌情扣分	
目标任务书	40	对不同企业目标分解得分析到位,得 40 分;分析不够深刻,流于形式,酌情扣分	
合　　计			

表 2-24　综合成绩

任务形式	任务成果展现	个人自评 (20%)	小组互评 (30%)	教师点评 (50%)	合计
年度目标数据收集(30 分)					
目标分解情况调查(30 分)					
目标任务书(40 分)					
综合得分					

任务 2　年度目标分解

🔧 任务描述

小刘最近刚应聘到一家企业工作,部门经理告诉他今年全公司的营业目标是 3 000 万元,具体到部门是 600 万元,让他和另一位同事一起负责把这 600 万元的目标分解到每个月。小刘应该如何进行目标分解呢?

📋 任务分析

根据任务描述,要想进行年度目标分解,就要掌握季节(或者月份)销售规律,具体内容包括以下两个方面。

(1)掌握季节指数的含义及计算。

(2)能够用季节指数法进行年度目标分解。

◑ 学习准备

请搜集相关企业资料,列出各企业年度目标及门店目标,填写表 2-25。

表 2-25　企业年度目标及门店目标

序号	企业名称	年度目标	门店目标
1			
2			
3			

任务背景知识

年度目标的分解是一项关键任务,由于各季度(月份)销售情况不同,所以,需要结合季节(月度)销售变化规律来进行合理分解。

季节指数法就是根据预测目标各年按月的统计数据,用统计方法找出季节变动规律,计算出季节指数,并据此对未来经营状况做出预测的方法。具体步骤如下。

第一步,计算各年份同季度(或者同月度)的平均值。

第二步,计算所有年份所有季度(或者月度)的总平均值。

第三步,计算各季度(或者月度)的季节指数。

第四步,估算预测期趋势值。

第五步,进行各季度(或者月度)预测。

下面结合具体例题,来对某门店 2025 年的目标进行分解。

表 2-26 是某门店 2022—2024 年度的月度销售数据,据此进行 2025 年的月度销售目标分解。按照上述步骤,首先要计算出各年份同月度的平均值,其次计算所有年份所有季度(或者月度)的总平均值,将各年份同月度的平均值除以所有年份所有月度的总平均值,就可以得到各月份的季节指数。然后结合 2025 年的年度目标,每月的目标=年度目标×(对应月份的季节指数/各月份季节指数之和)。具体操作步骤如下。

表 2-26　某门店 2022—2024 年度各月销售情况

年份	2022 年	2023 年	2024 年	2025 年
1 月	963 410	1 201 238	1 395 124	
2 月	1 601 020	1 790 009	2 166 391	
3 月	1 312 101	1 421 448	1 571 878	
4 月	1 075 412	1 097 281	1 145 110	
5 月	1 206 210	1 323 726	1 482 515	
6 月	1 314 123	1 406 875	1 537 934	
7 月	1 404 124	1 431 417	1 491 107	
8 月	1 432 104	1 531 853	1 672 797	
9 月	1 408 210	1 752 289	2 167 763	
10 月	1 403 241	1 554 347	1 756 073	
11 月	1 271 010	1 328 656	1 419 113	
12 月	1 102 410	1 254 962	1 456 025	
总销售额	15 493 375	17 094 101	19 261 830	22 046 857

第一步,计算 2022—2024 年度同季度(或者同月份)的平均值。如图 2-2 所示,A 代表各年份同月的平均值。

第二步,计算所有年份所有季度(或者月度)的总平均值。如图 2-3 所示,B 代表所有年份同月的平均值。具体计算方法就是将 2022—2024 年的销售额相加,除以 36 个月。

	G2		f_x =(B2+C2+D2)/3				
	A	B	C	D	E	F	G
1	年份	2022年	2023年	2024年	2025年	2025年月平均任务	同季度（月）平均值A
2	1月	963410	1201238	1395124			1186590.67
3	2月	1601020	1790009	2166391			1852473.33
4	3月	1312101	1421448	1571878			1435142.33
5	4月	1075412	1097281	1145110			1105934.33
6	5月	1206210	1323726	1482515			1337483.67
7	6月	1314123	1406875	1537934			1419644.00
8	7月	1404124	1431417	1491107			1442216.00
9	8月	1432104	1531853	1672797			1545584.67
10	9月	1408210	1752289	2167763			1776087.33
11	10月	1403241	1554347	1756073			1571220.33
12	11月	1271010	1328656	1419113			1339593.00
13	12月	1102410	1254962	1456025			1271132.33
14	总销售额	15493375	17094101	19261830	22046857		

图 2-2　各年份同月度的平均销售额

	H2		f_x =(B14+C14+D14)/36					
	A	B	C	D	E	F	G	H
1	年份	2022年	2023年	2024年	2025年	2025年月平均任务	A同季度（月）平均值	近三年月平均值B
2	1月	963410	1201238	1395124			1186590.67	
3	2月	1601020	1790009	2166391			1852473.33	
4	3月	1312101	1421448	1571878			1435142.33	
5	4月	1075412	1097281	1145110			1105934.33	
6	5月	1206210	1323726	1482515			1337483.67	
7	6月	1314123	1406875	1537934			1419644.00	
8	7月	1404124	1431417	1491107			1442216.00	1440258.5
9	8月	1432104	1531853	1672797			1545584.67	
10	9月	1408210	1752289	2167763			1776087.33	
11	10月	1403241	1554347	1756073			1571220.33	
12	11月	1271010	1328656	1419113			1339593.00	
13	12月	1102410	1254962	1456025			1271132.33	
14	总销售额	15493375	17094101	19261830	22046857			

图 2-3　近三年的月平均销售额

第三步，计算所有年份所有季度（或者月度）的总平均值。

第四步，计算各季度（或者月度）的季节指数。

如图 2-4 所示，将 A（各年份同月的平均值）除以 B（所有年份同月的平均值），可得季节指数 C。这个指数可以反映出每个月的销售变动规律。指数大于 1 说明当月的销售额高于年度平均值，指数小于 1 说明当月销售额低于年度平均值。

	I2#		f_x =G2:G13/1440258.5						
	A	B	C	D	E	F	G	H	I
1	年份	2022年	2023年	2024年	2025年	2025年月平均任务	同季度（月）平均值A	近三年月平均值B	季节指数C=A/B
2	1月	963410	1201238	1395124			1186590.67		0.8238734
3	2月	1601020	1790009	2166391			1852473.33		1.286208922
4	3月	1312101	1421448	1571878			1435142.33		0.996447744
5	4月	1075412	1097281	1145110			1105934.33		0.76787211
6	5月	1206210	1323726	1482515			1337483.67		0.928641398
7	6月	1314123	1406875	1537934			1419644.00		0.985686944
8	7月	1404124	1431417	1491107			1442216.00	1440258.5	1.001359131
9	8月	1432104	1531853	1672797			1545584.67		1.073130043
10	9月	1408210	1752289	2167763			1776087.33		1.23317261
11	10月	1403241	1554347	1756073			1571220.33		1.090929395
12	11月	1271010	1328656	1419113			1339593.00		0.93010595
13	12月	1102410	1254962	1456025			1271132.33		0.882572353
14	总销售额	15493375	17094101	19261830	22046857				

图 2-4　各月度的季节指数

第五步，估算预测期趋势值。

根据前三年的销售情况，公司 2025 年度销售目标是 22 046 857 元。如果按照完全平均分配，每个月的目标就是 22 046 857/12＝1 837 238.08（元）。当然这只是最简单的一种分解方法，只适用于各月的销售额非常平均的情况。如果实际各月的销售情况波动比较大，这种方法就不适用，还得根据季节指数进行分解。

第六步，进行各季度（或者月度）预测。

根据前四步操作，知道了各月的权重指数，也就是销售变化规律。把完全平均的 2025 年各月的销售额乘以对应的季节权重指数，就可以得到每个月具体的销售预测值了，如图 2-5 所示。

年份	2022年	2023年	2024年	2025年	2025年月平均任务	同季度(月)平均值A	近三年月平均值B	季节指数 C=A/B
1月	963410	1201238	1395124	1513651.59	1837238.08	1186590.67		0.8238734
2月	1601020	1790009	2166391	2363072.02	1837238.08	1852473.33		1.286208922
3月	1312101	1421448	1571878	1830711.74	1837238.08	1435142.33		0.996447744
4月	1075412	1097281	1145110	1410763.88	1837238.08	1105934.33		0.76787211
5月	1206210	1323726	1482515	1706135.34	1837238.08	1337483.67		0.928641398
6月	1314123	1406875	1537934	1810941.59	1837238.08	1419644.00	1440258.5	0.985686944
7月	1404124	1431417	1491107	1839735.13	1837238.08	1442216.00		1.001359131
8月	1432104	1531853	1672797	1971595.38	1837238.08	1545584.67		1.073010043
9月	1408210	1752289	2167763	2265631.68	1837238.08	1776087.33		1.23317261
10月	1403241	1554347	1756073	2004297.03	1837238.08	1571220.33		1.090929395
11月	1271010	1328656	1419113	1708826.07	1837238.08	1339593.00		0.93010595
12月	1102410	1254962	1456025	1621495.54	1837238.08	1271132.33		0.882572353
总销售额	15493375	17094101	19261830	22046857				

图 2-5　2025 年各月度的销售目标

需要注意的是，由于季节指数是一种以相对数表示的季节销售变动衡量指标，只根据一年或两年的历史数据计算而得的季节变动指标往往含有很多随机波动因素，故在实际预测中通常需要掌握和运用三年以上的分季历史数据。

任务实施

1. 基础任务

搜集不少于 3 个门店的数据，了解其年度目标及月度目标，了解其如何进行目标分解，并征求相关人员意见，填写表 2-27。

表 2-27　企业年度及月度销售目标调查

门店	年度目标	月度目标	对目标分解的反馈

2. 提升任务

以小组为单位，调研某企业近三年的月度销售情况和下一年的总销售目标，按照季节指数法进行月度目标分解，填写表 2-28。

表 2-28　企业销售目标调查及分解

月份	（ ．）年度	（ ）年度	（ ）年度	（ ）年度
1				
2				
3				
4				

续表

月份	（　　）年度	（　　）年度	（　　）年度	（　　）年度
5				
6				
7				
8				
9				
10				
11				
12				

任务考核

在本次任务完成后，综合各项表现和评分标准，填写表 2-29 和表 2-30。

表 2-29　评分标准

评价项目	分值	评分标准	得分
年度目标数据收集	30	数据收集在 3 个以上，内容完整，得 30 分；不符合要求的，酌情扣分	
年度目标任务分解	30	对年度目标进行分解，思路明晰，结论正确，得 30 分；不清晰不准确的，酌情扣分	
目标分解讨论建议	40	对不同门店目标的分解分析到位，得 40 分；分析不够深刻，流于形式，酌情扣分	
合　　计			

表 2-30　综合成绩

任务形式	任务成果展现	个人自评（20%）	小组互评（30%）	教师点评（50%）	合计
年度目标数据收集（30 分）					
年度目标任务分解（30 分）					
目标分解讨论建议（40 分）					
综合得分					

任务 3　月度目标分解

任务描述

小王所在门店 2025 年 10 月份的总销售额目标是 2 500 万元，门店经理要求把月度目标分解到每一天。小王心里不解，有必要分解到每一天吗？如何将月度目标分解到每一天呢？

任务分析

根据任务描述,要想进行月度目标分解,就要掌握周权重指数的含义,并能够基于权重指数进行月度目标分解,具体内容包括以下两个方面。

（1）掌握周权重指数与日权重指数。

（2）能够用权重指数进行月度目标分解。

学习准备

请搜集相关企业资料,列出店铺月度及单日目标,填写表 2-31。

表 2-31　店铺月度及单日目标

序号	店铺名称	月度目标	单日目标(调查日)
1			
2			
3			

任务背景知识

1. 周权重指数

对于企业来讲,目标任务分解到各部门、各月还不够具体,还需要具体到每一天,这样才能实现高效运营。

通过上述案例可以看到每日管理的重要性。那么,通过什么样的指标洞悉每一天变化的规律,又该如何进行每日目标的分解呢?这里就用到了周(日)权重指数。

周权重指数是以历史每日销售额数据为基础,以周为单位进行权重分析处理的一种管理工具。企业标准周(日)权重指数的计算步骤如下。

第一步,收集企业每个完整店铺最近一个完整年度的销售数据。

第二步,将所有完整店铺的每日销售额数据对应相加,得到企业的每日销售额数据。

第三步,根据店铺零售规律对日销售额进行预处理,剔除异常数据。

第四步,将剩下的数据以周为单位进行整理,计算出每日平均销售额。

第五步,以平均日销售额最低的一天的销售额为基数,将这一天的日权重指数设为1,其他的日销售额除以最低日销售额,可以得到对应的日权重指数。

第六步,将每日的权重指数相加,即周权重指数。

如表 2-32 所示,星期一到星期日的平均日销售额中,星期一最低,为 91 万元,所以就以这一天的销售额为基数,将星期二到星期日每一天的日平均销售额除以 91,就可以得到对应每一天的日权重指数。然后将星期一至星期日的日权重指数相加,即可得到周权重指数。

表 2-32　某企业的平均日销售额及日权重指数

时间	星期一	星期二	星期三	星期四	星期五	星期六	星期日	合计
平均日销售额/万元	91	94	96	96	142	160	161	840
日权重指数	1.00	1.03	1.05	1.05	1.56	1.76	1.77	9.23

案例分析:海尔集团的日清工作法

需要注意的是,最小的周权重指数应该是 7.0。周权重指数越大,说明企业的日销售越不稳定;这个值越接近 7.0,说明企业每天的销售额越稳定。

根据周权重指数,可以观察到各企业的每日销售变化规律,并可以进行门店会员日选择、员工排班等工作。

课堂互动:对比图 2-6、图 2-7、图 2-8 中所示三个门店的日权重指数,你能得到什么结论?

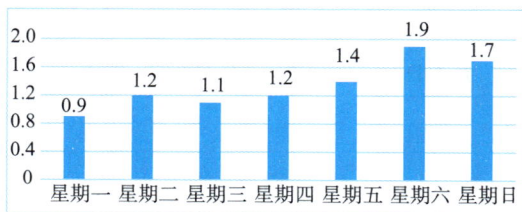

图 2-6　某集团 A 店的日权重指数

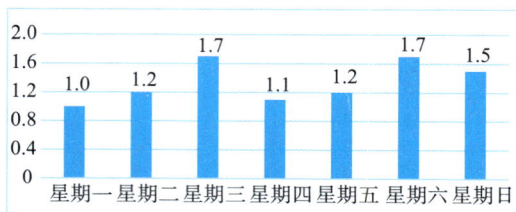

图 2-7　某集团 B 店的日权重指数

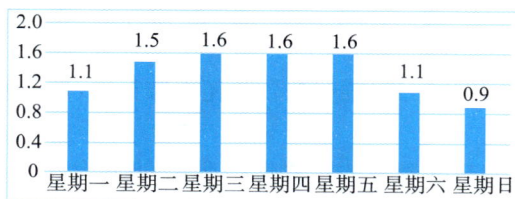

图 2-8　某集团 C 店的日权重指数

2. 月度目标分解方法

了解周权重指数和日权重指数之后,来进行月度销售目标的分解。

某门店 2023 年 7 月的目标销售任务是 7 000 万元,具体每一日的权重指数见表 2-33。

表 2-33　某门店的日权重指数

对应日期	星期一	星期二	星期三	星期四	星期五	星期六	星期日	合计
日权重指数	1.0	1.5	1.1	1.2	1.5	1.6	1.7	9.6

第一步:将每日的权重指数相加,即可得到月权重指数。

如表 2-34 所示,先将日期格式转换为“星期”,然后填充每一天对应的权重指数,求和,就可以得到月权重指数。

表 2-34　某门店 7 月对应的每一天的权重指数

日期	星期	日权重指数	日期	星期	日权重指数
2023 年 7 月 1 日	星期六	1.6	2023 年 7 月 4 日	星期二	1.5
2023 年 7 月 2 日	星期日	1.7	2023 年 7 月 5 日	星期三	1.1
2023 年 7 月 3 日	星期一	1.0	2023 年 7 月 6 日	星期四	1.2

续表

日期	星期	日权重指数	日期	星期	日权重指数
2023年7月7日	星期五	1.5	2023年7月20日	星期四	1.2
2023年7月8日	星期六	1.6	2023年7月21日	星期五	1.5
2023年7月9日	星期日	1.7	2023年7月22日	星期六	1.6
2023年7月10日	星期一	1.0	2023年7月23日	星期日	1.7
2023年7月11日	星期二	1.5	2023年7月24日	星期一	1.0
2023年7月12日	星期三	1.1	2023年7月25日	星期二	1.5
2023年7月13日	星期四	1.2	2023年7月26日	星期三	1.1
2023年7月14日	星期五	1.5	2023年7月27日	星期四	1.2
2023年7月15日	星期六	1.6	2023年7月28日	星期五	1.5
2023年7月16日	星期日	1.7	2023年7月29日	星期六	1.6
2023年7月17日	星期一	1.0	2023年7月30日	星期日	1.7
2023年7月18日	星期二	1.5	2023年7月31日	星期一	1.0
2023年7月19日	星期三	1.1			

第二步:将每日权重指数除以月权重指数,就可以得到每日权重指数以及在当月权重指数中的占比,见表2-35。

表 2-35　某门店7月日权重指数以及在当月权重指数中的占比

日期	星期	日权重指数	日权重指数占比
2023年7月1日	星期六	1.6	0.037 470 726
2023年7月2日	星期日	1.7	0.039 812 646
2023年7月3日	星期一	1.0	0.023 419 204
2023年7月4日	星期二	1.5	0.035 128 806
2023年7月5日	星期三	1.1	0.025 761 124
2023年7月6日	星期四	1.2	0.028 103 044
2023年7月7日	星期五	1.5	0.035 128 806
2023年7月8日	星期六	1.6	0.037 470 726
2023年7月9日	星期日	1.7	0.039 812 646
2023年7月10日	星期一	1.0	0.023 419 204
2023年7月11日	星期二	1.5	0.035 128 806
2023年7月12日	星期三	1.1	0.025 761 124
2023年7月13日	星期四	1.2	0.028 103 044
2023年7月14日	星期五	1.5	0.035 128 806

续表

日期	星期	日权重指数	日权重指数占比
2023 年 7 月 15 日	星期六	1.6	0.037 470 726
2023 年 7 月 16 日	星期日	1.7	0.039 812 646
2023 年 7 月 17 日	星期一	1.0	0.023 419 204
2023 年 7 月 18 日	星期二	1.5	0.035 128 806
2023 年 7 月 19 日	星期三	1.1	0.025 761 124
2023 年 7 月 20 日	星期四	1.2	0.028 103 044
2023 年 7 月 21 日	星期五	1.5	0.035 128 806
2023 年 7 月 22 日	星期六	1.6	0.037 470 726
2023 年 7 月 23 日	星期日	1.7	0.039 812 646
2023 年 7 月 24 日	星期一	1.0	0.023 419 204
2023 年 7 月 25 日	星期二	1.5	0.035 128 806
2023 年 7 月 26 日	星期三	1.1	0.025 761 124
2023 年 7 月 27 日	星期四	1.2	0.028 103 044
2023 年 7 月 28 日	星期五	1.5	0.035 128 806
2023 年 7 月 29 日	星期六	1.6	0.037 470 726
2023 年 7 月 30 日	星期日	1.7	0.039 812 646
2023 年 7 月 31 日	星期一	1.0	0.023 419 204
合计		42.7	

第三步:根据月度目标,则每日的销售目标=月销售目标×(日权重指数÷月权重指数)。例如,2023 年 7 月 20 日的权重指数为 1.2,根据 7 月的总目标 7 000 万元,则 7 月 20 日的销售目标为 196.721 311 5 万元。具体每日销售目标见表 2-36。

表 2-36　根据日权重指数计算的某门店 2023 年 7 月日销售目标

日期	星期	日权重指数	日权重指数占比	日销售目标/万元
2023 年 7 月 1 日	星期六	1.6	0.037 470 726	262.295 082
2023 年 7 月 2 日	星期日	1.7	0.039 812 646	278.688 524 6
2023 年 7 月 3 日	星期一	1.0	0.023 419 204	163.934 426 2
2023 年 7 月 4 日	星期二	1.5	0.035 128 806	245.901 639 3
2023 年 7 月 5 日	星期三	1.1	0.025 761 124	180.327 868 9
2023 年 7 月 6 日	星期四	1.2	0.028 103 044	196.721 311 5
2023 年 7 月 7 日	星期五	1.5	0.035 128 806	245.901 639 3
2023 年 7 月 8 日	星期六	1.6	0.037 470 726	262.295 082

续表

日期	星期	日权重指数	日权重指数占比	日销售目标/万元
2023 年 7 月 9 日	星期日	1.7	0.039 812 646	278.688 524 6
2023 年 7 月 10 日	星期一	1.0	0.023 419 204	163.934 426 2
2023 年 7 月 11 日	星期二	1.5	0.035 128 806	245.901 639 3
2023 年 7 月 12 日	星期三	1.1	0.025 761 124	180.327 868 9
2023 年 7 月 13 日	星期四	1.2	0.028 103 044	196.721 311 5
2023 年 7 月 14 日	星期五	1.5	0.035 128 806	245.901 639 3
2023 年 7 月 15 日	星期六	1.6	0.037 470 726	262.295 082
2023 年 7 月 16 日	星期日	1.7	0.039 812 646	278.688 524 6
2023 年 7 月 17 日	星期一	1.0	0.023 419 204	163.934 426 2
2023 年 7 月 18 日	星期二	1.5	0.035 128 806	245.901 639 3
2023 年 7 月 19 日	星期三	1.1	0.025 761 124	180.327 868 9
2023 年 7 月 20 日	星期四	1.2	0.028 103 044	196.721 311 5
2023 年 7 月 21 日	星期五	1.5	0.035 128 806	245.901 639 3
2023 年 7 月 22 日	星期六	1.6	0.037 470 726	262.295 082
2023 年 7 月 23 日	星期日	1.7	0.039 812 646	278.688 524 6
2023 年 7 月 24 日	星期一	1.0	0.023 419 204	163.934 426 2
2023 年 7 月 25 日	星期二	1.5	0.035 128 806	245.901 639 3
2023 年 7 月 26 日	星期三	1.1	0.025 761 124	180.327 868 9
2023 年 7 月 27 日	星期四	1.2	0.028 103 044	196.721 311 5
2023 年 7 月 28 日	星期五	1.5	0.035 128 806	245.901 639 3
2023 年 7 月 29 日	星期六	1.6	0.037 470 726	262.295 082
2023 年 7 月 30 日	星期日	1.7	0.039 812 646	278.688 524 6
2023 年 7 月 31 日	星期一	1.0	0.023 419 204	163.934 426 2
合计		42.7	1	7 000

任务实施

1. 基础任务

搜集不少于 3 个门店的数据,了解其星期一到星期日销售情况,总结其规律,填写表 2-37。

表 2-37　门店日销售情况调查

门店名称	星期一	星期二	星期三	星期四	星期五	星期六	星期日	周权重指数

续表

门店名称	星期一	星期二	星期三	星期四	星期五	星期六	星期日	周权重指数

2. 提升任务

以小组为单位对某企业进行调研,根据销售数据找到销售规律,计算周权重指数,并结合月度目标,进行月度目标分解,完成表2-38。

表 2-38　门店月度目标分解

日期	日权重指数	日销售目标
×年×月 1 日		
×年×月 2 日		
×年×月 3 日		
×年×月 4 日		
×年×月 5 日		
……		
月度销售目标		

任务考核

在本次任务完成后,综合各项表现和评分标准,填写表2-39和表2-40。

表 2-39　评分标准

评价项目	分值	评分标准	得分
日销售情况调查	40	数据收集 3 个以上,内容完整,得 40 分;不符合要求的,酌情扣分	
月度销售目标分解	60	月度目标分解思路明晰,对不同门店目标的分解分析到位,结论正确,得 60 分;分析不够深刻,流于形式,酌情扣分	
合　计			

表 2-40　综合成绩

任务形式	任务成果展现	个人自评（20%）	小组互评（30%）	教师点评（50%）	合计
日销售情况调查(40 分)					
月度销售目标分解(60 分)					
综合得分					

模块三　事后追踪，抓好落实

通过目标分解，公司上下各部门都有了清晰的目标和努力方向。那么目标完成的情况怎么样呢？应该如何对目标完成情况进行追踪呢？

任务1　科学进行销售追踪

▶ 任务描述

小王在8月刚入职公司商务部，领导交给他一项工作任务，就是了解各门店销售情况，预测哪个门店最可能先完成任务。小王直接将各门店截至7月底的实际完成情况数据除以各门店的目标，然后得到各门店的目标完成率。但是他把这个结论向经理汇报的时候，经理却说他分析得不对，问题出在哪里了呢？

▶ 任务分析

根据任务描述，要想对每个人、每个区域的销售任务完成情况进行客观的追踪评估，就需要掌握销售追踪的方法。具体内容包括以下两个方面。

（1）掌握销售追踪的方法。

（2）掌握销售追踪结果的评价判断。

▶ 学习准备

请搜集相关企业资料，列出各企业销售目标完成情况，填写表2-41。

表2-41　企业销售目标完成情况

序号	企业名称	年度销售目标	截至当前实际完成情况	完成率
1				
2				
3				

▶ 任务背景知识

1. 销售追踪的标准

做好销售追踪工作，是确保行为能够不偏离目标的重要举措。销售追踪首先要确定标准，可以是特定标准、计划标准、时间标准和空间标准。销售追踪必须有理有据，一切都要用数据说话，具体追踪的过程就需要依靠对标来进行。

1）特定标准

特定标准主要是通过长期的实践总结出来的一些标准，主要包括经验标准、理论标准、平均标准。其中，经验标准是在大量的实践过程中总结出来的标准值。例如，按照经验，"双十一"期间线上的销售订单应占到全年的10%，如果实际成交数量没有达到，那就说明"双十一"的实际效果没有那么理想。理论标准是根据理论推断出来的值。例如，按照理论模型，电影院的上座率应该达到 70％,如果实际没有达到,那就需要审视是运营的问题还是理论模型本身有偏差。平均标准则是某一空间或时间的平均值。例如,与班级平均成绩相比,如果某学生成绩低于平均值,那就需要加倍努力了。

课堂互动:自己列举一个特定标准的例子。

2）计划标准

计划标准主要是事先人为设定的标准。这里的计划可以是公司计划、个人计划,也可以是第三方制订的计划。和计划标准对比是销售追踪中常用的。例如,将实际销售额和销售目标进行对比,就可以得出任务完成率,并以此进行绩效考核。

课堂互动:将课前小组调查结果进行对比分析,并绘制目标计划与实际完成情况对比柱状图。

3）时间标准

时间标准主要是与不同时期的对比,主要包括同比、环比和定基比。同比就是与去年的同一个时间段进行对比分析,可以是季、月、周、天。环比就是和上一时间段来对比(也有和下一个时间段对比的),如本月和上月对比,本星期和上星期对比。定基比是和某个指定的时期进行对比分析,如指定 2023 年 1 月为基期,那么每个月的值都拿来与 2023 年 1 月进行对比。

课堂互动:(1)搜集相关信息,举例说明同比变化情况,并绘制同比变化情况图表。

(2)搜集相关信息,举例说明环比变化情况,并绘制环比变化情况图表。

4）空间标准

空间对比就是不同空间数据的对比,包括与相似空间的对比、与先进空间的对比、与扩大空间的对比。相似空间的对比对象必须是形态上比较接近的,如将北京和上海这两个特大城市的门店进行对比。先进空间的对比则是和同一种形态中的优秀空间进行对比,如将中部地区某城市门店与在深圳等大城市地区的旗舰店进行对比。与扩大空间的对比,如某个区域的门店与全国所有区域的数据对比、某个门店与竞争对手的门店进行对比等。

课堂互动:搜集相关信息,进行空间对比分析,并绘制相应图表。

2. 销售追踪的方法

小刘作为公司考核部门员工,最近接到了一项任务,对甲、乙、丙三个门店进行销售追踪,了解任务目标完成情况。

小刘先去了解了一些信息,包括三个门店的月度销售目标及截至2024年12月18日已经完成的销售额,具体数据见表2-42。

表2-42　各门店月度目标及阶段销售额　　　　　　　　　　　单位:元

店铺名称	本月目标/元	1—18日实际销售额/元
甲	7 800	4 600
乙	8 900	5 073
丙	7 300	3 942

很多人看到这里,会特别快速地算出每个门店的任务完成率,即将每个门店实际完成数除以目标任务数。

从表2-43中可以看出,甲、乙、丙的完成率分别为58.97%、57%、54%,所以结论就是甲先完成任务。事实果真如此吗?

表2-43　各门店月度目标及完成率

店铺名称	本月目标/元	1—18日实际销售额/元	完成率/%
甲	7 800	4 600	58.97
乙	8 900	5 073	57.00
丙	7 300	3 942	54.00

首先来分析一下,由于不同门店的地理位置、目标客群、销售规律都存在差异,销售额的完成情况各有不同。比如此案例中,甲门店12月16—18日做过4级促销,丙门店会在12月27—31日做3级促销。也就是说,有的门店有可能前半段任务完成得不好,但是后面的活动加持会推动业绩快速增长。因此,应从业务背景的角度去思考真实情况是什么。

为此,需要先搜集各个门店的日权重指数,相加可得出周权重指数,见表2-44。据此可以算出各个门店理论上应该完成的销售额,即理论完成率和阶段目标。

表2-44　各门店周权重指数

星期	星期一	星期二	星期三	星期四	星期五	星期六	星期日	周权重指数/%
甲	1.0	1.2	1.7	1.1	1.2	1.7	1.5	9.4
乙	1.1	1.2	1.3	1.4	1.4	1.6	1.4	9.4
丙	0.9	1.2	1.1	1.2	1.4	1.9	1.7	9.4

具体计算步骤如下。

第一步,计算出各门店1—18日的权重指数之和。需要注意的是,甲门店在16—18日有一个4级促销,对应的日权重指数乘以1.4。丙门店在27—31日做3级促销,对应日期的权重指数乘以1.3。

第二步,计算各门店12月的总权重指数,如图2-9所示。

	A	B	C	D	E	F	G	H	I
1	日期	星期	甲	甲调整后		乙		丙	丙调整后
2	2024-12-01	星期日	1.5	1.5		1.4		1.7	1.7
3	2024-12-02	星期一	1	1		1.1		0.9	0.9
4	2024-12-03	星期二	1.2	1.2		1.2		1.2	1.2
5	2024-12-04	星期三	1.7	1.7		1.3		1.1	1.1
6	2024-12-05	星期四	1.1	1.1		1.4		1.2	1.2
7	2024-12-06	星期五	1.2	1.2		1.4		1.4	1.4
8	2024-12-07	星期六	1.7	1.7		1.6		1.9	1.9
9	2024-12-08	星期日	1.5	1.5		1.4		1.7	1.7
10	2024-12-09	星期一	1	1		1.1		0.9	0.9
11	2024-12-10	星期二	1.2	1.2		1.2		1.2	1.2
12	2024-12-11	星期三	1.7	1.7		1.3		1.1	1.1
13	2024-12-12	星期四	1.1	1.1		1.4		1.2	1.2
14	2024-12-13	星期五	1.2	1.2		1.4		1.4	1.4
15	2024-12-14	星期六	1.7	1.7		1.6		1.9	1.9
16	2024-12-15	星期日	1.5	1.5		1.4		1.7	1.7
17	2024-12-16	星期一	1	1.4		1.1		0.9	0.9
18	2024-12-17	星期二	1.2	1.68		1.2		1.2	1.2
19	2024-12-18	星期三	1.7	2.38		1.3		1.1	1.1
20	2024-12-19	星期四	1.1	1.1		1.4		1.2	1.2
21	2024-12-20	星期五	1.2	1.2		1.4		1.4	1.4
22	2024-12-21	星期六	1.7	1.7		1.6		1.9	1.9
23	2024-12-22	星期日	1.5	1.5		1.4		1.7	1.7
24	2024-12-23	星期一	1	1		1.1		0.9	0.9
25	2024-12-24	星期二	1.2	1.2		1.2		1.2	1.2
26	2024-12-25	星期三	1.7	1.7		1.3		1.1	1.1
27	2024-12-26	星期四	1.1	1.1		1.4		1.2	1.2
28	2024-12-27	星期五	1.2	1.2		1.4		1.4	1.82
29	2024-12-28	星期六	1.7	1.7		1.6		1.9	2.47
30	2024-12-29	星期日	1.5	1.5		1.4		1.7	2.21
31	2024-12-30	星期一	1	1		1.1		0.9	1.17
32	2024-12-31	星期二	1.2	1.2		1.2		1.2	1.56
33	1—31日权重指数			42.86		41.3			43.53
34	1—18日权重指数			25.76		23.8			23.7

图 2-9　各门店对应日期的权重指数

第三步,用 1—18 日的权重指数除以 12 月总的权重指数,可以算出理论完成率,见表 2-45。

表 2-45　各门店理论完成率

店铺名称	本月目标/元	1—18日权重指数	1—31日权重指数	理论完成率/%
甲	7 800	25.76	42.86	60.10
乙	8 900	23.80	41.30	57.63
丙	7 300	23.70	43.53	54.45

第四步,用理论完成率乘以月度目标,可以计算出阶段目标,见表 2-46。

表 2-46　各门店理论上应完成的阶段目标

店铺名称	本月目标/元	1—18日权重指数	1—31日权重指数	理论完成率/%	阶段目标/元
甲	7 800	25.76	42.86	60.10	4 688.007 466
乙	8 900	23.80	41.30	57.63	5 128.813 559
丙	7 300	23.70	43.53	54.45	3 974.500 345

第五步,将实际销售额除以阶段目标,即可计算出阶段完成率。从表 2-47 中可以看出,阶段完成率最高的是丙,也就是丙最有可能先完成任务。

表 2-47　各门店实际的阶段完成率

店铺名称	本月目标/元	1—18 日权重指数	1—31 日权重指数	理论完成率/%	阶段目标/元	实际销售/元	阶段完成率/%
甲	7 800	25.76	42.86	60.10	4 688.007 466	4 600	98.12
乙	8 900	23.8	41.3	57.63	5 128.813 559	5 073	98.91
丙	7 300	23.7	43.53	54.45	3 974.500 345	3 942	99.18

以上是利用预测值进行销售追踪的具体步骤。实际工作中,也可以用单位权重曲线或者极值进行追踪。无论采用哪种方法,都需要注意以下几点:一是追踪要表格化、系统化;二是要充分发挥人的作用,层层追踪;三是利用各类会议来进行追踪;四是可以利用技术手段来进行追踪;五是追踪不能流于形式,要注重实效。

任务实施

1. 基础任务

以小组为单位,调研走访 3 家企业,用不同的标准对团队及个人目标完成情况进行跟踪,填写表 2-48。

表 2-48　对应不同标准的目标完成情况调查

部门/个人	对标的标准	实际完成情况	完成情况说明

2. 提升任务

以小组为单位,对 3 家门店的年度目标完成情况进行调研,依据销售追踪的方法进行阶段完成情况汇总分析,填写表 2-49,预估是否能按时完成任务,并撰写目标任务完成情况总结报告。

表 2-49　各门店月度目标及阶段完成情况分析

门店	总目标	阶段目标	实际销售	阶段完成率

任务考核

在本次任务完成后,综合各项表现和评分标准,填写表 2-50 和表 2-51。

表 2-50　评分标准

评价项目	分值	评分标准	得分
销售目标数据收集	30	数据收集 3 个以上,内容完整,得 30 分;不符合要求的,酌情扣分	

续表

评价项目	分值	评分标准	得分
任务完成数据收集	30	结合销售跟踪方法,对照标准,列出图表,分析有理有据,得30分;内容不完整的,酌情扣分	
销售追踪分析	40	对不同公司、个人的销售目标完成情况的分析细致,得40分;分析不够深刻,流于形式,酌情扣分	
合　计			

表 2-51　综合成绩

任务形式	任务成果展现	个人自评(20%)	小组互评(30%)	教师点评(50%)	合计
销售目标数据收集(30分)					
任务完成数据收集(30分)					
销售追踪分析(40分)					
综合得分					

任务 2　开好经营分析会

任务描述

临近年中,公司最近准备召开半年工作总结会议。销售部门经理吩咐小王将上半年任务完成情况进行总结,将每个区域、每个业务人员的任务完成情况进行汇总分析,并形成总结报告。小王该如何准备这份年中业务总结汇报呢?

任务分析

根据任务描述,要想进行任务完成情况汇报,就要对每个人、每个区域的销售任务完成情况进行追踪,具体内容包括以下两个方面。

(1)明确经营分析会的主要目的。

(2)掌握销售追踪的工作流程。

学习准备

请搜集相关企业资料,列出各企业销售季度目标完成情况,填写表 2-52。

表 2-52　企业销售季度目标完成情况

序号	企业名称	销售目标	实际完成情况	完成率	总结
1					
2					
3					

任务背景知识

1. 经营分析会的意义

企业的经营分析会主要是对目标完成情况进行跟踪,即召集相关人员坐在一起,就任务完成情况进行沟通交流,围绕一些问题展开深度剖析,包括任务目标是什么、怎么定的、中间出了什么问题、为什么做不到等。

具体来说,经营分析会的价值体现在以下几个方面。

1)汇总完成情况,及时发现问题

目标执行过程中,伴随着市场的变化,总是难免出现这样或那样的问题。通过经营分析会,可以跟踪任务执行过程中出现的问题,并针对问题及时提出整改意见。

2)交流经验技巧,提高工作效率

销售跟踪的过程也是一个快速学习和成长的过程。通过经营分析会的阶段工作总结交流,可以完成市场运营的经验积累和总结,便于在今后工作中借鉴优化,提升后续工作效率。

3)提升团队士气,增强团队效能

销售目标的顺利完成需要企业各部门的通力协作。经营分析会可以给各部门提供深度沟通交流机会,促使相关人员共同寻找任务完成过程中的问题,并针对一些疏漏的地方,及时提出改进的建议。

2. 经营分析会的主要流程

现实企业经营管理中,企业围绕目标管理,已经形成了一个"计划—执行—检查—调整"的管理闭环,即 PDCA 循环,如图 2-10 所示。通过跟踪目标完成情况,可以及时发现问题,总结得失成败的经验教训,并为下一步的决策提供基础。

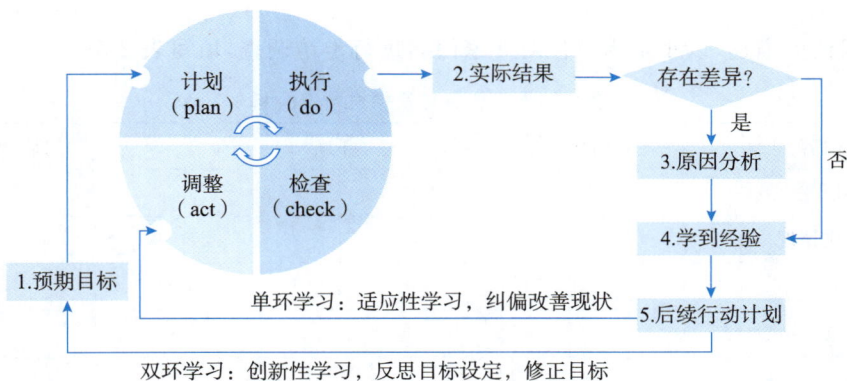

图 2-10 PDCA 模型

如图 2-10 所示,通过计划确定任务目标,通过执行产生一定市场业绩,将二者进行对比,就会产生两种结果:目标完成率高或者完成率低。如果目标完成率低,就要分析原因。通过阶段工作总结诊断分析,得出成败的经验教训,为后续工作的开展提供借鉴。

为了更好地进行阶段任务完成情况追踪,需要遵循一定的工作流程和步骤。具体来说,应该包括以下四步。

第一步:回顾任务目标。

通过对初始任务目标的回顾,了解预先制订的计划内容及前置条件,便于衡量目标完成结果与目标是否一致，也有助于审视目标计划的合理性。

第二步：评估完成情况。

通过对阶段完成情况的真实、客观、完整的记录，详细展示任务完成的效果。主要分析内容有：区域市场的数据情况和团队个人的尽职情况。

第三步：对比分析原因。

将任务目标与真实完成情况进行对比分析，可能会出现以下情况。

（1）结果和目标完全一致。

（2）结果比目标更好。

（3）结果未达到预期目标。

（4）结果中出现其他意外情况。

（5）虽然结果完成，但是跟原定的执行计划有出入。

明确了目标与结果之间的差异，才能够去思考导致差异的原因，并寻求解决问题的办法。注意在分析原因时，要进行深入分析，而不是流于形式。可以采用"what if"分析法，如果出现怎样的条件，现在会是怎样的结果，以此来逐步优化条件，确保目标逐步实现。比如，市场订单大幅减少，要分析可能的原因，如商品、售后、竞品都要进行分析。

第四步：提出改进建议。

通过对任务完成情况的挖掘分析，总结出本阶段的经验及教训，尤其是任务完成率较低的情况要进行深刻反思，如思考是个人原因还是其他部门原因，是企业内部原因还是企业外部因素。只有深刻调查原因，才能进行有针对性的整改。

任务实施

1. 基础任务

请根据任务描述，以小组为单位对 3 家门店进行走访调查，填写表 2-53。

表 2-53　门店目标及完成情况分析

调查内容	门店 1	门店 2	门店 3
目标计划			
实际完成情况			
问题分析			
改进建议			

2. 提升任务

结合相关课程，在抖音建立自己的自媒体运营账号，发布短视频或者直播，制定账号运营目标，对预期目标完成情况进行诊断，并提出相应的改进建议，填写表 2-54。

表 2-54　自媒体账号运营的目标追踪

账号名称	初定目标	实际效果	原因分析	改进措施

任务考核

在本次任务完成后,综合各项表现和评分标准,填写表 2-55 和表 2-56。

表 2-55 评分标准

评价项目	分值	评分标准	得分
目标回顾	20	目标表述明确具体量化,符合 SMART 原则,得 20 分;不符合要求的,酌情扣分	
完成效果评价	20	实际效果呈现完整、具体,定性与定量分析相结合,得 20 分;内容不完整的,酌情扣分	
问题分析	30	问题剖析深刻,分析到位,得 30 分;剖析不够深刻,流于形式,酌情扣分	
改进建议	30	改进建议针对性强,可操作性高,得 30 分;改进措施可操作性差,不够全面,酌情扣分	
合 计			

表 2-56 综合成绩

任务形式	任务成果展现	个人自评(20%)	小组互评(30%)	教师点评(50%)	合计
目标回顾(20 分)					
完成效果评价(20 分)					
问题分析(30 分)					
改进建议(30 分)					
综合得分					

任务 3 依据绩效进行考核

任务描述

小王新加入一家公司的人力资源部门,临近年末,公司要进行年终绩效考核。小王由于新入职,对绩效考核不太熟悉,他很好奇,公司对员工怎么考核?考核哪些方面呢?个人绩效考核应该从哪些方面入手呢?

任务分析

根据任务描述,要想进行员工绩效考核,就要掌握员工绩效考核的内容和方法,具体内容包括以下两个方面。

(1)掌握员工绩效考核的主要内容。

(2)能够根据数据进行员工个人绩效的核算。

学习准备

请搜集相关企业资料,列出各企业绩效考核的内容,填写表 2-57。

表 2-57　企业绩效考核

序号	企业名称	岗位	绩效考核内容
1			
2			
3			

任务背景知识

1. 绩效考核的作用

目标任务完成情况直接影响团队整体目标完成情况,也影响员工的绩效考核结果。从某种意义上,目标是绩效考核的依据,绩效是目标执行的结果。作为企业人力资源部门的一项重要工作,绩效考核直接影响公司的士气和员工个人的成长,无论对公司还是个人,都具有重要的意义。

1）反映企业目标达成情况,促进目标实现

通过企业战略目标的层层分解,每个部门以及个人都对公司的经营目标负责,有效的绩效考核能促使企业内部形成统一行动的合力,帮助企业达成目标。同时,企业可以通过目标完成情况,及时发现问题,不断优化企业的流程,提升企业的管理水平。

2）反映员工任务完成情况,评估员工表现

绩效管理可以反映员工的业绩完成情况,通过绩效考核,筛选出优秀的人才骨干,企业可以提供奖励、晋升和其他激励措施,以奖励他们的持续努力和优异表现,跟不上企业发展的员工则要被淘汰掉,从而优化企业人力资本供给,形成人才流动的良性循环。

3）查明工作的薄弱环节,便于针对性培训提升

绩效考核能够有效评估员工的工作成果、完成的任务、技能和能力的展示等方面,有助于企业准确识别每个员工工作的薄弱环节,并以此为据,根据员工个人需要,制订切实可行和行之有效的培训计划。

4）优化管理决策,提升管理效能

通过绩效考核,管理层可以了解整个团队或组织的表现情况。通过将绩效考核与员工聘用、职务升降、劳动薪酬相结合,企业激励机制得到充分运用,有利于企业的健康发展。

2. 绩效考核原则

如前所述,绩效考核涉及员工个人切身利益,影响员工个人成长,也影响公司整体目标的实现。那么,绩效考核如何才能更科学呢?一般来说,绩效考核应该遵循以下原则。

1）"四公"原则

"君子不患寡而患不均",绩效考核考量着制度的公平,也考验着管理者的公心。"四公"原则,即公正、公开、公平、公道,执行公正,过程公开,评价公平,实施公道。考核应就事论事,而不可将与工作无关的因素带入考核工作。

2）客观性原则

客观性原则就是绩效考核尽量用事实说话,定性考核与定量考核相结合,尽量多定量考核,以事实为依据,少些主观臆断和猜测,多些客观事实和数据。

3）时效性原则

时效性原则就是绩效考核要有明确的起止时间。绩效考核是对考核期内工作成果的综合评价,明确的考核起止时间有助于贯彻目标导向,激励员工持续努力。

4）结果导向原则

结果导向原则就是绩效考核的结果应体现在员工奖惩上,突出业绩贡献,强调以绩效结果为依据,同时兼顾潜力或者关键行为以及个人表率作用对员工和团队的价值贡献。

5）及时反馈原则

及时反馈原则是指考核者需要及时把考核结果反馈给被考核者。绩效考核的终极目的是提升企业经营业绩,及时反馈有助于员工及时了解自己工作的不足,便于及时改进。

3. 绩效考核内容

虽然现实的绩效考核中,由于员工的岗位、职责以及工作性质存在差异,各个企业的考核方法不同,但是各个企业绩效考核的内容方面基本一致,基本涵盖工作业绩考核、工作行为考核、工作能力考核和工作态度考核四大内容,概括起来,就是"德、能、勤、绩"四方面。

（1）德——工作态度考核。工作态度主要考核员工对待工作的态度和工作作风。工作态度的考核指标可以从工作主动性、工作责任感、工作协作性、工作创新性、工作进取性等方面入手。

（2）能——工作能力考核。工作能力主要考核员工在工作中发挥出来的能力,主要体现为四个方面:专业知识和相关知识;相关技能、技术和技巧;相关工作经验;所需体能和体力。具体考核时,要参照相关工作标准或要求,对被考评者所担当的职务与其能力是否匹配进行评定。

（3）勤——工作行为考核。工作行为主要考核员工在工作中表现出的相关行为是否符合企业规范和要求。这里首先涉及行为的指标设定问题。实际考评中,企业常常用频率或次数来描述工作行为,如出勤率、事故率、客户满意度、员工投诉率、合理化建议采纳次数等。

（4）绩——工作业绩考核。工作业绩主要考核员工工作的业绩或履行职务工作的结果,是对企业员工贡献程度的衡量,是最重要的考核内容。实际考评中,企业主要用具体数量或金额来衡量实际工作业绩和成果,如销售额、销售量、客户留存率、任务完成率等,这也是最客观的考评标准。

课堂互动:搜集 3 家企业的同一岗位的员工绩效考核表,对比分析各家企业对员工绩效考核的内容差异,填写表 2-58。

表 2-58 企业对员工绩效考核的内容差异

序号	企业名称	岗位	绩效考核指标	对比分析结论
1				
2				
3				

4. 员工绩效考核

部门经理召开了年终绩效考核会,会议明确了年终考核的依据。基本上每个员工的绩效考核分为三部分：工龄绩效、业绩排名前十位奖励绩效和业绩提成绩效。其中，工龄绩效是从入职时间到 2024 年，每年奖励 500 元，2023 年新入职的不计算。业绩排名前十位个人每人奖励 2000 元。业绩提成绩效分为三档：完成率超过 100％的提成 1％，完成率高于 80％的提成 0.5％，剩余的没有提成。会后小王拿到了销售部门 25 名业务人员的基本信息，包括姓名、入职日期、业绩目标、实际业绩，具体数据见表 2-59。

表 2-59　A 企业员工年度基本业绩情况

员工工号	入职日期	业绩目标/元	实际业绩/元
GH00001	2014 年 5 月 13 日	2 803 516	3 393 829
GH00002	2015 年 11 月 27 日	963 340	1 089 549
GH00003	2018 年 12 月 19 日	615 525	584 374
GH00004	2016 年 7 月 21 日	1 373 886	1 139 050
GH00005	2023 年 9 月 7 日	803 605	617 051
GH00006	2017 年 11 月 27 日	3 711 671	2 930 645
GH00007	2018 年 4 月 12 日	3 321 823	3 055 477
GH00008	2013 年 9 月 18 日	1 140 712	1 198 123
GH00009	2016 年 1 月 29 日	494 982	585 429
GH00010	2020 年 4 月 19 日	892 568	1 171 589
GH00011	2015 年 8 月 18 日	2 040 178	2 900 203
GH00012	2018 年 2 月 7 日	1 120 895	1 290 154
GH00013	2016 年 9 月 27 日	1 113 117	1 169 148
GH00014	2014 年 4 月 23 日	917 103	1 083 531
GH00015	2015 年 10 月 12 日	951 055	1 248 207
GH00016	2021 年 7 月 25 日	416 634	594 770
GH00017	2015 年 7 月 8 日	520 694	599 923
GH00018	2018 年 10 月 31 日	922 683	1 043 607
GH00019	2021 年 8 月 23 日	3 174 875	3 015 756
GH00020	2017 年 11 月 15 日	654 210	541 719
GH00021	2018 年 3 月 15 日	766 317	588 339
GH00022	2015 年 12 月 1 日	720 570	567 675
GH00023	2014 年 5 月 8 日	1 223 533	1 125 050
GH00024	2017 年 11 月 11 日	666 458	619 281
GH00025	2016 年 1 月 29 日	991 198	551 771

下面逐一计算三部分绩效。

第一步，工龄计算。根据上表信息，先计算每个员工的工龄。在 Excel 工作表 E2 位置插入公式"＝2024-YEAR(B2)"，按 Enter 键，可得 GH00001 员工的工龄，下拉列表即可得到每个员工的工龄，如图 2-11 所示。

第二步，工龄绩效计算。将E列每个员工的工龄乘以500，即可得到每个员工的工龄绩效。在F2位置插入计算公式“=E2 * 500”，按Enter键，可得GH00001员工的工龄绩效，下拉列表即可得到每个员工的工龄绩效，如图2-12所示。

E2　fx　=2024-YEAR(B2)

	A	B	C	D	E
1	员工工号	入职日期	业绩目标	实际业绩	工龄时间
2	GH00001	2014-05-13	2803516	3393829	10
3	GH00002	2015-11-27	963340	1089549	9
4	GH00003	2018-12-19	615525	584374	6
5	GH00004	2016-07-21	1373886	1139050	8
6	GH00005	2023-09-07	803605	617051	1
7	GH00006	2017-11-27	3711671	2930645	7
8	GH00007	2018-04-12	3321823	3055477	6
9	GH00008	2013-09-18	1140712	1198123	11
10	GH00009	2016-01-29	494982	585429	8
11	GH00010	2020-04-19	892568	1171589	4
12	GH00011	2015-08-18	2040178	2900203	9
13	GH00012	2018-02-07	1120895	1290154	6
14	GH00013	2016-09-27	1113117	1169148	8
15	GH00014	2014-04-23	917103	1083531	10
16	GH00015	2015-10-12	951055	1248207	9
17	GH00016	2021-07-25	416634	594770	3
18	GH00017	2015-07-08	520694	599923	9
19	GH00018	2018-10-31	922683	1043607	6
20	GH00019	2021-08-23	3174875	3015756	3
21	GH00020	2017-11-15	654210	541719	7
22	GH00021	2018-03-15	766317	588339	6
23	GH00022	2015-12-01	720570	567675	9
24	GH00023	2014-05-08	1223533	1125050	10
25	GH00024	2017-11-11	666458	619281	7
26	GH00025	2016-01-29	991198	551771	8

图 2-11　计算工龄

F2　fx　=E2*500

	A	B	C	D	E	F
1	员工工号	入职日期	业绩目标	实际业绩	工龄时间	工龄绩效
2	GH00001	2014-05-13	2803516	3393829	10	5000
3	GH00002	2015-11-27	963340	1089549	9	4500
4	GH00003	2018-12-19	615525	584374	6	3000
5	GH00004	2016-07-21	1373886	1139050	8	4000
6	GH00005	2023-09-07	803605	617051	1	500
7	GH00006	2017-11-27	3711671	2930645	7	3500
8	GH00007	2018-04-12	3321823	3055477	6	3000
9	GH00008	2013-09-18	1140712	1198123	11	5500
10	GH00009	2016-01-29	494982	585429	8	4000
11	GH00010	2020-04-19	892568	1171589	4	2000
12	GH00011	2015-08-18	2040178	2900203	9	4500
13	GH00012	2018-02-07	1120895	1290154	6	3000
14	GH00013	2016-09-27	1113117	1169148	8	4000
15	GH00014	2014-04-23	917103	1083531	10	5000
16	GH00015	2015-10-12	951055	1248207	9	4500
17	GH00016	2021-07-25	416634	594770	3	1500
18	GH00017	2015-07-08	520694	599923	9	4500
19	GH00018	2018-10-31	922683	1043607	6	3000
20	GH00019	2021-08-23	3174875	3015756	3	1500
21	GH00020	2017-11-15	654210	541719	7	3500
22	GH00021	2018-03-15	766317	588339	6	3000
23	GH00022	2015-12-01	720570	567675	9	4500
24	GH00023	2014-05-08	1223533	1125050	10	5000
25	GH00024	2017-11-11	666458	619281	7	3500
26	GH00025	2016-01-29	991198	551771	8	4000

图 2-12　计算工龄绩效

第三步，找出业绩排名前十的员工，这里用到了RANK函数。具体操作：在J2位置插入计算公式“=RANK(D2，$D$2：$D$26，0)”，按Enter键，可得GH00001员工的业绩排名，下拉列表即可得到每个员工的绩效排名，如图2-13所示。

第四步，业绩排名前十的绩效奖励计算。对业绩排名前十的员工，奖励2000元。这里用到了IF函数，具体操作：在K2位置插入计算公式“=IF(J2<11，2000，0)”，按Enter键，可得GH00001员工的业绩排名绩效，下拉列表即可得到每个员工的业绩排名绩效奖励，如图2-14所示。

J2　fx　=RANK(D2, $D$2:$D$26, 0)

	A	B	C	D	J
1	员工工号	入职日期	业绩目标	实际业绩	业绩排名
2	GH00001	2014-05-13	2803516	3393829	1
3	GH00002	2015-11-27	963340	1089549	13
4	GH00003	2018-12-19	615525	584374	22
5	GH00004	2016-07-21	1373886	1139050	11
6	GH00005	2023-09-07	803605	617051	17
7	GH00006	2017-11-27	3711671	2930645	4
8	GH00007	2018-04-12	3321823	3055477	2
9	GH00008	2013-09-18	1140712	1198123	8
10	GH00009	2016-01-29	494982	585429	21
11	GH00010	2020-04-19	892568	1171589	9
12	GH00011	2015-08-18	2040178	2900203	5
13	GH00012	2018-02-07	1120895	1290154	6
14	GH00013	2016-09-27	1113117	1169148	10
15	GH00014	2014-04-23	917103	1083531	14
16	GH00015	2015-10-12	951055	1248207	7
17	GH00016	2021-07-25	416634	594770	19
18	GH00017	2015-07-08	520694	599923	18
19	GH00018	2018-10-31	922683	1043607	15
20	GH00019	2021-08-23	3174875	3015756	3
21	GH00020	2017-11-15	654210	541719	25
22	GH00021	2018-03-15	766317	588339	20
23	GH00022	2015-12-01	720570	567675	23
24	GH00023	2014-05-08	1223533	1125050	12
25	GH00024	2017-11-11	666458	619281	16
26	GH00025	2016-01-29	991198	551771	24

图 2-13　进行业绩排名

K2　fx　=IF(J2<11, 2000, 0)

	A	B	C	D	J	K
1	员工工号	入职日期	业绩目标	实际业绩	业绩排名	业绩排名绩效
2	GH00001	2014-05-13	2803516	3393829	1	2000
3	GH00002	2015-11-27	963340	1089549	13	0
4	GH00003	2018-12-19	615525	584374	22	0
5	GH00004	2016-07-21	1373886	1139050	11	0
6	GH00005	2023-09-07	803605	617051	17	0
7	GH00006	2017-11-27	3711671	2930645	4	2000
8	GH00007	2018-04-12	3321823	3055477	2	2000
9	GH00008	2013-09-18	1140712	1198123	8	2000
10	GH00009	2016-01-29	494982	585429	21	0
11	GH00010	2020-04-19	892568	1171589	9	2000
12	GH00011	2015-08-18	2040178	2900203	5	2000
13	GH00012	2018-02-07	1120895	1290154	6	2000
14	GH00013	2016-09-27	1113117	1169148	10	2000
15	GH00014	2014-04-23	917103	1083531	14	0
16	GH00015	2015-10-12	951055	1248207	7	2000
17	GH00016	2021-07-25	416634	594770	19	0
18	GH00017	2015-07-08	520694	599923	18	0
19	GH00018	2018-10-31	922683	1043607	15	0
20	GH00019	2021-08-23	3174875	3015756	3	2000
21	GH00020	2017-11-15	654210	541719	25	0
22	GH00021	2018-03-15	766317	588339	20	0
23	GH00022	2015-12-01	720570	567675	23	0
24	GH00023	2014-05-08	1223533	1125050	12	0
25	GH00024	2017-11-11	666458	619281	16	0
26	GH00025	2016-01-29	991198	551771	24	0

图 2-14　计算业绩排名绩效

第五步，计算员工业绩目标完成率。将实际业绩除以业绩目标，即可得到业绩完成率。在 G2 输入计算公式"＝D/C"，按 Enter 键，可得 GH00001 员工的业绩完成率，下拉列表即可得到每个员工的任务完成率，如图 2-15 所示。

第六步，计算员工业绩提成率。按照业绩完成率的奖励标准，超过 100％完成率的奖励提成 1％，超过 80％的奖励提成 0.5％，剩余的没有奖励提成。这里用到了 IF 函数，在 H2 输入计算公式"＝IF（G2＞100％，1％，IF（G2＞80％，0.5％，0））"，按 Enter 键，可得 GH00001 员工的业绩提成率，下拉列表即可得到每个员工的业绩提成率，如图 2-16 所示。

G2　fx　=D2/C2

员工工号	入职日期	业绩目标	实际业绩	任务完成率
GH00001	2014-05-13	2803516	3393829	121.06%
GH00002	2015-11-27	963340	1089549	113.10%
GH00003	2018-12-19	615525	584374	94.94%
GH00004	2016-07-21	1373886	1139050	82.91%
GH00005	2023-09-07	803605	617051	76.79%
GH00006	2017-11-27	3711671	2930645	78.96%
GH00007	2018-04-12	3321823	3055477	91.98%
GH00008	2013-09-18	1140712	1198123	105.03%
GH00009	2016-01-29	494982	585429	118.27%
GH00010	2020-04-19	892568	1171589	131.26%
GH00011	2015-08-18	2040178	2900203	142.15%
GH00012	2018-02-07	1120895	1290154	115.10%
GH00013	2016-09-27	1113117	1169148	105.03%
GH00014	2014-04-23	917103	1083531	118.15%
GH00015	2015-10-12	951055	1248207	131.24%
GH00016	2021-07-25	416634	594770	142.76%
GH00017	2015-07-08	520694	599923	115.22%
GH00018	2018-10-31	922683	1043607	113.11%
GH00019	2021-08-23	3174875	3015756	94.99%
GH00020	2017-11-15	654210	541719	82.81%
GH00021	2018-03-15	766317	588339	76.77%
GH00022	2015-12-01	720570	567675	78.78%
GH00023	2014-05-08	1223533	1125050	91.95%
GH00024	2017-11-11	666458	619281	92.92%
GH00025	2016-01-29	991198	551771	55.67%

图 2-15　计算任务完成率

H2　fx　=IF(G2>100%, 1%, IF(G2>80%, 0.5%, 0))

员工工号	入职日期	业绩目标	实际业绩	任务完成率	业绩提成率
GH00001	2014-05-13	2803516	3393829	121.06%	1.00%
GH00002	2015-11-27	963340	1089549	113.10%	1.00%
GH00003	2018-12-19	615525	584374	94.94%	0.50%
GH00004	2016-07-21	1373886	1139050	82.91%	0.50%
GH00005	2023-09-07	803605	617051	76.79%	0.00%
GH00006	2017-11-27	3711671	2930645	78.96%	0.00%
GH00007	2018-04-12	3321823	3055477	91.98%	0.50%
GH00008	2013-09-18	1140712	1198123	105.03%	1.00%
GH00009	2016-01-29	494982	585429	118.27%	1.00%
GH00010	2020-04-19	892568	1171589	131.26%	1.00%
GH00011	2015-08-18	2040178	2900203	142.15%	1.00%
GH00012	2018-02-07	1120895	1290154	115.10%	1.00%
GH00013	2016-09-27	1113117	1169148	105.03%	1.00%
GH00014	2014-04-23	917103	1083531	118.15%	1.00%
GH00015	2015-10-12	951055	1248207	131.24%	1.00%
GH00016	2021-07-25	416634	594770	142.76%	1.00%
GH00017	2015-07-08	520694	599923	115.22%	1.00%
GH00018	2018-10-31	922683	1043607	113.11%	1.00%
GH00019	2021-08-23	3174875	3015756	94.99%	0.50%
GH00020	2017-11-15	654210	541719	82.81%	0.50%
GH00021	2018-03-15	766317	588339	76.77%	0.00%
GH00022	2015-12-01	720570	567675	78.78%	0.00%
GH00023	2014-05-08	1223533	1125050	91.95%	0.50%
GH00024	2017-11-11	666458	619281	92.92%	0.50%
GH00025	2016-01-29	991198	551771	55.67%	0.00%

图 2-16　计算业绩提成率

第七步，计算员工业绩提成。将每个员工的实际业绩乘以业绩提成率，即可得到每个员工的业绩提成。具体操作：在 I2 输入计算公式"＝D2 * H2"，按 Enter 键，可得 GH00001 员工的业绩提成，下拉列表即可得到每个员工的业绩提成，如图 2-17 所示。

第八步，计算每个员工的年终绩效。将每个员工的工龄绩效、业绩排名前十位奖励绩效和业绩提成绩效相加，即可得到每个员工的年终绩效。具体操作：在 L2 输入公式"＝F2＋I2＋K2"，即可得 GH00001 员工的年终绩效，下拉列表即可得到每个员工的年终绩效，如图 2-18 所示。

I2　fx　=D2*H2

员工工号	入职日期	业绩目标	实际业绩	任务完成率	业绩提成率	业绩提成
GH00001	2014-05-13	2803516	3393829	121.06%	1.00%	33938.29
GH00002	2015-11-27	963340	1089549	113.10%	1.00%	10895.49
GH00003	2018-12-19	615525	584374	94.94%	0.50%	2921.87
GH00004	2016-07-21	1373886	1139050	82.91%	0.50%	5695.25
GH00005	2023-09-07	803605	617051	76.79%	0.00%	0.00
GH00006	2017-11-27	3711671	2930645	78.96%	0.00%	0.00
GH00007	2018-04-12	3321823	3055477	91.98%	0.50%	15277.39
GH00008	2013-09-18	1140712	1198123	105.03%	1.00%	11981.23
GH00009	2016-01-29	494982	585429	118.27%	1.00%	5854.29
GH00010	2020-04-19	892568	1171589	131.26%	1.00%	11715.89
GH00011	2015-08-18	2040178	2900203	142.15%	1.00%	29002.03
GH00012	2018-02-07	1120895	1290154	115.10%	1.00%	12901.54
GH00013	2016-09-27	1113117	1169148	105.03%	1.00%	11691.48
GH00014	2014-04-23	917103	1083531	118.15%	1.00%	10835.31
GH00015	2015-10-12	951055	1248207	131.24%	1.00%	12482.07
GH00016	2021-07-25	416634	594770	142.76%	1.00%	5947.70
GH00017	2015-07-08	520694	599923	115.22%	1.00%	5999.23
GH00018	2018-10-31	922683	1043607	113.11%	1.00%	10436.07
GH00019	2021-08-23	3174875	3015756	94.99%	0.50%	15078.78
GH00020	2017-11-15	654210	541719	82.81%	0.50%	2708.60
GH00021	2018-03-15	766317	588339	76.77%	0.00%	0.00
GH00022	2015-12-01	720570	567675	78.78%	0.00%	0.00
GH00023	2014-05-08	1223533	1125050	91.95%	0.50%	5625.25
GH00024	2017-11-11	666458	619281	92.92%	0.50%	3096.41
GH00025	2016-01-29	991198	551771	55.67%	0.00%	0.00

图 2-17　计算业绩提成

L2　fx　=F2+I2+K2

员工工号	入职日期	业绩目标	实际业绩	工龄绩效	业绩提成	业绩排名绩效	年终绩效
GH00001	2014-05-13	2803516	3393829	5000	33938.29	2000	40938.29
GH00002	2015-11-27	963340	1089549	4500	10895.49	0	15395.49
GH00003	2018-12-19	615525	584374	3000	2921.87	0	5921.87
GH00004	2016-07-21	1373886	1139050	4000	5695.25	0	9695.25
GH00005	2023-09-07	803605	617051	500	0.00	0	500
GH00006	2017-11-27	3711671	2930645	3500	0.00	2000	5500
GH00007	2018-04-12	3321823	3055477	3000	15277.39	2000	20277.39
GH00008	2013-09-18	1140712	1198123	5500	11981.23	2000	19481.23
GH00009	2016-01-29	494982	585429	4000	5854.29	0	9854.29
GH00010	2020-04-19	892568	1171589	2000	11715.89	2000	15715.89
GH00011	2015-08-18	2040178	2900203	4500	29002.03	2000	35502.03
GH00012	2018-02-07	1120895	1290154	3000	12901.54	2000	17901.54
GH00013	2016-09-27	1113117	1169148	4000	11691.48	2000	17691.48
GH00014	2014-04-23	917103	1083531	5000	10835.31	0	15835.31
GH00015	2015-10-12	951055	1248207	4500	12482.07	2000	18982.07
GH00016	2021-07-25	416634	594770	1500	5947.70	0	7447.7
GH00017	2015-07-08	520694	599923	4500	5999.23	0	10499.23
GH00018	2018-10-31	922683	1043607	3000	10436.07	0	13436.07
GH00019	2021-08-23	3174875	3015756	1500	15078.78	2000	18578.78
GH00020	2017-11-15	654210	541719	3500	2708.60	0	6208.595
GH00021	2018-03-15	766317	588339	3000	0.00	0	3000
GH00022	2015-12-01	720570	567675	4500	0.00	0	4500
GH00023	2014-05-08	1223533	1125050	5000	5625.25	0	10625.25
GH00024	2017-11-11	666458	619281	3500	3096.41	0	6596.405
GH00025	2016-01-29	991198	551771	4000	0.00	0	4000

图 2-18　计算年终绩效

任务实施

1. 基础任务

收集不少于3个企业的销售人员绩效考核表,对比分析企业对员工的考核都有哪些要求,并结合员工个人访谈给出反馈意见,填写表2-60。

表 2-60 员工绩效考核调查

企业	绩效考核主要内容	个人反馈意见

2. 提升任务

以小组为单位,结合具体岗位工作内容,对照绩效考核标准,对企业不同岗位的绩效考核内容进行计算,并分析不同企业岗位绩效考核的差异,撰写企业绩效考核情况报告,填写表2-61。

表 2-61 不同岗位绩效考核分析

岗位	绩效考核标准	员工绩效考核计算	对比分析结论

任务考核

在本次任务完成后,综合各项表现和评分标准,填写表2-62和表2-63。

表 2-62 评分标准

评价项目	分值	评分标准	得分
考核指标信息收集	20	数据收集3个以上,内容完整,得20分;不符合要求的,酌情扣分	
绩效考核计算	20	结合绩效考核表,对考核内容等分析有理有据,得20分;内容不完整的,酌情扣分	
对比分析汇报	30	对不同企业个人的绩效考核情况,分析细致,得30分;分析不够深刻,流于形式,酌情扣分	
策略建议	30	改进建议针对性强,可操作性高,得30分;改进措施可操作性差,不够全面,酌情扣分	
合　　计			

表 2-63　综合成绩

任务形式	任务成果展现	个人自评（20%）	小组互评（30%）	教师点评（50%）	合计
考核指标信息收集（20 分）					
绩效考核计算（20 分）					
对比分析汇报（30 分）					
策略建议（30 分）					
综合得分					

项目小结

拓展阅读：
不同时期的
政府目标

（1）销售目标制定是企业的一项重要工作，要准确把握目标制定的原则（SMART 原则）、流程（六步骤）和方法（定性预测、定量预测）。

（2）目标分解是将总目标按照时空范围进行的逐层分解，便于目标任务的落实。在目标分解时，要把握目标分解的原则和方法。

（3）目标追踪是对目标执行效果的跟踪。目标追踪应依据一定的标准进行科学追踪，通过经营分析会，及时发现问题并修正。目标跟踪还可用于对员工进行绩效考核。

顾客数据分析

思维导图

```
                        ┌─ 商圈调研，收集客需 ─┬─ 商圈调查
                        │                      └─ 商圈评估
                        │
                        │                      ┌─ 会员信息收集和整理
顾客数据分析 ───────────┼─ 信息收集，会员画像 ─┼─ 会员指标理解和计算
                        │                      └─ 会员画像
                        │
                        │                      ┌─ 会员价值分析
                        └─ 价值分层，周期管理 ─┼─ 会员生命周期阶段确定
                                               └─ 会员生命周期策略设计
```

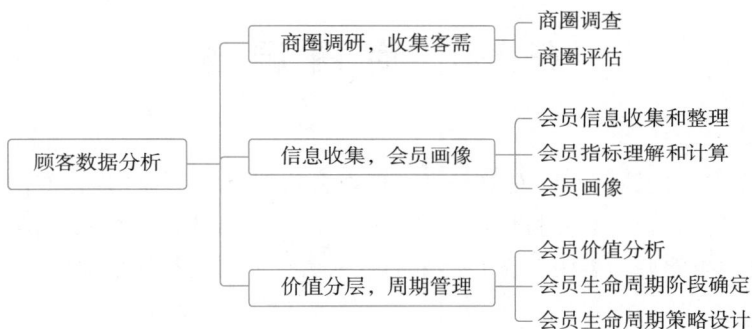

微课：
顾客数据
分析

项目导入 ▶▶

　　门店运营与顾客管理息息相关。如何了解目标顾客需求,吸引顾客?如何根据顾客指标进行顾客画像呢?如何判断出哪些客户是我们的重要客户?如何针对不同顾客特征,有针对性地提供产品或服务?本项目针对顾客数据进行分析,主要内容包含商圈调研、会员画像、价值分析、生命周期分析等四项任务,请根据学习情境描述和任务指引,完成相应工作。

知识目标

(1) 掌握商圈的内涵,商圈调查的内容。

(2) 掌握会员数据收集、数据清洗、会员指标计算和会员画像步骤。

(3) 掌握会员价值 RFM 模型的含义。

(4) 理解会员生命周期的内容。

能力目标

(1) 能够运用观察法、访谈法、问卷调查进行商圈内容调查并进行评估。

(2) 能够进行会员数据收集、清洗和整理,计算会员指标,并进行会员画像。

(3) 能够根据会员消费数据进行会员 RFM 分析。

(4) 能够对会员进行生命周期分析。

（1）培养团队合作精神，能够根据任务需要，合理分工，齐心合作。
（2）培养知行合一的精神，能够用科学方法进行调研和数据分析。
（3）培养严谨细致的工作作风。

模块一 商圈调研，收集客需

实体店经营好坏与客流息息相关。而实体店的客流与商圈周边商业环境是相关联的。因此，商圈分析显得十分重要。通过商圈调研，收集数据，能够更好地了解目标顾客构成和需求、竞争对手状况、交通状况，有针对性地选择经营项目和经营方式。那么，如何进行商圈调查和分析呢？

任务1 商圈调查

任务描述

小王在一家零售连锁企业开发部上班。现在公司要新开一家门店，部门经理要求小王进行商圈调查分析，选择适合并且性价比高的商圈进行门店选址，收集顾客需求。那么如何做商圈调查，要调查哪些内容呢？调查出来的数据信息如何进行评估呢？

任务分析

根据任务描述，进行商圈调查，收集客需，对商圈内的相关要素进行数据收集，具体内容包括以下两个方面。

（1）熟悉商圈及商圈调研的相关知识。

（2）根据商圈调研的内容进行商圈环境调研、商圈消费者调研、商圈竞争对手调研和商圈交通与便利性调研。

学习准备

搜集你所在城市的典型商圈，整理出你认为比较有代表性的商圈资料，填写表3-1。

表 3-1　代表性的商圈资料

序号	商圈名称	商圈位置	商圈特点
1			
2			
3			

任务背景知识

1. 认识商圈调查的重要性

商圈调查的目的是提供决策者关于商圈发展和选址的数据支持和市场洞察，帮助制定有效的商业战略和规划。商圈调查非常重要，因为不同类型、不同层次的商圈，适合不同的业态和不同的经营方式。通过深入了解商圈的商业环境、消费者需求和竞争情况，可以降低风险、提高商业成功的可能性，并为商圈的经济发展作出贡献。商圈市场调查的意义如下。

1）了解顾客偏好和需求

了解商圈范围内的人口数量、人流量、职业、作息、购买力、出行方式、购买偏好等信息，并通过消费水准预估营业额等消费资料。

2）助力开发新门店

通过调查商圈内同品牌数量是否饱和、是否有市场和发展空间、能否盈利，调查商圈内消费分布状况及市场、非市场因素。基于商圈调查，进行经营效益的评估，衡量店址的使用价值，从而开发新的门店。

3）分析竞争对手

调查商圈的竞争品牌的商品种类、商品构成、经营方式、薪资结构等信息的调查，了解商圈的品牌号召力、竞争状况和聚客能力，为新店的入驻提供参考依据。

4）制定竞争策略

在商圈范围内，通过调查识别企业的竞争者。通过调查竞争者的商品经营策略、促销活动等，来判断竞争者的战略。然后，对比竞争者与本企业，进行优势和劣势分析。最后，预估竞争者的反应模式，制定竞争策略，包括商品组合、价格策略、促销调整等。

2. 了解商圈的基础知识

1）商圈的含义

商圈是指店铺以其所在地点为中心，沿着一定的方向和距离扩展，吸引顾客的辐射范围，简单地说，也就是来店顾客所居住的地理区域范围。

2）商圈的构成

商圈由三部分组成：核心商圈、次级商圈和边缘商圈。核心商圈是离门店最近、消费者密度最高的区域，大约55%～70%的消费者来自这个商圈；次级商业圈，也被称为第二商圈，是指主要商业区外围的次要区域。在这个区域内，消费者较为分散，但是购买商品依然非常方便。次级商业圈通常汇集了门店大约15%～25%的顾客；边缘商业圈，也被称为第三商圈，指的是位于主次要商圈之外的地区。在边缘商圈内，有大约不足10%的顾客来门店购物，这些区域的消费者相对来说不太方便到门店购买商品。

案例分析：知名连锁快餐店的商圈调查

3. 分析商圈调研的主要内容

商圈调查是指对一个特定区域内的商业活动、商业环境和商业潜力进行系统性的调查和分析。它旨在了解该商圈的市场状况、竞争情况、消费者特征、租金水平、交通便利性等相关信息，以帮助决策者做出有关商圈发展、商业定位和选址的决策。

商圈研究指的是运用具有针对性的市场调研方法，对商圈的周边环境、人口和消费者构成、竞争对手、交通和便利性等内容调查并进行分析研究。

1）周边环境调查
周边环境调查包含商圈范围内的居民区、机关、学校、公司、大型商业机构的分布调查。

2）消费者调查
消费者调查包括人口调查和消费偏好调查。

（1）人口调查。消费者人口调查要分析商圈周边的人口结构、人口数量、消费者购买力等指标，以了解目标市场的规模和潜力。

任何一个商圈内的顾客群都分为两部分：一是当地住户，二是流动人口。两种人口对超市销售额的影响不同。当地住户数的资料可从物业、居委会等获得，可以预估每户家庭的平均消费水平，通过住户数乘以平均每户消费水平就是当地住户的总体消费能力，填写表 3-2。

表 3-2　周边社区调查表

小区名	开发时间	房价	户数	入住率	入住人数	居民构成及消费情况
调查结论						

流动人口数量的调查则需要实地测定。实施方法具体如下：指定专人分布到预定商圈周围的各个交通路口处，测定由此经过的人数，将测定的流动人口数取平均值，得到每日每小时平均人流量。人流量会受到工作日与周末的影响，因此测定时需要包含这两个不同时段。

（2）消费者偏好调查。通过问卷调查、访谈或观察等方式，了解消费者的购物偏好、消费习惯、需求和行为模式，以便为商圈定位和门店选址策划提供依据。

课堂互动：

任务：请设计一份商圈消费者偏好的调查问卷。

要求：问卷题量控制在 10～20 道，结构合理，内容丰富，层次分明。

3）竞争对手调查

调查商圈内同行业或类似业态的竞争对手，了解其规模、产品或服务特点、价格水平、目标顾客等，以评估市场竞争情况。

4）交通和便利性调查

商圈的交通情况包括公共交通设施、道路网络、停车设施等。除了交通，还需要考察商圈的便利性和可达性。商圈便利性的考察，可以通过访谈、观察或者问卷等方式获得相关信息，完成表 3-3。

知识链接：
问卷调查

知识链接：
商圈饱和度

表 3-3　交通便利性调查

道路条件	是否位于交通主干道	是 □	否 □	
	是否位于交通次干道	是 □	否 □	
	道路中间有无隔离栏	有 □	无 □	
	是否有河流、高架桥等阻碍客流因素	是 □	否 □	
	主要道路宽度　8 车道 □	6 车道 □	4 车道 □	其他 □

续表

	是否经常堵车　是□　　　否□				
交通状况	300米以内的公交站或地铁情况 交通站点:有_____个公交站点,有_____个地铁站点。 公交线路:途经公交地铁线路有_____条。				
	车次	起始站—终点站	途经主要社区	载客量	
				多□　一般□　少□	
				多□　一般□　少□	
				多□　一般□　少□	
				多□　一般□　少□	
				多□　一般□　少□	
停车设施	汽车停车处: 路边停车　可停靠不收费□　可停靠要收费□　会拖车□ 停车场　有□　无□　　停车场数量　地上□　地下□ 停放数量:_____位　　　　收费情况:_____元/位 自行车和电动车停车处:可停靠不收费□　　可停靠要收费□　　无□				

知识链接:
选址的 5A
法则

🌊 任务实施

1. 基础任务

以小组为单位,每组选择所在城市一个商圈进行商圈环境、消费者、竞争对手和交通便利性调查。

提交调查成果:《某商圈环境调查表》《某商圈人口情况调查表》《某商圈消费偏好调查报告》《某商圈竞争对手调查表》《某商圈交通便利性调查表》。

2. 提升任务

结合调查成果,对调查数据进行统计汇总,完成表3-4。

表 3-4　商圈调查汇总

基本资料	区域范围	
	所处商圈位置	商圈核心区域□　　商圈次区域□　　　商圈边缘区域□
消费者调查	常住人口	周边共有小区_____个,有_____户,预计人口数量_____人 消费者构成:_____
	人流量统计	星期一到星期五高峰时段 1:_____时到_____时;高峰时段 2:_____时到_____时;总平均客流:_____人流量/30分钟 星期六到星期日高峰时段 1:_____时到_____时;高峰时段 2:_____时到_____时;总平均客流:_____人/30分钟
	消费者偏好	

续表

竞争者调查	竞争店名			
	消费定位			
	经营定位			
	销售情况			
交通调查	道路条件			
	停车设施			
	途径公交地铁情况	300米以内的公交站或地铁情况： 交通站点：有_____个公交站点，有_____个地铁站点。公交线路：途经公交地铁线路_____条		

任务考核

在本次任务完成后，综合各项表现和评分标准，填写表 3-5 和表 3-6。

表 3-5　评分标准

评价项目	分值	评分标准	得分
环境调查	10	完成商圈环境分布图，内容完整，得 10 分；不符合要求，酌情扣分	
消费者人口调查	20	完成附近居民调查、人流量统计表和消费者偏好调查，调查方法得当，结论准确，得 20 分；内容不完整，酌情扣分	
消费者偏好调查	20	完成调查问卷设计和发放，并统计相关数据。调查问卷设计合理，样本分布合理，得20分；内容不完整，酌情扣分	
竞争对手调查	20	完成不少于两个类别三个品牌的竞争店调查，经营特征分析细致，得 20 分；分析不够深刻，流于形式，酌情扣分	
交通和便利性调查	20	完成交通和便利性调查报告，调查方法得当，结论准确，得 20 分；内容不完整的，酌情扣分	
调查数据汇总统计	10	完成调查数据统计，统计和展示方法得当，结论正确，得 10 分；内容不完整的，酌情扣分	
合　　计			

表 3-6　综合成绩

任务形式	任务成果展现	个人自评（20%）	小组互评（30%）	教师点评（50%）	合计
环境调查（10 分）					
消费者人口调查（20 分）					
消费者偏好调查（20 分）					
竞争对手调查（20 分）					
交通和便利性调查（20 分）					
调查数据汇总统计（10 分）					
综合得分					

任务 2　商圈评估

任务描述

小王的团队对选定商圈调研结果进行统计分析,要根据统计结果完成商圈评估和SWOT分析,为企业经营提供决策依据。那么,商圈怎么评估和分析呢?

任务分析

根据任务描述,进行商圈评估,要先确定商圈的性质,然后进行指标分析。具体内容包括以下三个方面。

(1)熟悉商圈分析的内容和商圈评估的指标。

(2)根据商圈调研的结果进行商圈环境、客流、易达性和商业氛围等内容评估。

(3)能够对商圈进行分析。

学习准备

搜集你所在城市的典型商圈,整理出你认为比较有代表性的商圈资料,填写表 3-7。

表 3-7　代表性的商圈资料

序号	商圈名称	目标客群	对商圈环境、客流量、多样化需求满足进行等级评估
1			
2			
3			

任务背景知识

1. 商圈分析内容

商圈数据的分析主要围绕商圈属性、客流量和消费者结构、竞争对手和商业氛围三个方面来展开。

1)定性分析:确定商圈的属性

做商圈数据分析首先要清楚这是什么商圈,这个定性并未包括后面的流量和竞争要素,而是从公共设施和群体特征的维度分析。商圈分类方法如下。

第一种,按照所在地区地域性质的不同划分,商圈可以划分为三种类型。

(1)市级商圈。市级商圈也称城市中心商圈,是指位于城市中心繁华区域或城市主要商业区的商圈,如北京的王府井、深圳的华强北等。这类商圈辐射范围可达全市,是全市购买力最强、消费水平较高的地方。

(2)区域商圈。是指位于城市二级行政区中心区或繁华商业区内的商圈,这类商圈的辐射范围一般不超出本行政区范围,是本行政区购买力最强、消费水平较高的地方。

(3)社区商圈。是指位于城市三、四级行政区,辐射范围主要为社区内的商圈。这类商圈的购买力一般不适合开设大型零售店。

第二种,按照区域功能划分,商圈可以分为六种类型。

（1）商业区。商业区是商业集中的地区，也叫一流商圈。其特色是商圈大、人流量大、商店林立、繁华热闹，其消费习性具有快速、流行、娱乐、冲动购买和消费金额较高等特点。

（2）住宅区。住宅区的消费习性具有消费群稳定，讲究便利性、亲切感，家庭用品购买率高等特点。

（3）文教区。文教区的附近要有一所以上学校，以私立和补习班集中区较为理想。该区消费群以学生居多，消费金额普遍不高。

（4）办公区。办公区指办公楼比较多的地方，大部分是便利店，其消费习性具有便利、人多、消费水平高等特点。

（5）工业区。工业区的消费者一般是打工族，消费水平比较低，但消费总量比较大。

（6）混合区。混合区分为商住混合、住教混合、工商混合等。混合区具备单一商圈形态的消费特色，一个商圈内往往含有多种商圈类型，具有多元化的消费习性。

课堂互动：你所在城市有哪些市级商圈和区域商圈？这些商圈按照功能分是哪种类型？

2）流量分析：了解客流量和消费者结构

流量是一切零售的源泉，流量可以是细分市场规模，也可以是小范围的市场容量。在门店可覆盖范围内，需要对流量做准确分析。流量分析主要从客流量和消费者构成来进行分析。

第一，客流量变化。采用日客流/月客流/总客流几个层面分析该商圈的客流变化情况，寻找流量高峰阶段，比较工作日和节假日时段客流差异情况。

第二，消费者结构。通过基于消费性别、年龄、收入能力、职业、学历等维度，分析该商圈的到访客流的特征，分析消费者的年龄构成、收入水平、需求偏好和消费购买能力。

3）竞争分析：了解竞争对手和商业氛围

确定商圈属性和流量特点是对非竞争性数据进行分析，目的是了解市场现状和发展可能。做商圈分析是以具体项目设立为目的，而项目能否成功、盈利能力如何、投资回收期长短等论证绕不开对竞争对手的分析。

强对手高密度，商圈开店风险最大；强对手低密度，未来还有成长空间和机会；弱对手高密度，自己能力强就不担心；弱对手低密度，这个商圈还有机会。但无论怎么分析，既要知道自己的能力，也要知晓竞争对手的营销、供应链和精细化运营所有细节。

2. 商圈选择要求

一般来说，商圈选择有三个要求：第一，前瞻性。前瞻性就是对趋势判断。门店位置选址需要判断未来的利好，尤其是店铺处于一个新商圈或者新的位置。第二，便利性，指在商圈开店让消费者更容易到达。第三，适用性。适用性意味着整个商圈与消费者的匹配度和周围环境的融合度。商圈的适用性要符合品牌定位和消费者定位（消费者的习惯、认知、心目中的预期），不是人多就合适，要看有效人群是否是目标消费群体。

3. 商圈评估指标

商圈评估是对商圈的构成情况、特点、范围以及影响商圈规模变化的因素进行调查和分

知识链接：
城市热力图

知识链接：
门店如何
选择商圈

析，为选择门店地址、制定和调整经营方向与策略提供依据。

商圈评估的对象包括环境评估、客流评估、易达性评估和商业氛围评估和可进入性评估。主要了解商圈属性、店面数量、周围设施、附近的竞争店及互补店、租金、营业时间、人口规模、消费水平、发展前景（商圈变化）等因素。主要评估指标如下。

1）人流量指标

人流量是评估商圈成熟程度和客流消费情况的重要指标之一。可以通过以下方式来评估人流量。

（1）计算日均客流量：通过安装人流统计设备或使用移动数据分析工具，获取商圈内每天的客流量数据，并计算出日均客流量。

（2）考察高峰时段客流量：观察商圈在特定时间段（如周末、节假日、晚上）的客流量情况，了解商圈的活跃程度和潜在消费能力。

2）消费水平指标

消费水平是评估商圈客流消费情况的重要指标之一。可以通过以下方式来评估消费水平。

（1）观察商圈内店铺类型。不同类型的店铺（如奢侈品店、快餐店、超市）所吸引的消费群体和消费水平不同，通过观察商圈内的店铺类型，可以初步了解消费水平。

（2）调研价格水平。通过实地调研或查阅相关数据，了解商圈内主要产品或服务的价格水平，进一步评估消费水平。

3）竞争对手指标

竞争对手是评估商圈成熟程度和客流消费情况的重要参考因素之一。可以通过以下方式来评估竞争对手。

（1）考察竞争对手数量。观察商圈内同类型的竞争对手数量，多个竞争对手可能意味着商圈的吸引力较高。

（2）研究竞争对手业绩。通过调研或查阅相关数据，了解竞争对手的业绩表现，包括销售额、客流量等，以评估商圈的竞争激烈程度。

4）租金水平指标

租金是门店运营成本的主要部分，门店租金对门店成功与否有重要影响，因此要掌握商圈不同区域的租金情况，可以分为商圈核心区域租金、商圈次核心区域租金、商圈边缘区域租金。要依据商圈租金的实际情况，选择能够适合自己的商圈区域。

评估商圈的成熟程度和客流消费情况是传统企业选址过程中的关键任务。只有了解商圈的发展潜力和吸引力，企业才能做出明智的选址决策，提高经营成功率。商圈评估也可以借助先进的商圈评估工具，帮助企业一键评估目标位置的周边房价、不同类型门店数量、周边小区类型、消费水平、周边商务办公楼宇等全部因素，目标商圈的优劣势基本一目了然了。

知识链接：
我国十大商圈

任务实施

1. 基础任务

以小组为单位，依托任务1的调查成果，进行商圈调查评估并撰写商圈调查报告，完成

表 3-8,提交调查成果。

表 3-8　某商圈调查评估

考核项目		考核内容	得分标准			综合得分	
项目	权重	具体指标	10 分	8 分	6 分	得分	小计
环境评估	10%	商圈级别	市级	区域	社区		
		商圈类别	商业区	商住、商办区混合区	文教区、办公区、住宅区		
		商圈生命周期	成长和成熟期	形成期	衰退期		
		商业配套设施	完全满足多样化需求	能满足一般需求	不完善		
		商圈管理	很规范	一般	较差		
客流评估	50%	客群消费能力	高	中	低		
		工作日客流量	大于 5 000	1 500～5 000	小于 1 500		
易达性评估	10%	公交地铁线路	多于 8 条	4～8 条	4 条以下		
		停车情况	停车位充足,停车方便,费用低	停车位和费用情况一般	停车困难		
		主干道是否通畅	良好	一般	较差		
		人行道是否通畅	良好	一般	较差		
商业氛围评估	20%	商业品牌覆盖度	覆盖国际、国内知名和本土品牌,类别丰富	覆盖知名国内和本土品牌,类别较丰富	覆盖国内一般品牌和本土知名品牌,类别丰富度一般		
		商圈同行业竞争程度(结合不同行业情况而定)	3～5 家	6～8 家	2 家以下或者大于 8 家		
易入性评估	10%	商圈内的租金水平	高	中	低		
		理想店铺取得难易程度	困难	一般	容易		

得分：$\sum$ 综合得分＝100×权重×(小项实际得分之和/小项满分之和)

2. 提升任务

以小组为单位,依托调研结果,围绕商圈内的客流条件、商品力、服务力、竞争力、形象力、便利性等内容进行优劣势分析;针对外部资源、市场发展、行业发展前景和消费趋势等,对商圈进行可能存在机会和挑战的分析。最后分析顾客需求,提出商圈发展建议,填写表 3-9。

表 3-9　某商圈分析

商圈優勢劣勢分析	優勢	1.
		2.
		3.
	劣勢	1.
		2.
		3.
商圈機會威胁分析	機會	1.
		2.
	具体描述	
	威胁	1.
		2.
	具体描述	
商圈分析建议		

任务考核

在本次任务完成后,综合各項表現和評分标准,填写表 3-10 和表 3-11。

表 3-10　評分标准

評价項目	分值	評分标准	得分
商圈評估	20	完成商圈評估表,内容完整,得 20 分;不符合要求,酌情扣分	
商圈分析	50	完成附近居民调查、人流量统计表和消費者偏好调查,调查方法得当,结论准确,得 50 分;内容不完整,酌情扣分	
发展建议	30	改进建议針对性强,可操作性高,得 30 分;发展建议可操作性差,不够全面,酌情扣分	
合　　計			

表 3-11　综合成绩

任务形式	任务成果展現	個人自評（20％）	小组互評（30％）	教师点評（50％）	合計
商圈評估(20 分)					
商圈分析(50 分)					
发展建议(30 分)					
综合得分					

模块二 收集信息，会员画像

通过对商圈调查，了解门店经营的周边商业环境和门店潜在顾客的需求。那么，门店的顾客有哪些特征呢？年龄？性别？他们是怎样的一个群体？他们的购物行为偏好是什么样的？在这个模块，要收集会员的信息，分析会员的偏好，进行会员画像。

任务 1 会员信息收集和整理

任务描述

小王所在的零售门店需要收集会员信息，部门经理把这个工作任务交给小王，让他对信息进行简单的整理，特别强调针对线上小程序，要进行流量信息汇报。会员信息收集包含哪些内容呢？如何整理呢？怎么能够更好进行流量信息汇报呢？

任务分析

根据任务描述，需要掌握会员信息收集的类型、清洗、筛选和整理。具体内容包括以下几个方面。

（1）了解会员信息的类型：会员基础信息、会员行为信息和会员流量信息。

（2）能够收集到会员注册小程序—浏览网页—加购购物车—购买各阶段的流量变化。

（3）掌握会员信息数据的清洗、筛选标准。

（4）能够运用漏斗图来展示会员流量信息的变化情况。

学习准备

观察一家店铺三位顾客的购物行为，搜集和整理这些顾客相关的个人基本信息和购物行为相关的信息，分析其行为特征，填写表 3-12。

表 3-12 顾客信息

顾客	顾客性别	顾客年龄	顾客购买行为特征
1			
2			
3			

任务背景知识

1. 会员数据收集

会员数据收集主要包括：会员基础数据、会员行为数据和会员流量数据。

1）会员基础数据

会员基础数据指的是顾客的静态数据，包括姓名、性别、年龄、地区、生日、手机号码、工作、月收入、家庭住址、爱好等。基础信息越多，对顾客的分析越有针对性。这类数据描述了会员基本信息的画像，可用来分析挖掘顾客的可能需求，主要来源有：入会前基本信息填写

案例分析：东东比萨店的产品推销

来存档；通过微信发放代金券来收集微信号，通过办卡时刷顾客的身份证来收集出生日期等；通过顾客最近消费的商品，来预估顾客的消费水平；门店一些智能化设备，如智能穿衣镜、智能化妆盒、智能导购等，能监测到会员更个性化的数据。以超市为例，会员信息登记表见表 3-13。

表 3-13　超市会员信息登记表

日期	姓名	性别	年龄	电话	住址	身份证号码	会员卡编号	备注

会员信息收集并不是越全越好，要根据门店经营的内容来决定收集哪些方面的信息，避免过度收集，浪费人力物力。

课堂互动：你认为一家蛋糕店在注册会员时需要登记哪些信息？请为某蛋糕店设计线上会员注册信息登记表。

2）会员行为数据

会员行为数据指的是会员到店的购物行为，如到店的次数、购买的产品、逗留的时间、行走轨迹、消费频次、复购的品质等会员消费习惯，可用来分析顾客消费习惯，部分数据可以通过门店收银系统获得。

3）会员流量数据

会员流量数据指的是和引流渠道相关的所有数据，包括增长会员数、门店会员来源、线上渠道来源、渠道引流用户数、渠道用户转化率等，主要靠门店监测和渠道平台提供。门店的会员流量数据采集可以通过人脸识别技术、Wi-Fi 定位技术和红外线传感器获取。

会员流量信息中最重要的是流量转化。流量转化最常见的展示方式是漏斗图。漏斗图是像漏斗一样的图表，它用梯形面积表示某个环节业务量与上一个环节之间的差异。漏斗图从上到下，有逻辑上的顺序关系，表现了随着业务流程的推进各阶段业务目标完成的情况。适用于分析具有规范性、周期长和环节多的业务流程。漏斗图的作用，就是能够实现每一层级的监控，清晰知道每一步的转化率。

漏斗图可以通过绘图软件制作，也可以通过 Excel 表格制作。下面以门店线上流量转化为例，介绍用 Excel 制作门店线上流量转化漏斗图的做法。

（1）漏斗图数据准备如下。

首先，明确用户行为流程：会员注册—登录系统—页面浏览—加入购物车—提交订单—订单支付。

案例分析：
服装店的
故事

其次,计算辅助占位数据和每一阶段的转化率。制作数据表格如图 3-1 所示。

占位数据＝(总流入用户数－单流程的用户数)/2,差值除以 2 后获得占位数据。因为最终的柱状图是轴对称的,故取差值的一半进行占位即可。

$$转化率:用户每环节的流入增长率＝当前环节人数/上一环节人数 \quad\quad (3-1)$$

数据表如图 3-1 所示。

会员行为	会员数量	占位数据	转化率
注册会员	9828	0	100%
登录系统	7620	1104	78%
浏览页面	6337	1746	83%
加入购物车	2315	3757	37%
提交订单	1136	4346	49%
支付订单	580	4624	51%

图 3-1　会员行为流程数据表

(2)漏斗图制作步骤如下。

第一步:按住左键选中数据准备区域列,按 Ctrl 键,即选中会员行为＋会员数量＋占位数据共 3 列 7 行数据,单击"插入",选择"堆积条形图",如图 3-2 所示。

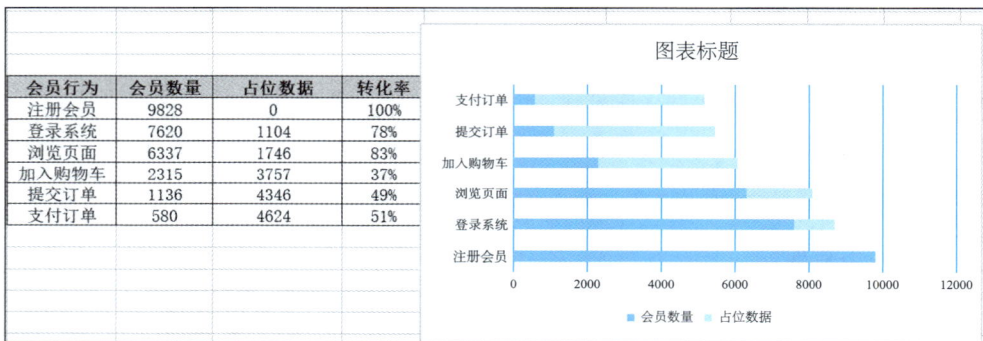

图 3-2　会员行为流程堆积条形图制作

第二步:选中图表,删除网格线、图标标题、图例、横坐标轴等不需要的图表元素。

第三步:选中纵坐标轴,右击,选择"设置坐标轴格式",设置勾选"逆序类别"。

第四步:选中图表,右击,选择"选择数据",选中"占位数据"系列,点击向上按钮,将占位数据设置在图表的前面(图 3-3),同时设置颜色填充为无色透明。

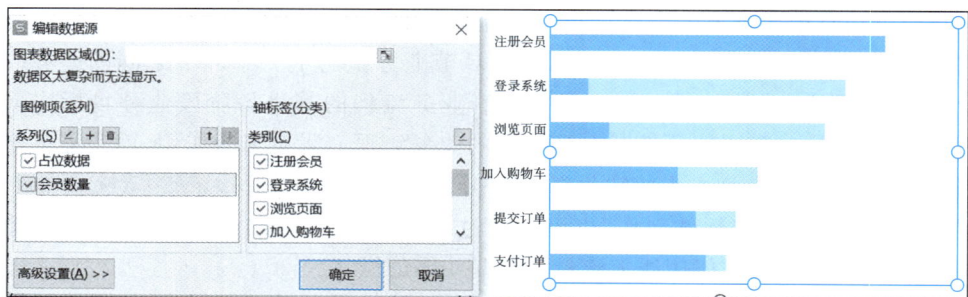

图 3-3　会员行为流程堆积条形图占位图制作

第五步:选中留下的条形图,右击,选择"添加数据标签",选中数据标签,设置字体,白色加粗显示，调整字号大小。

第六步：单击"插入"，选择"形状"，插入"箭头形状"，选中朝下箭头，移动到上下两个条形图的中间；在箭头右侧插入文本框，填写内容为每个阶段的"转化率"。

第七步：选中条形图，在图表工具中，单击"添加图标元素"，选择"线条"，单击系列线，将上下的条形连接起来。调整字体，删除多余网格线，如图 3-4 所示。

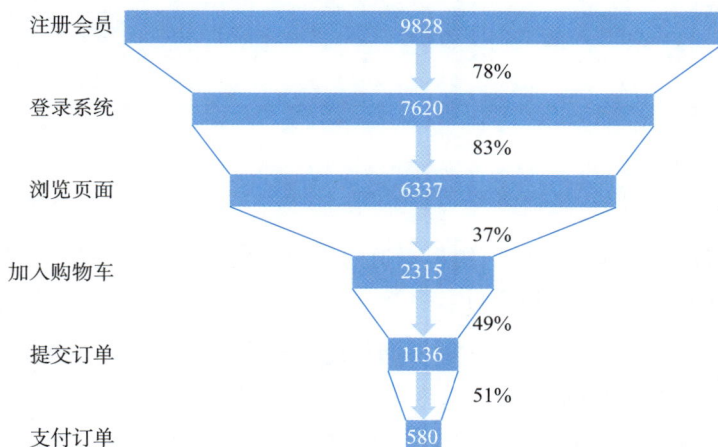

图 3-4　会员行为流程漏斗图

第八步：优化漏斗图。根据自己需要对漏斗图进行颜色、形状、背景的调整和美化。

2. 会员数据清洗

数据首先是管理，其次是分析，最后才是挖掘。所以，在正式做会员数据分析之前，必须对那些异常数据进行清洗，保证数据质量，只有这样会员数据需要数据分析的结果才是靠谱的。

会员数据需要清洗包含以下几种情况。

（1）去掉内部人手中非会员消费数据，指会员卡在店员或者收银员手上转积分和差价。

（2）去除晒卡一族，在网上公开自己的会员号，其他网友可以用，帮忙攒积分。

（3）消费量处于两个极端的客户，如团购客户和间隔很长时间才来一次的临时会员。

课堂互动：结合会员数据清洗要求，请问表 3-14 中的哪位会员数据需要清洗，为什么？

知识链接：门店会员信息采集技术应用

表 3-14　会员消费汇总表

会员编号	消费金额/元	消费数量/笔	消费积分/分	消费次数/次	线下次数/次	线下金额/元	线上次数/次	线上金额/元	年龄/岁
001	2 041	230	947	83	54	1 338	29	702	32
002	3 209	135	558	60	51	3 155	9	54	34
003	7 333	145	2 933	87	46	3 957	41	3 376	24
004	3 743	388	978	89	72	3 600	17	143	30
005	9 026	202	5 812	69	44	5 208	25	3 818	33
006	11 683	161	3 696	74	61	488	13	11 195	26

会员编号	消费金额/元	消费数量/笔	消费积分/分	消费次数/次	线下次数/次	线下金额/元	线上次数/次	线上金额/元	年龄/岁
007	14 143	412	4 369	80	61	6 243	19	7 901	41
008	1 080	200	863	65	45	1 058	20	22	40
009	77 421	390	46 192	88	87	74 140	1	3 281	23
010	1 715	139	573	66	53	1 664	13	51	23

任务实施

1. 基础任务

以小组为单位,收集某家有线上销售渠道的零售门店的 15 个会员的三种类型的会员信息数据,完成表 3-15(可适当增加项目)。

表 3-15　会员关键信息汇总表

会员编号	会员基础信息					会员行为信息			会员流量信息	
	加入时间	性别	生日	联系方式	会员类型	消费金额	消费次数	客单价	线下	线上
001										
002										
003										
004										
005										
006										
007										
008										
009										
010										
011										
012										
013										
014										
015										

2. 提升任务

在 15 位会员数据收集的基础上,收集会员一段时间内注册小程序—浏览—加购—支付各阶段的人数变化。根据收集的数据,进行数据整理,完成数据筛选和流量数据漏斗图的绘制。

任务考核

在本次任务完成后,综合各项表现和评分标准,填写表 3-16 和表 3-17。

表 3-16　评分标准

评价项目	分值	评分标准	得分
数据收集	40	完成数据收集,内容完整,得 40 分;不符合要求,酌情扣分	
数据筛选	20	完成数据筛选,过程正确,得 20 分;不符合要求,酌情扣分	
流量数据漏斗图展示	40	完成数据收集,过程正确,图形美观,得 40 分;不符合要求,酌情扣分	
合　　计			

表 3-17　综合成绩

任务形式	任务成果展现	个人自评(20%)	小组互评(30%)	教师点评(50%)	合计
数据收集(40分)					
数据筛选(20分)					
流量数据漏斗图展示(40分)					
综合得分					

任务 2　会员指标理解和计算

任务描述

小王公司的零售店经营了一段时间,根据会员一段时间内的消费数据,能够计算出相关的会员指标数值,为门店精准营销和经营规划提供决策依据。

任务分析

根据任务描述,理解会员指标并进行相应指标的计算,具体内容包括以下两个方面。

(1) 理解会员客单价、件单价、连带率、平均交易次数、会员连带率、会员流失率、会员复购率等相关指标的含义。

(2) 能够结合会员数据进行会员指标计算和分析。

学习准备

搜集三家不同类型店铺的顾客的相关资料,了解这些门店经营需要分析的会员消费指标有哪些? 填写表 3-18。

表 3-18　店铺经营分析

序号	门店名	经营分析指标
1		
2		
3		

📖 任务背景知识

从企业日常运营角度出发,会员数据核心指标主要有以下几种。

1. 新增会员数

指标公式为:新增会员数＝期末会员总数－期初会员总数 　　　(3-2)

如果将会员看作企业的财富,新增会员就是在不断地积累财富。大部分企业会把这一项工作作为店铺员工关键绩效(Key Performance Indicator,KPI)考核指标之一。

2. 会员增长率

指标公式为:会员增长率＝某段时间内新增会员数÷期初有效会员数×100％ (3-3)

会员增长率是体现企业会员增长速度的一个指标。

3. 会员贡献率

指标公式为:会员贡献率＝会员销售总金额÷销售总金额×100％ 　　　(3-4)

会员贡献率不是越高越好,每个企业的会员贡献率都会有一个合理的区间,例如,传统零售女装品牌的合理会员贡献率大约在30％～70％,太高就显得新增顾客太少,增长率太低则说明没有稳定的销售来源。行业不一样,这个区间也会不一样。店铺间的会员贡献率也会不一样,采用会员制的企业会员销售额占比一般为10％左右,而这一数据在中高端服饰品牌中则可能高达80％。

4. 会员客单价

指标公式为:会员客单价＝会员销售总额÷会员总数 　　　(3-5)

会员客单价是企业非常重要的销售指标,是指零售企业在一定时期内每一个顾客购买商品的金额,也是平均交易金额。会员客单价是将顾客中的会员进行筛选和过滤,只考察会员顾客平均购买商品的金额。

5. 会员件单价

指标公式为:会员件单价＝会员销售总额÷会员销售客单量 　　　(3-6)

会员件单价是指会员消费每件商品的平均价格,该指标主要考察会员的消费能力和对商品的价格敏感度。

6. 平均购买次数

指标公式为:平均购买次数＝订单总数/购买用户总数 　　　(3-7)

它是指某时期内每个会员平均购买的次数,平均购买次数的最小值为1,复购率高的网站平均购买次数也高。

7. 会员连带率

指标公式为:会员连带率＝会员销售总件数÷会员消费总单数 　　　(3-8)

会员连带率是一个非常重要的指标,该指标主要以会员消费商品的数量为统计指标,主要考察和分析会员顾客的购物篮质量。会员顾客作为营运部门重点关注的顾客群体,考察会员连带率有利于考核会员营销的效果以及销售人员销售技巧的效果。

8. 有效会员数

指标公式为:有效会员占比＝有效会员数÷累计会员总数×100％ 　　　(3-9)

会员总数多不一定有优势,有效会员数多才是硬道理。有效会员就是满足一定交易条件的会员,随着企业的发展和时间的推移,必然会存在很多在一段时间内没有进行交易的会员,这些会员实际上已经没有太大价值,需要在分析中剔除,否则会员数据分析也没有了意义。有些零售商会在系统中直接取消顾客的会员资格,而大部分公司则让他们的会员保留在系统中。有效会员的交易条件一般根据时间和交易量来设定,如在 12 个月内必须有至少 1 次消费或 6 个月内必须有不少于 3 次消费记录,这两个标准需要结合顾客的消费频率来定,行业不同标准也会有差异。有效会员是一个滚动概念,不过由于累计员数的时效性不强,这个指标的实际意义并不大。

9. 活跃会员比率

$$指标公式为:活跃会员比率=活跃会员÷会员总数×100\% \qquad (3\text{-}10)$$

活跃会员比率指在一定周期内有消费或登录行为的会员总数占会员总数的比重,这个周期可以定为 30 天、60 天、90 天等。这个周期的确定和产品购买频率有关,快速消费品的周期会比较短,不过当这个周期确定后,就不能轻易改变了。但会员基数大时,即便较低的活跃会员比率也意味着有较大的活跃会员数。

10. 会员流失率

$$指标公式为:会员流失率=某段时间内流失的会员数÷期初有效会员总数×100\%$$

$$(3\text{-}11)$$

这个指标反映了会员顾客的流失速度,也反映了企业营运现状,它和会员增长率是一对相反指标,建议零售企业每月都追踪这两个指标。

如某零售品牌有 6 000 个的会员,流失会员(90 天以上无消费及 180 天内有消费的会员)高达 2 000 个,约占会员总数的 33%。

11. 会员复购率

$$指标公式 1 为:会员复购率=某段时间内重复交易的老会员数 \qquad (3\text{-}12)$$
$$÷期初有效会员总数×100\%$$

$$指标公式 2 为:会员复购率=某段时间内会员重复购买交易次数 \qquad (3\text{-}13)$$
$$÷期初有效会员总数×100\%$$

会员复购率也叫会员回购率,是指在某时期内产生二次及二次以上购买的会员占购买会员总数的比率。会员复购率是衡量顾客忠诚度的一个指标,是一个老会员的复购率公式,因为期间新增会员的回购不包含在其中。复购率的计算有两种方法:第一种方法不考虑会员多次复购;第二种方法考虑多次复购的情况。

课堂互动:某品牌店会员总数有 1 000 人,其中有 200 人重复购买,运用第一种方法计算会员复购率。如果这 200 人中有 50 人重复购买 1 次(即购买 2 次),有 150 人重复购买 2 次(即购买 3 次),请运用第二种方法计算会员复购率? 这两次计算结果有什么差别,谈谈你对这两种计算方法的看法。

12. 会员唤醒率

$$指标公式为:会员唤醒率=(期初沉默会员数-期末沉默会员数) \qquad (3\text{-}14)$$
$$÷期初会员数×100\%$$

沉睡会员处于会员生命周期的中段,有针对性地实施会员唤醒策略,才能将这部分会员

知识链接:
顾客追踪
指标

变成活跃会员,继续发挥其对零售商绩效的贡献;但如果对这部分顾客没有针对性的唤醒策略,会导致他们成为沉睡会员,甚至会导致顾客流失,所以,必须对这部分沉睡会员进行唤醒。门店实施针对沉默会员的唤醒策略之前有 100 个沉默会员,策略实施之后,有 20 个沉默会员产生了消费,则会员的唤醒率为 20%。

任务实施

1. 基础任务

任务背景:某综合超市采取会员制经营,表 3-19 是这家超市 10 名会员半年内的消费数据汇总。

表 3-19 某超市部分会员半年销售数据

会员编号	销售金额							消费数量	消费次数	会员年龄
	1 月	2 月	3 月	4 月	5 月	6 月	合计			
001	373	359	358	417	341	193	2 041	230	83	32
002	705	1 821	98	300	40	245	3 209	135	60	34
003	782	5 201	275	327	252	494	7 333	145	87	24
004	606	294	740	853	551	699	3 743	388	89	30
005	438	1 197	480	229	1 014	5 668	9 026	202	69	33
006	564	1 184	78	9 655	104	99	1 168	161	74	26
007	845	1 680	1 163	3 795	759	5 902	1 414	412	80	41
008	210	660	210	0	0	0	1 080	200	65	40
009	182	640	132	95	196	470	1 715	139	66	23
010	0	0	0	791	2 173	4 511	7 475	93	62	44
总计	4 705	13 037	3 534	16 462	5 430	18 281	61 449	2 105	732	—

任务内容:依托表 3-19 中的会员消费数据,以小组为单位完成会员指标表(表 3-20,表 3-21)的计算。

表 3-20 门店会员指标汇总

会员指标	指标计算(含过程)
会员平均年龄	
会员客单价	
会员件单价	
平均购买次数(次/周/人)	
会员连带率	
会员流失率(最近一个月)	

表 3-21　单个会员指标汇总

会员编号	会员贡献率	会员客单件	会员件单价	平均购买次数	连带率
001					
002					
003					
004					
005					
006					
007					
008					
009					
010					

2. 提升任务

结合会员指标计算,找出销售贡献排在前 3 的会员,分析会员的消费特征。根据会员需求,提出营销建议。

任务考核

在本次任务完成后,综合各项表现和评分标准,填写表 3-22 和表 3-23。

表 3-22　评分标准

评价项目	分值	评分标准	得分
门店会员指标计算	30	每空 5 分,计算正确,内容完整,得 30 分;计算过程正确,结果不正确,酌情扣分	
单个会员指标计算	50	每空 1 分,计算正确,内容完整,得 50 分;计算过程正确,结果不正确,酌情扣分	
会员特征分析和营销建议	20	顾客选择正确,特征分析合理,改进建议针对性强,可操作性高,得 20 分;不够全面,酌情扣分	
合　　计			

表 3-23　综合成绩

任务形式	任务成果展现	个人自评（20%）	小组互评（30%）	教师点评（50%）	合计
门店会员指标计算（30 分）					
单个会员指标计算（50 分）					
会员特征和营销建议（20 分）					
综合得分					

任务3 会员画像

任务描述

小王的部门经理要求小王结合门店会员基本信息、会员消费信息和会员行为相关信息以及相关指标计算结果,对会员进行画像。如何进行会员画像呢?

任务分析

根据任务描述,理解会员画像含义和步骤,具体内容包括以下三个方面。

(1)理解会员画像和标签体系的含义。

(2)理解画像标签体系的分级构建。

(3)掌握会员画像的步骤:信息收集、画像构建和画像呈现。

学习准备

搜集一家店铺的顾客相关的资料,根据搜集到的资料对会员进行标签化,填写表3-24。

表 3-24　会员资料对比

会员	会员特征标签(10~20 个)
1	
2	
3	

任务背景知识

1. 了解会员画像含义

案例分析:
你介意
被商家
打标签吗?

用户画像的概念,最早由交互设计之父 Alan Cooper 提出,是对产品或服务的目标人群做出的特征刻画。可以简单理解成是海量数据的标签,根据会员的目标、行为和观点的差异,将他们区分为不同的类型,然后每种类型中抽取出典型特征,赋予其名字、照片、一些人口统计学要素、场景等描述,形成了一个人物原型。

会员画像,即会员信息标签化。企业通过收集与分析消费者社会属性、生活习惯、消费行为等主要信息的数据之后,立体地抽象出一个用户的商业全貌。

在早期,会员数据的来源渠道比较少,数据量也相对比较小,会员画像的研究主要基于统计分析层面,通过用户调研来构建用户画像标签。近年来,随着互联网海量数据的爆炸式增长,众多企业的用户画像研究有了新的机遇,基于用户的属性、行为、兴趣爱好等数据标签,运用算法对特征进行分析建模,从而抽象出会员的全貌,成为产品人员的关注重点。

2. 搭建画像标签体系

搭建用户画像标签体系是构建用户画像的核心工作。用户标签可细分为不同的层级,标签分层有助于更清晰地刻画用户全貌,也便于对用户标签进行管理、维护和应用。不同行业、产品和服务中常见的用户标签,整体上可以概括为以下六类一级标签(表 3-25)。

表 3-25　用户标签体系表

一级标签	二级标签	标签举例
人口属性	基础属性	年龄、性别、出生日期、学历、职业、行业、婚育情况
	位置属性	国家、省份、城市、区县、街道
	通信属性	地址、邮箱、手机、微信号等
	资产属性	房产状况、居住年限、车产状况等
空间/时间属性	空间属性	上班场所、通勤工具、休闲场所、用餐场所
	时间属性	活跃时间段、活跃时长
社交属性	会员圈层	朋友圈特征、微博好友特征
	会员影响力	微博好友数量、抖音粉丝量
行为特征	会员活跃度	点击量、分享量、收藏量、评论量、关注量
	会员忠诚度	活跃频率、最后一次活跃时间、注册年限、生命周期阶段
消费属性	消费兴趣	服饰、快消、电子产品
	消费能力	购买价格区间
金融属性	信用能力	优、良、中、差
	还款能力	强、中、弱

3. 构建会员画像

为了让整个用户画像的工作有秩序、有节奏地进行，可以将会员画像分为以下三个步骤：信息采集，画像构建，画像呈现。

1) 信息采集

积累优质的会员数据是建立会员画像的基础和前提。在实际的门店应用场景中，需要整合的数据大致分为基本特征、社会特征、消费特征、行为特征、兴趣特征这五个维度（表 3-26）。

表 3-26　会员信息采集

基本特征	性别、年龄、地域、教育水平、出生日期、家庭、联系方式
社会特征	生活特征（是否购房购车）、婚姻状态、宗教信仰、家庭状况、工作特征（工作行业、工作性质、工作职务等）
消费特征	职业、收入状况、消费潜力、消费能力、购买频率、购买方式（实体店/网购）等
行为特征	购买品类偏好、购买渠道偏好、最后购买时间、优惠券使用情况、网络搜索、浏览、收藏、加购等行为
兴趣特征	兴趣爱好、媒介偏好、互动内容、品牌偏好、产品偏好、娱乐偏好、文化偏好等，社交活动等

（1）基本特征标签。基本特征标签就是会员人口信息和会员社会特征标签，这些信息在会员与门店进行连接后从系统中就可以获取。当门店有了会员的出生日期后，就可以在生日当天进行温情维护或者推送生日月专属营销优惠活动。例如，门店都会在营销节点前进行活动预热，如端午节前，门店除了可以筛选生日月的会员进行生日祝福，还可以额外附送端午营销活动生日专属优惠福利，不仅能增加品牌亲和力，还能助力营销活动销售额。

（2）消费特征标签。消费特征中消费能力分析很重要。不同职业之间，会员消费水平存在共性特征。可以根据职业标签分析出会员的收入水平，或与会员电话沟通、短信联系的时间点。当门店要向医生职业的会员营销时，一般对医生的印象是：工作稳定、收入水平偏上、生活严谨、生活品质较高。那么，针对这一职业会员存在的共性特征，销售产品、处理异议的应对方法上就更加有方向感。

（3）消费行为标签。消费行为标签是指按照会员在门店消费频次、消费金额、购买需求、消费喜好等进行标记。如果会员在门店进行高频次消费、高额度消费，那么门店可以让导购对这类会员加大维护力度。对于消费频次与消费金额不够理想的会员，她们本身就拥有挖掘消费产值的潜力，门店可根据过往消费金额去设定商品金额范围或根据会员的购买需求、消费喜好来进行商品推荐，就可以做到精准营销。

（4）兴趣标签分类。兴趣标签就是了解会员的个人爱好和参与活动情况，如果会员对厨艺、钓鱼等很感兴趣，并经常分享这些事情，导购可以将兴趣进行标记。门店在进行新老客户回馈、满赠活动、节日赠礼等活动时，就可以选择厨具、鱼竿等作为礼品送给会员，这样维护会员更加有效。

2）画像构建

对用户画像所需要的资料和基础数据收集完毕后，需要对这些资料选取标签，进行画像构建。用户画像不能简单理解成由用户标签构成。实际上组成用户画像的标签要跟门店经营业务和产品结合。不同业务的画像标签体系并不一致，需要根据门店运营的关键要素和营销方向来进行标签选择。如某个火锅店要做用户画像，最后列出来小明是一个大学生、个子高、四川人、爱玩游戏、爱听音乐等用户标签。而事实上，对于火锅店而言，用户画像与形象、是否爱玩游戏没有关联性。

3）画像呈现

标签收集后，根据门店运营的侧重点提取标签，借助互联网词云工具或者专业数据分析软件，展现不同的会员画像图。

具体的画像呈现方式不一样，单个会员画像有词云图式、特征标签式等形式，画像示例如图 3-5、图 3-6 所示。

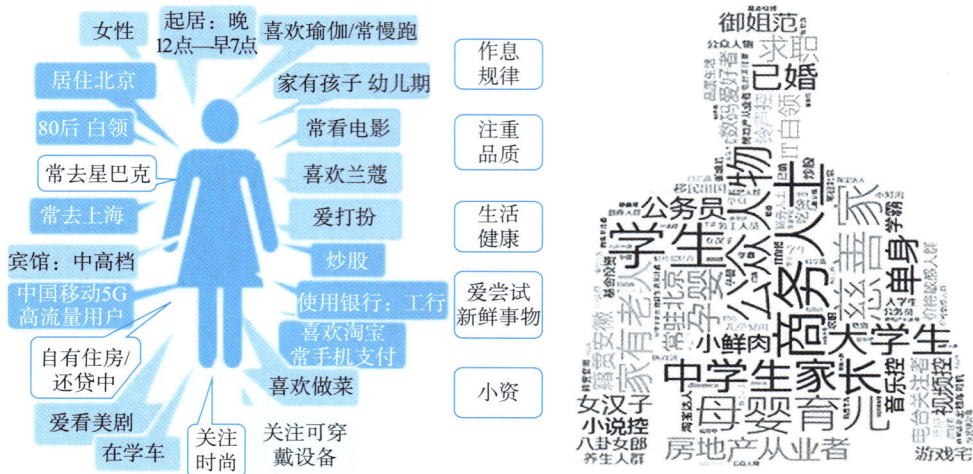

图 3-5　词云图式会员画像

图 3-6　特征标签式人物画像

在实际操作时,除了单个会员画像,整体会员画像更常用,对于庞大的会员群体来说,整体会员画像更有针对性。某新能源车企的整体会员画像如图 3-7 所示,也可以采用 BI 数据大屏展示。

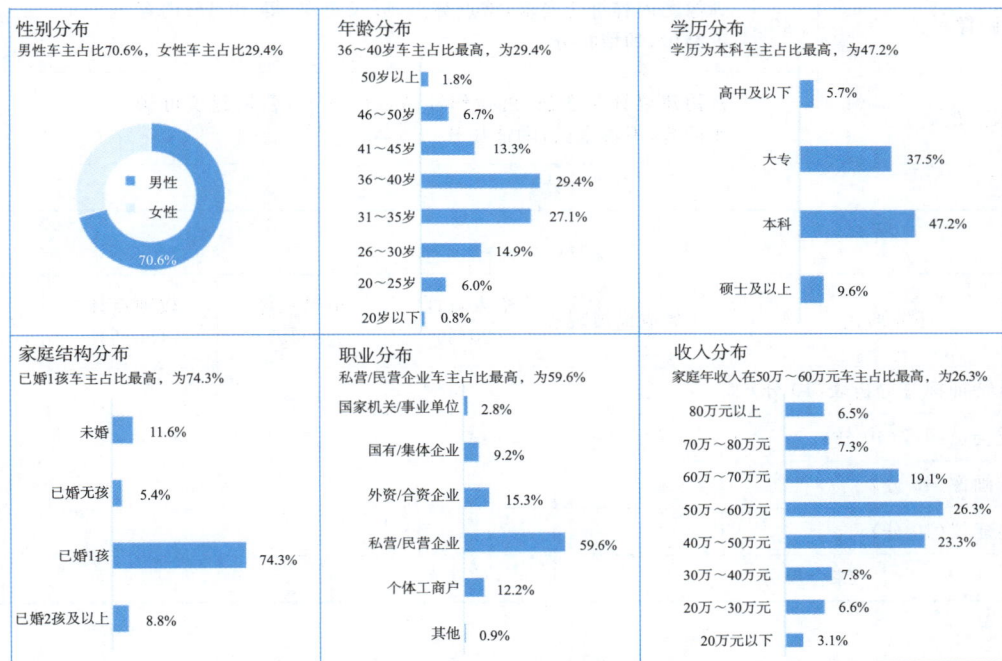

性别分布
男性车主占比70.6%,女性车主占比29.4%

男性
女性
70.6%

年龄分布
36～40岁车主占比最高,为29.4%

50岁以上	1.8%
46～50岁	6.7%
41～45岁	13.3%
36～40岁	29.4%
31～35岁	27.1%
26～30岁	14.9%
20～25岁	6.0%
20岁以下	0.8%

学历分布
学历为本科车主占比最高,为47.2%

高中及以下	5.7%
大专	37.5%
本科	47.2%
硕士及以上	9.6%

家庭结构分布
已婚1孩车主占比最高,为74.3%

未婚	11.6%
已婚无孩	5.4%
已婚1孩	74.3%
已婚2孩及以上	8.8%

职业分布
私营/民营企业车主占比最高,为59.6%

国家机关/事业单位	2.8%
国有/集体企业	9.2%
外资/合资企业	15.3%
私营/民营企业	59.6%
个体工商户	12.2%
其他	0.9%

收入分布
家庭年收入在50万～60万元车主占比最高,为26.3%

80万元以上	6.5%
70万～80万元	7.3%
60万～70万元	19.1%
50万～60万元	26.3%
40万～50万元	23.3%
30万～40万元	7.8%
20万～30万元	6.6%
20万元以下	3.1%

案例分析:
大悦城的
会员画像

图 3-7　某新能源车企的整体会员画像

任务实施

1. 基础任务

根据搜集的销售数据表数据,以小组为单位,对门店会员从基本特征、社会特征、消费特征、行为特征、兴趣特征建立标签体系,完成会员特征标签分析表,选取门店最优质客户绘制单个会员画像图;选取指标进行统计,对门店整体客群进行客群画像,成果提交:会员特征标签分析表、某门店优质会员画像图、某门店客群画像图。

2. 提升任务

以小组为单位,对门店的客群画像,归纳出客群特征,并对这些客群进行营销建议分析。

客群特征：_____

营销建议：_____

_____

任务考核

在本次任务完成后，综合各项表现和评分标准，填写表 3-27 和表 3-28。

表 3-27 评分标准

评价项目	分值	评分标准	得分
会员特征标签分析表	10	消费特征标签分析合理，内容完整，得 10 分；不符合要求，酌情扣分	
优质会员画像	40	画像图内容符合要求，重点突出，形式美观，得 40 分；内容不突出，酌情扣分	
客群画像	40	画像图内容符合要求，重点突出，形式美观，得 40 分；内容不突出，酌情扣分	
营销建议	10	营销建议针对性强，可操作性高，得 10 分；营销建议可操作性差，不够全面，酌情扣分	
合　　计			

表 3-28 综合成绩

任务形式	任务成果展现	个人自评（20%）	小组互评（30%）	教师点评（50%）	合计
会员特征标签分析表（10 分）					
优质会员画像（40 分）					
客群画像（40 分）					
营销建议（10 分）					
综合得分					

模块三 价值分层，周期管理

经过一段时间的运营，门店积累了不少顾客，但是每个顾客给企业带来的价值是不同的，如何判断出哪些客户是重要客户？如何针对不同顾客特征，有针对性地提供产品或服务？通过对会员价值分析，能了解不同会员的价值分类。那么，商家会员价值是一成不变的吗？从第一次消费到离开再也不购物，中间经历多少个阶段？如何延长会员的购物时间呢？在这个模块，要对会员进行价值和生命周期分析。

任务 1　会员价值分析

任务描述

小李被调任到公司营销部,最近他们在筹备一个针对 VIP 客户的活动。小李调取了所有会员的消费数据,团队需要对数据进行挖掘分析,那么,如何识别不同会员的价值呢?

任务分析

根据任务描述,要想进行会员精准画像和会员价值分析,就要对顾客进行聚焦分析,具体内容包括以下两个方面。

(1) 熟悉会员价值分析的主要指标。

(2) 按照 RFM 模型对会员进行价值分析。

学习准备

请搜集相关企业资料,列出你认为企业在会员管理方面做得不错的地方,填写表 3-29。

表 3-29　企业资料收集

序号	企业名称	门店数量	会员管理举措
1			
2			
3			

任务背景知识

1. 认识会员价值分析的重要性

认识顾客、了解顾客,才能更好地为顾客提供满意的商品和服务,因此需要对顾客进行全面了解和分析。具体来说,顾客分析的价值体现在以下几方面。

1) 了解顾客行为特征

顾客是门店服务的对象,顾客满意度也直接关系到门店的经营状况。因此,对于经营者来说,需要对顾客进行全面了解,只有对顾客的偏好、消费习惯等有了全面清晰的了解之后,才能更好地进行针对性的服务。

2) 进行会员价值分析

虽然门店的顾客很多,但是不同顾客对于门店来说,其价值是有区别的,因此通过顾客分析,可以对不同顾客进行价值分析和归类,并由此针对不同类型的顾客,企业可以进行针对性的营销活动,从而提升顾客的整体价值。

2. 提取会员价值的关键指标

如何了解会员价值呢?肯定要通过对会员价值的指标数据分析来进行。

课堂互动:如果你是老板,你认为哪些指标决定会员价值的高低呢?请列出你认为最重要的三个指标,并给出理由,填写表 3-30。

表 3-30　决定会员价值高低的指标

序号	指标名称	指标内涵	理由阐述
1			
2			
3			

站在消费者角度,日常生活中可以感受到商家对不同会员价值顾客的区别对待。站在企业的角度,其实就是商家根据不同会员带给企业的价值差异进行分级管理。那么如何建立科学的会员价值评估指标体系呢?一般来说,会员价值的关键指标主要有以下几种。

1)会员总数

会员总数是在门店有登记有记录的会员人数,一般用它来衡量门店的总体客流。

2)会员转化率

会员转化率是进入门店的会员中,有产生购物成交的人员占比。会员转化率越高,说明来访的顾客中购买成交的人越多。

3)客单价

客单价是平均每个顾客的购买金额,也被称为平均交易金额,是衡量会员价值的一个重要的指标。

4)购物频率

购物频率指顾客来店进行消费的频率。来店消费频率越高,能够给门店带来的价值也就越大。

5)最大单笔消费金额(购买力)

最大单笔消费金额是顾客购买力的一个体现,隐藏的是顾客的购买潜力,是企业需要策划挖掘产生持续消费的客户。

6)特价商品消费占比(价格容忍度)

特价商品消费占比作为评价顾客消费能力的指标,往往跟实际占比的大小呈负相关性。

7)最高单价商品消费占比(价格容忍度)

最高单价商品消费占比是最大单笔消费金额的拓展指标,从侧面可以体现会员顾客的价格容忍度,具体值和价格容忍度呈正相关。

3. 进行会员价值的模型分析

通过对顾客数据的重要指标提取,大致了解了顾客价值的主要指标体系,但是如何依据这些指标对顾客进行分类呢?这里要介绍一个重要的分析工具——RFM 模型。

1)RFM 模型的含义

RFM 模型由 R—Recency 最近一次消费时间、F—Frequency 消费频率、M—Monetary 消费金额组成,通过对最近一次消费的时间、消费频率和消费金额三个维度的分析来描述会员价值状况,是根据会员活跃程度和交易金额的贡献进行会员价值细分的一种方法。

RFM 模型可以识别优质会员,可以指定个性化的沟通和营销服务,为更多的营销决策提供有力支持。另外还能够衡量会员价值和会员利润创收能力。

2)RFM 模型的分析步骤

第一步:获取数据。通过客户运营平台或其他会员管理软件获取会员数据,对于 RFM 模

案例分析:
免费会员与
付费会员

型构建来说,主要获取的数据包括会员名称、上次交易日期、交易总额和交易笔数,如图 3-8 所示。

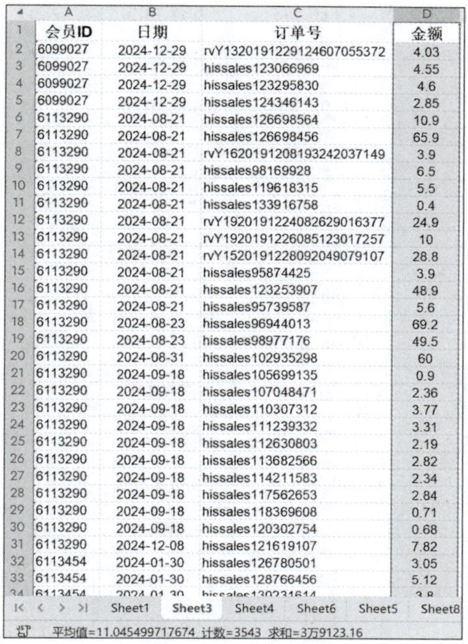

图 3-8　会员消费基本信息

第二步:时间转换。由于获取的数据中只有上次交易时间,因此需要利用函数将现在的时间减去上次交易的时间,得到时间间隔的天数,公式为"＝TODAY(　)−上次交易时间",假如今天是 2025 年 1 月 1 日,则计算结果如图 3-9 所示。

第三步:整理数据。上述计算完成后:时间间隔对应"最近一次消费的时长",即 R 维度。

交易总额对应"消费金额",即 M 维度。

交易笔数对应"消费频率",即 F 维度。如表 3-31 所示。

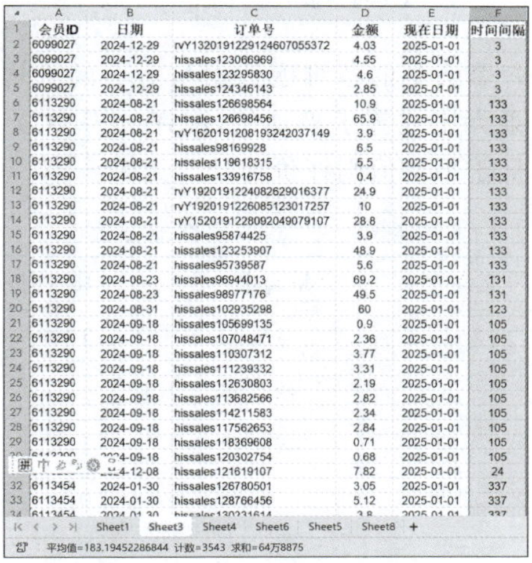

图 3-9　时间间隔天数

表 3-31 会员 RFM 信息维度

会员 ID	时间间隔	交易笔数	交易金额/元	会员 ID	时间间隔	交易笔数	交易金额/元
6099027	3	1	16.03	6573620	261	3	314.8
6113290	24	6	423.64	6579651	276	1	128
6113454	4	6	98.48	6661616	41	4	159.9
6115989	131	2	6.3	6681105	228	1	104.06
6117006	19	23	3 337.28	6704771	223	1	252.18
6117997	5	12	1 474.97	6739946	47	4	336.78
6122341	23	6	868.16	6755398	60	4	1 184.77
6131765	12	81	6 096.97	6764538	182	4	279.39
6137763	80	11	1 784.81	6770862	25	10	607.97
6162684	15	26	4 209.21	6808432	12	2	44.99
6195030	185	165	5 078.04	6816279	16	18	1 596.02
6211405	12	9	820.91	6843799	149	1	49.4
6284189	314	2	106.45	6847308	1	19	352.47
6305583	57	10	1 318.37	6855640	73	2	185.67
6388665	36	4	650.46	6875765	31	8	488.05
6404929	137	4	269.19	6898202	120	8	650.57
6445068	3	12	1 383.81	6902733	64	2	280.8
6466219	36	13	772.53	6909700	32	5	946.83
6505501	33	5	552.73	6914097	99	2	103.28
6529084	226	4	84.71	平均数	83.05	13.125	978.079
6564725	27	24	1 704.18				

第四步：会员分类。将每个会员的各维度数据与对应的平均值比较,其中,R 值如果低于平均值,则评价为"1",如果大于或等于平均值,则评价为"0"。另外两个维度如果大于或等于平均值,则评价为"1",低于平均值则评价为"0",见表 3-32。

表 3-32 会员 RFM 数据分析

会员 ID	时间间隔	交易笔数	交易金额/元	R	F	M
6099027	3	1	16.03	1	0	0
6113290	24	6	423.64	1	0	0
6113454	4	6	98.48	1	0	0
6115989	131	2	6.3	0	0	0
6117006	19	23	3 337.28	1	1	1

会员 ID	时间间隔	交易笔数	交易金额/元	R	F	M
6117997	5	12	1 474.97	1	0	1
6122341	23	6	868.16	1	0	0
6131765	12	81	6 096.97	1	1	1
6137763	80	11	1 784.81	1	0	1
6162684	15	26	4 209.21	1	1	1
6195030	185	165	5 078.04	0	1	1
6211405	12	9	820.91	1	0	0
6284189	314	2	106.45	0	0	0
6305583	57	10	1 318.37	1	0	1
6388665	36	4	650.46	1	0	0
6404929	137	4	269.19	0	0	0
6445068	3	12	1 383.81	1	0	1
6466219	36	13	772.53	1	0	0
6505501	33	5	552.73	1	0	0
6529084	226	4	84.71	0	0	0
6564725	27	24	1 704.18	1	1	1
6573620	261	3	314.8	0	0	0
6579651	276	1	128	0	0	0
6661616	41	4	159.9	1	0	0
6681105	228	1	104.06	0	0	0
6704771	223	1	252.18	0	0	0
6739946	47	4	336.78	1	0	0
6755398	60	4	1 184.77	1	0	1
6764538	182	4	279.39	0	0	0
6770862	25	10	607.97	1	0	0
6808432	12	2	44.99	1	0	0
6816279	16	18	1 596.02	1	1	1
6843799	149	1	49.4	0	0	0
6847308	1	19	352.47	1	1	0
6855640	73	2	185.67	1	0	0
6875765	31	8	488.05	1	0	0
6898202	120	8	650.57	0	0	0

续表

会员 ID	时间间隔	交易笔数	交易金额/元	R	F	M
6902733	64	2	280.8	1	0	0
6909700	32	5	946.83	1	0	0
6914097	99	2	103.28	0	0	0
平均数	83.05	13.125	978.079			

第五步：会员细分。得到会员的各维度评价结果后，就可以对每一位会员进行细分，以便对不同类型的会员采取不同方式的营销策略(表 3-33)。

表 3-33　会员价值细分归类

R（1代表低于平均天数）	F（1代表高于平均频次）	M（1代表高于平均金额）	会员归类
1	1	1	重要价值客户
0	1	1	重要保持客户
1	0	1	重要发展客户
0	0	1	重要挽留客户
1	1	0	一般价值客户
0	1	0	一般保持客户
1	0	0	一般发展客户
0	0	0	一般挽留客户

根据上表进行会员价值细分归类，具体见表 3-34。

表 3-34　会员价值细分归类

会员 ID	时间间隔	交易笔数	交易金额/元	R	F	M	会员价值分类
6099027	3	1	16.03	1	0	0	一般发展客户
6113290	24	6	423.64	1	0	0	一般发展客户
6113454	4	6	98.48	1	0	0	一般发展客户
6115989	131	2	6.3	0	0	0	一般挽留客户
6117006	19	23	3 337.28	1	1	1	重要价值客户
6117997	5	12	1 474.97	1	0	1	重要发展客户
6122341	23	6	868.16	1	0	0	一般发展客户
6131765	12	81	6 096.97	1	1	1	重要价值客户
6137763	80	11	1 784.81	1	0	1	重要发展客户
6162684	15	26	4 209.21	1	1	1	重要价值客户
6195030	185	165	5 078.04	0	1	1	重要保持客户

续表

会员 ID	时间间隔	交易笔数	交易金额/元	R	F	M	会员价值分类
6211405	12	9	820.91	1	0	0	一般发展客户
6284189	314	2	106.45	0	0	0	一般挽留客户
6305583	57	10	1 318.37	1	0	1	重要发展客户
6388665	36	4	650.46	1	0	0	一般发展客户
6404929	137	4	269.19	0	0	0	一般挽留客户
6445068	3	12	1 383.81	1	0	1	重要发展客户
6466219	36	13	772.53	1	0	0	一般发展客户
6505501	33	5	552.73	1	0	0	一般发展客户
6529084	226	4	84.71	0	0	0	一般挽留客户
6564725	27	24	1704.18	1	1	1	重要价值客户
6573620	261	3	314.8	0	0	0	一般挽留客户
6579651	276	1	128	0	0	0	一般挽留客户
6661616	41	4	159.9	1	0	0	一般发展客户
6681105	228	1	104.06	0	0	0	一般挽留客户
6704771	223	1	252.18	0	0	0	一般挽留客户
6739946	47	4	336.78	1	0	0	一般发展客户
6755398	60	4	1 184.77	1	0	1	重要发展客户
6764538	182	4	279.39	0	0	0	一般挽留客户
6770862	25	10	607.97	1	0	0	一般发展客户
6808432	12	2	44.99	1	0	0	一般发展客户
6816279	16	18	1596.02	1	1	1	重要价值客户
6843799	149	1	49.4	0	0	0	一般挽留客户
6847308	1	19	352.47	1	1	0	一般价值客户
6855640	73	2	185.67	1	0	0	一般发展客户
6875765	31	8	488.05	1	0	0	一般发展客户
6898202	120	8	650.57	0	0	0	一般挽留客户
6902733	64	2	280.8	1	0	0	一般发展客户
6909700	32	5	946.83	1	0	0	一般发展客户
6914097	99	2	103.28	0	0	0	一般挽留客户
平均数	83.05	13.125	978.079	—	—	—	—

3）RFM 模型的应用

针对上述不同的会员类型,分析各类顾客的特征,并提出相应的营销策略重点。不同价值会员的参考策略见表 3-35。

表 3-35　不同价值会员的营销策略

R	F	M	会员归类	营销策略
1	1	1	重要价值客户	更多资源倾斜，VIP 服务，个性化服务
0	1	1	重要保持客户	直接营销，资源倾斜，通过新的商品、更大优惠等赢得他们
1	0	1	重要发展客户	交叉销售，提供会员忠诚度计划，推荐其他商品
0	0	1	重要挽留客户	重点联系或拜访，提高留存率
1	1	0	一般价值客户	向上销售价值更高的商品，要求评论，吸引他们
0	1	0	一般保持客户	积分制，分享宝贵的资源，以折扣推荐热门商品，与他们重新联系
1	0	0	一般发展客户	提供免费试用，提高会员兴趣，创建品牌知名度
0	0	0	一般挽留客户	恢复会员兴趣，否则暂时放弃无价值会员

任务实施

1. 基础任务

以小组为单位，搜集某个门店的 20 个以上的会员数据，按照 RFM 模型，对会员进行价值分析。成果提交形式见表 3-36。

表 3-36　某门店会员价值分析表

序号	会员编号	R（最近一次时间）	F（消费频率）	M（消费金额）	会员类型
1					
2					
3					
4					
5					
6					
7					
8					
9					
10					
11					
12					
13					
14					
15					
16					

续表

序号	会员编号	R(最近一次时间)	F(消费频率)	M(消费金额)	会员类型
17					
18					
19					
20					

2. 提升任务

针对上述顾客分类,找出 5 个有代表性的会员,并针对会员特点制定针对性的营销策略。

1) 会员 1

典型特征＿＿＿＿＿＿＿＿＿＿＿＿＿＿＿＿＿＿＿＿＿＿＿＿＿＿＿＿＿＿＿＿＿＿

营销重点＿＿＿＿＿＿＿＿＿＿＿＿＿＿＿＿＿＿＿＿＿＿＿＿＿＿＿＿＿＿＿＿＿＿

2) 会员 2

典型特征＿＿＿＿＿＿＿＿＿＿＿＿＿＿＿＿＿＿＿＿＿＿＿＿＿＿＿＿＿＿＿＿＿＿

营销重点＿＿＿＿＿＿＿＿＿＿＿＿＿＿＿＿＿＿＿＿＿＿＿＿＿＿＿＿＿＿＿＿＿＿

3) 会员 3

典型特征＿＿＿＿＿＿＿＿＿＿＿＿＿＿＿＿＿＿＿＿＿＿＿＿＿＿＿＿＿＿＿＿＿＿

营销重点＿＿＿＿＿＿＿＿＿＿＿＿＿＿＿＿＿＿＿＿＿＿＿＿＿＿＿＿＿＿＿＿＿＿

4) 会员 4

典型特征＿＿＿＿＿＿＿＿＿＿＿＿＿＿＿＿＿＿＿＿＿＿＿＿＿＿＿＿＿＿＿＿＿＿

营销重点＿＿＿＿＿＿＿＿＿＿＿＿＿＿＿＿＿＿＿＿＿＿＿＿＿＿＿＿＿＿＿＿＿＿

5) 会员 5

典型特征＿＿＿＿＿＿＿＿＿＿＿＿＿＿＿＿＿＿＿＿＿＿＿＿＿＿＿＿＿＿＿＿＿＿

营销重点＿＿＿＿＿＿＿＿＿＿＿＿＿＿＿＿＿＿＿＿＿＿＿＿＿＿＿＿＿＿＿＿＿＿

任务考核

在本次任务完成后,综合各项表现和评分标准,填写表 3-37 和表 3-38。

表 3-37　评分标准

评价项目	分值	评分标准	得分
会员消费数据收集	20	数据收集 20 个以上,内容完整,得 20 分;不符合要求的,酌情扣分	
会员价值归类分析	20	结合 RFM 模型,数据分析步骤明确,结论准确,得 20 分;内容不完整的,酌情扣分	
会员价值分类讨论	30	不同顾客类型特征分析细致,得 30 分;分析不够深刻,流于形式,酌情扣分	
会员营销策略建议	30	改进建议针对性强,可操作性高,得 30 分;改进措施可操作性差,不够全面,酌情扣分	
合　　计			

表 3-38　综合成绩

任务形式	任务成果展现	个人自评 （20%）	小组互评 （30%）	教师点评 （50%）	合计
会员消费数据收集（20分）					
会员价值归类分析（20分）					
会员价值分类讨论（30分）					
会员营销策略建议（30分）					
综合得分					

任务 2　会员生命周期阶段确定

任务描述

小王接到部门经理任务，结合会员一年的消费情况，结合会员生命周期的各类型特点，确认每一个会员所处的会员生命周期类型以及不同会员类型结构构成，并比较分析不同时段的会员结构变化。具体怎么操作呢？

任务分析

根据任务描述，了解会员类型确定标准和会员结构图的制作，具体内容包括以下几方面。

（1）理解会员生命周期管理的意义、含义和类型。

（2）能够根据标准来确定会员类型。

（3）能够运用饼状图来展示会员结构构成。

学习准备

搜集你身边同学去某家店的消费频次（次/年）、消费间隔时间，分析这些顾客的活跃程度，填写表 3-39。

表 3-39　搜集顾客信息

顾客	顾客性别	消费频次	最后一次购买间隔时间	顾客活跃程度
1				
2				
3				

任务背景知识

1. 认识会员生命周期意义

1）提高现有会员的价值

从一个普通消费者变成顾客再到离去，这就是顾客的生命周期，每个门店都希望顾客不离不弃，"终身"是会员。这里的"终身"是指在产品定位范围内的终身，例如，一个定位为青春美少女的化妆品，她的顾客年龄一般也就是 15—25 岁的范围，一旦顾客成为该品牌的会员后,就希望顾客在 25 岁前都能产生销售价值,25 岁以后如果还有消费的话,那就是溢出价值了。

用户生命周期管理是推动和鼓励潜在用户进行购买的手段,一方面提升忠诚用户的复购率,另一方面高拥护度的会员会将产品推荐给朋友达到裂变拉新的效果,能够最大化现有会员的价值。

2)降低会员管理成本

来自贝恩咨询的数据显示,获得一个新会员的成本是保留现有会员的 6~7 倍。"保客"的重要性显而易见。近年来越来越多的企业开始将目光聚焦在老顾客,即存量客户的经营上。

当前,获客成本不断上升,购买流量提升销售额的模式已经行不通。借助有效的用户生命周期管理,可以降低获客成本。从销售最大化角度来说,会员管理既要把会员基数做大,要提高会员的购买频次,同时还要防止会员流失,所以会员的生命周期管理意义重大。

2. 了解会员生命周期含义

1)会员生命周期管理环节

会员生命周期是会员从第一次接触产品到离开这个产品的全过程。会员生命周期的长短将直接影响产品的活跃度与企业的营收,因此将用户的生命周期科学地量化,在合适的时候做出合适的运营策略来触达用户,从而延长用户的生命周期,这将是用户运营中非常重要的环节。

会员的生命周期管理分七个环节:消费者、顾客、新会员、活跃会员、沉默会员、睡眠会员和流失会员。

在会员生命周期的前两个阶段属于顾客管理阶段,可以看成准会员阶段。真正的会员管理是从他们成为正式会员开始的。

2)会员生命周期阶段划分标准

以消费时间作为标准来界定会员的各个阶段,行业不一样这个时间标准也会不一样。以最常见的零售业态百货超市为例来说明这个会员管理的过程,当顾客成为新店铺新会员后,他只有在产生第二次购买后才会被激活成为活跃会员。

新会员:最近一个月才开始购买过一次产品的会员群体。

活跃会员:在最近 3 个月内有过消费的会员群体。

沉默会员:最后一次消费发生在最近的 4~6 个月内,已经沉默了 3 个月的会员群体。

睡眠会员:最后一次消费发生在最近的 7~12 个月内,已经睡眠了 6 个月的会员群体。

流失会员:最近 12 个月内均没有消费的会员。对于一个零售店铺,很可能每天都有会员流失,因为每天都有会员达到 12 个月未消费的标准。目前企业对流失会员的处理有两种方式,第一种是直接终止其会员资格,终止会员资格后,即便顾客再次购买也没有办法被激活成活跃会员,除非企业有特殊的政策允许被再次激活。第二种是流失会员继续保留会员资格,这种方式的会员是可以随时被激活的。

课堂互动:其他行业的会员生命周期间隔时间标准是多少呢?请搜集一家火锅店的会员生命周期界定标准。

案例分析:坚持长期主义价值转化

在会员管理的五个阶段中，活跃会员不一定是会员的必经阶段，也就是成为新会员后并没有产生重复购买，直接从新会员跳过活跃会员阶段到沉默会员、睡眠会员以致最终的流失。相反当沉默会员、睡眠会员只要产生一次消费后，他们也直接被激活成为活跃会员。

案例分析：中山市长久世达汽车：对老客户生命周期的延续之道

任务实施

1. 基础任务

任务背景：某综合超市采取会员制经营，表 3-40 是这家超市 10 名会员一年内的消费次数数据汇总。

表 3-40　会员月消费次数分布

会员ID	月份												合计
	1月	2月	3月	4月	5月	6月	7月	8月	9月	10月	11月	12月	
01	0	0	0	0	0	0	0	0	0	0	0	4	4
02	0	0	0	0	0	0	15	10	0	0	1		26
03	3	0	0	0	0	0	7	0	0	0	4	15	29
04	2	0	0	0	0	0	0	1	0	0	0	0	3
05	24	13	14	11	22	4	16	17	8	14	5	12	158
06	0	5	0	7	9	0	0	15	18	13	0	15	82
07	6	0	10	7	0	0	0	0	13	0	0	27	63
08	20	19	21	14	25	15	4	14	23	14	8	8	188
09	35	0	22	0	13	21	9	0	0	16	0	0	116
10	7	28	11	23	25	22	19	22	20	19	19	10	225
总计	97	65	78	62	94	62	55	84	92	76	36	92	894

任务：以小组为单位，根据 10 名会员的消费次数情况，分析每个会员处于会员生命周期的哪个阶段。完成表 3-41～表 3-44。

表 3-41　会员消费频次分布

消费频次区间	会员号	人数占比
1 次（新会员）		
2～6 次（小于或等于两个月 1 次）		
7～12 次（小于或等于一个月 1 次）		
13～48 次（小于或等于一星期 1 次）		
49～96 次（小于或等于一星期 2 次）		
97～192 次（小于或等于一星期 4 次）		
＞192 次（大于 1 星期 4 次）		

表 3-42 消费频次分布分析

分布图（饼状图）	结论

表 3-43 会员生命周期阶段分析

会员号	消费次数	最近三个月有无消费	最近六个月有无消费	会员生命周期阶段
01				
02				
03				
04				
05				
06				
07				
08				
09				
10				

表 3-44 会员生命周期阶段结构分析

结构图（饼状图或漏斗图）	结论

2. 提升任务

以小组为单位，针对上述 10 名会员，进行上半年会员类型结构与下半年会员类型结构对比，完成表 3-45 和表 3-46，分析结构的变化及可能原因。

表 3-45 会员生命周期阶段结构构成

时间	新会员	活跃会员	沉默会员	睡眠会员	流失会员
上半年					
下半年					

表 3-46　会员生命周期阶段结构对比分析

上半年会员类型结构图	下半年会员类型结构图

结论：

任务考核

在本次任务完成后，综合各项表现和评分标准，填写表 3-47 和表 3-48。

表 3-47　评分标准

评价项目	分值	评分标准	得分
会员消费频次分析	30	会员消费频次分析合理，内容完整，图表符合要求，得 30 分；不符合要求，酌情扣分	
会员类型结构分析	30	会员类型结构分析合理，内容完整，图表符合要求，得 30 分；不符合要求，酌情扣分	
会员类型结构对比分析	40	会员类型结构对比分析合理，内容完整，图表符合要求，得 40 分；不符合要求，酌情扣分	
合　　计			

表 3-48　综合成绩

任务形式	任务成果展现	个人自评（20%）	小组互评（30%）	教师点评（50%）	合计
会员消费频次分析（30分）					
会员类型结构分析（30分）					
会员类型结构对比分析（40分）					
综合得分					

任务3　会员生命周期策略设计

任务描述

小王接到部门经理的任务：结合会员一年的消费情况，确定会员生命周期的阶段，进行会员运营策略设计和评估。策略怎么设计呢？

任务分析

根据任务描述，了解不同会员周期划分和运营策略设计。具体内容包括以下三个方面。

（1）了解会员生命周期管理的重要性、内涵和不同会员阶段的划分标准。

（2）能够针对新会员、沉默会员、睡眠会员和流失会员进行运营策略设计。

（3）能够针对不同运营策略进行评估和排序。

📀 学习准备

选择周边你常去的一家门店，进行新会员拓客和留客策略设计，填写表3-49。

表 3-49　会员策略设计

策略	新会员	老会员
策略 1		
策略 2		
策略 3		

📋 任务背景知识

1. 认识会员生命周期运营作用

商业的本质是获利，分析用户的生命周期及所处的状态，有助于进行精细化运营。

1）降低获客成本

$$获客成本＝流量推广费用/注册用户数 \qquad (3\text{-}15)$$

获取各个渠道的获客数据，以及渠道用户的后续转化数据，通过分析高转化渠道数据，不断进行优化，停止低转化渠道投放，从而降低平台获客成本。

2）提高会员生命周期价值

$$会员生命周期价值＝会员生命周期×会员平均贡献值 \qquad (3\text{-}16)$$

获取会员生命周期数据和会员的平均贡献值数据，分析细化指标，找到影响会员生命周期和平均贡献值的因素，制定对应的运营策略，从而提高会员整体生命周期价值。

2. 制定会员生命周期运营目标

会员生命周期运营的第一步是明确目标，也就是要明确解决什么问题，达到什么目标，解决问题需要做出什么决策，做出的决策依据什么，并对目标数据进行拆解。会员运营目标包含四点：会员数量增加，会员活跃度提升，会员留存率提升，会员升级率提高。

3. 制定分层运营策略

从销售最大化的角度来说，商家希望每个顾客都是活跃顾客，尽量没有沉默会员、睡眠会员和流失会员，这肯定是不现实的，因此要制定分层运营策略，提高会员忠诚度。如何能够刺激会员不断产生重复购买行为，是一个不断转化的过程，这其中的转换包括两个层次。

知识链接：
唤醒会员

一是将新会员、沉默会员、睡眠会员、流失会员转化为活跃会员，新会员就需要增加会员重复率，沉默会员需要增加会员击沉率，睡眠会员需要增加会员唤醒率，流失会员需要增加会员激活率。

二是将活跃会员转换为多次重复购买的会员。按照会员生命周期所处阶段制定的转化率指标，重复购买率的重点在二次重复购买率、三次重复购买率……n次重复购买率，最后形成会员忠诚度。

进行分层运营策略制定要建立在会员周期数据化管理的基础上，会员周期数据化管理是一个持续的过程。每周、每月、每季、每年都要持续不断地进行点、线、面分析。企业可以设计专门的针对新会员、沉默会员、睡眠会员、新会员的设计运营策略方案，达到提高会员活

跃度、增加重复购买转化率的目的。注册转化率、渠道转化率、日/周/月活跃会员数、用户留存率这些指标都可被用来评估策略效果。

随着竞争的加剧,越来越多的企业开始重视对会员关系的管理,并着手建立会员服务体系和会员等级体系。企业可以通过为消费者提供更多的增值服务,让会员感觉到所提供的产品和服务更贴心与实际,从而提高消费者的忠诚度,获得竞争的相对优势。在网店运营中,企业要结合会员的网络行为特点,通过网络平台的营销工具和方法,实现会员活跃转化。

知识链接:
私域运营

4. 评估策略优先级

分层模型以及策略制定后,需要进行策略优先级排序,策略的优先级具体需要考虑以下三个因素。

(1)策略的影响力,即运营策略的影响面宽度、影响效果,满分 10 分,影响力越大分数越高。

(2)策略的信心,即运营人员对于策略有效性的信心程度,满分 10 分,越有信心分数越高。

(3)策略的简易性,即运营人员完成策略的难易度,满分 10 分,越容易分数越高。

由于策略优先级评估具备较大的主观性,因此可以通过结合多人共同打分计算平均分,最终论证出策略的优先级。

任务实施

1. 基础任务

以小组为单位,搜集企业相关会员消费数据,进行会员生命周期类型分析,并针对不同生命周期的会员类型设计具体的运营策略,填写表 3-50。

表 3-50　会员营销策略设计

会员周期类型	运营策略 1	运营策略 2	运营策略 3	运营策略 4	运营策略 5
新会员					
活跃会员					
沉默会员					
睡眠会员					
流失会员					

2. 提升任务

针对流失会员,对小组设计的几种策略进行优先级评估,填写表 3-51。

表 3-51　运营策略优先级评估

策略	策略影响力	策略信心	策略简易性	总分	排名
策略 1					
策略 2					
策略 3					

续表

策略	策略影响力	策略信心	策略简易性	总分	排名
策略 4					
策略 5					

任务考核

在本次任务完成后,综合各项表现和评分标准,填写表 3-52 和表 3-53。

表 3-52　评分标准

评价项目	分值	评分标准	得分
会员运营策略设计	80	运营策略合理,内容完整,得 80 分;不符合要求,酌情扣分	
策略优先级评估	20	策略优先级评估符合实际,排序合理,得 20 分;评估不合理,酌情扣分	
合　　计			

表 3-53　综合成绩

任务形式	任务成果展现	个人自评 (20%)	小组互评 (30%)	教师点评 (50%)	合计
会员运营策略设计(80 分)					
策略优先级评估(20 分)					
综合得分					

项目小结

(1)商圈分析是确定客需的一项重要工作,主要包含商圈调查(对商圈的周边环境、人口和消费者构成、竞争对手、交通和便利性等内容调查)和商圈评估(包含环境、客流、易达性、商业氛围、易入性评估)。

(2)会员数据整理的工作内容包含会员信息收集、数据清洗、指标整理和会员画像。

(3)会员模型 RFM(消费时间 R,消费频率 F 和消费金额 M)按照价值将会员分为八类会员,针对不同会员应该用不同的营销策略。

(4)会员生命周期包括七个阶段(消费者、顾客、新会员、活跃会员、沉默会员、睡眠会员、流失会员)和五类会员类型(新会员、活跃会员、沉默会员、睡眠会员和流失会员)。

拓展阅读:"解剖麻雀"深入调研

商品数据分析

● ● ● ●

思维导图

微课：
商品数据
分析

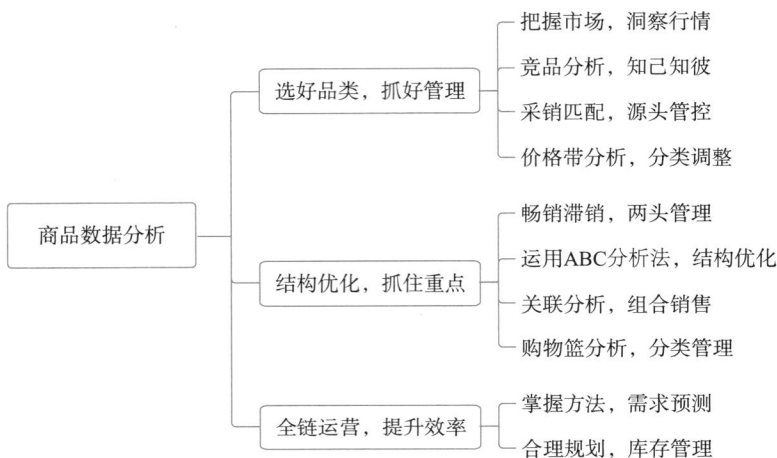

商品数据分析

- 选好品类，抓好管理
  - 把握市场，洞察行情
  - 竞品分析，知己知彼
  - 采销匹配，源头管控
  - 价格带分析，分类调整

- 结构优化，抓住重点
  - 畅销滞销，两头管理
  - 运用ABC分析法，结构优化
  - 关联分析，组合销售
  - 购物篮分析，分类管理

- 全链运营，提升效率
  - 掌握方法，需求预测
  - 合理规划，库存管理

项目导入 ▶▶

对于门店经营来讲，商品是企业向购物者提供的实物价值。那么如何针对顾客需求进行科学选品？如果对企业商品进行品类结构优化？如何提升供应链效率？这些问题都是商品经营者需要考虑和解决的关键问题。请根据学习情境描述和任务指引，完成相应工作。

知识目标

（1）掌握门店商品采购的"三度"分析指标。

（2）熟悉价格带分析的方法。

（3）掌握销售基本指标分析。

（4）掌握商品关联度分析的方法。

（5）掌握商品服务、库存管理指标。

能力目标

（1）能够进行商品采购的"三度"指标分析，并提出改进建议。

（2）能够进行价格带分析，结合经营定位，对门店运营提出建议。

（3）能够进行销售基本指标分析，并提出改进建议。

（4）能够进行商品服务、库存管理的指标分析，并提出改进建议。

素养目标

（1）培养良好的沟通能力与团队协作精神。

（2）培养严谨工作作风，能够用科学方法进行合理分析。

（3）培养务实工作态度和发散思维，能够创新思维、发现、提出问题并解决问题。

模块一 选好品类，抓好管理

商品是企业竞争的核心。商品经营就是要从商品选品、商品组合、货架布局、商品陈列、商品价格等方面进行系统设计，强化品类精细化管理。作为门店经营的核心，企业应该如何通过市场分析进行品类规划？商品采购应该注意哪些问题？应该如何进行供应商管理？商品价格管理应该注意什么问题？

任务 1 把握市场，洞察行情

任务描述

小王新加入一家公司，该公司旗下有百货店、便利店等多种零售业态。部门经理最近交给他一项任务——选品。主要基于市场需求反馈对门店现有商品进行分析，重新布局调整。选品应该先了解什么信息呢？

任务分析

根据任务描述，选品就是对门店现有商品的经营状况进行实时监督，同时结合市场需求变化，给出建议，具体内容包括以下两个方面。

（1）掌握市场需求分析的方法。

（2）掌握资料收集的方法。

学习准备

请搜集相关企业资料，列出各企业商品经营情况及消费者反馈意见，填写表 4-1。

表 4-1 企业商品经营情况及消费者反馈意见

序号	企业名称	经营商品	消费者反馈意见
1			
2			
3			

任务背景知识

市场经济为交易双方提供了供需对接的平台。企业作为商品的供给方，选品首先需要进行市场分析,关注行业及市场需求变化态势。

市场分析是对市场供需变化的各种因素及其动态、趋势的分析。常用的市场分析方法有以下几种。

1. PEST 分析法

PEST 分析法是一个常用的分析工具,它通过四个方面的因素分析从总体上把握宏观环境,并评价这些因素对企业战略目标和战略制定的影响。

1）P——politics,政治要素

政治要素是指对组织经营活动具有实际或潜在影响的政治力量和有关的法律、法规等因素。当政治制度与体制、政府对组织所经营业务的态度发生变化时,当政府发布了对企业经营具有约束力的法律、法规时,企业的经营战略必须随之做出调整。

2）E——economic,经济要素

经济要素是指国家的经济制度、经济结构、产业布局、资源状况、经济发展水平以及未来的经济走势等。构成经济环境的关键要素包括 GDP 的变化发展趋势、利率水平、通货膨胀程度及趋势、失业率、居民可支配收入水平、汇率水平等。

3）S——society,社会要素

社会要素是指组织所在社会中成员的民族特征、文化传统、价值观念、宗教信仰、教育水平以及风俗习惯等因素。构成社会环境的要素包括人口规模、年龄结构、种族结构、收入分布、消费结构和水平、人口流动性等。其中人口规模直接影响着一个国家或地区市场的容量,年龄结构则决定消费品的种类及推广方式。

4）T——technology,技术要素

技术要素不仅包括那些引起革命性变化的发明,还包括与企业生产有关的新技术、新工艺、新材料的出现和发展趋势以及应用前景。

课堂互动:(1)中国的新四大发明是什么? 谈一谈你对未来商业的看法。

_____

_____

(2)自选一个产品,用 PEST 分析法进行分析。

_____

_____

2. 五力分析法

迈克尔·波特在其经典著作《竞争战略》中,提出了行业结构分析模型,即所谓的"五力模型"。他认为有五大竞争驱动力会影响企业发展,决定了企业的盈利能力。

1）供应商议价能力

供应商供货的成本和质量,直接会影响行业中现有企业的盈利能力与产品竞争力。如果供应商供货质量有问题,则会影响下一步产品的质量。如果供应商供货成本提升,则会影响下阶段产品的价格竞争力。

2）购买者议价能力

购买者主要通过其压价和要求提供较高的产品或服务质量的能力,来影响行业中现有企业的盈利能力。

3）新进入者威胁

现代企业很多都采取了多元化的发展战略。例如,家电行业的海尔,从早先的冰箱、洗衣机,到后来的厨房电器、空调、电视机等领域。作为新进入者,在给行业带来新生产能力、新资源的同时,也对行业中现有企业构成竞争和威胁。

4）替代品的威胁

随着科技发展,新产品层出不穷,原本处于不同行业中的企业,也可能会由于所生产的产品存在替代关系,从而在它们之间产生相互竞争。例如,手机和数码相机,这种源自替代品的竞争会对行业中现有企业产生巨大威胁。

课堂互动:平板电脑是我们日常生活中常见的物品,你觉得它的替代品可能有哪些?

5）同行之间的竞争

行业中现有的竞争者,是大部分企业的直接竞争对手,会对企业发展构成直接竞争关系。

课堂互动:自选一个产品,运用五力分析法对其所面临的竞争威胁进行分析。

3. SWOT 分析

了解竞争对手,还需站在全行业角度,对自己进行审视分析,做到知己知彼。这里介绍一种 SWOT 分析方法。

SWOT 分析法,即态势分析法,就是将与研究对象密切相关的各种主要内部优势、劣势和外部的机会和威胁等,通过调查列举出来,并依照矩阵形式排列,并针对矩阵中不同情况给出相应的决策建议。

1）S——优势(strengths)

优势主要从组织机构的内部因素出发,找到自身的竞争优势。具体包括:有利的竞争态势;充足的财政来源;良好的企业形象;技术力量;规模经济;产品质量;市场份额;成本优势;广告攻势等。

2）W——劣势(weaknesses)

劣势也是从组织机构的内部因素,找到自身的薄弱环节。具体包括:设备老化;管理混乱;缺少关键技术;研究开发落后;资金短缺;经营不善;产品积压;竞争力差等。

3）O——机会(opportunities)

机会主要来自组织机构的外部因素,可能给企业发展带来机遇的因素包括:新产品;新市场;新需求;外国市场壁垒解除;竞争对手失误等。

4）T——威胁(threats)

威胁也是来自组织机构的外部因素,具体包括:新的竞争对手;替代产品增多;市场紧缩;行业政策变化;经济衰退;客户偏好改变;突发事件等。

课堂互动:自选一个产品,运用 SWOT 分析法对其进行分析。

🔵 任务实施

1. 基础任务

以小组为单位，对某企业的市场情况进行调研分析，撰写市场分析报告，填写表 4-2。

表 4-2　企业商品经营情况及消费者反馈意见

企业名称	基本情况
PEST 分析	
SWOT 分析	

2. 提升任务

以小组为单位，对某企业的市场竞争情况进行调研，从五个方面对其面临的竞争威胁进行分析，填写表 4-3。

表 4-3　五力分析法

竞争威胁	具体内容
供应商	
购买者	
新进入者	
替代品	
同行	

🔵 任务考核

在本次任务完成后，综合各项表现和评分标准，填写表 4-4 和表 4-5。

表 4-4　评分标准

评价项目	分值	评分标准	得分
PEST 分析	20	数据收集 3 个以上，内容完整，得 20 分；不符合要求的，酌情扣分	
SWOT 分析	20	结合市场分析方法，分析有理有据，得 20 分；内容不完整的，酌情扣分	
五力分析	30	对不同企业的市场分析细致，得 30 分；分析不够深刻，流于形式，酌情扣分	
结论建议	30	改进建议针对性强，可操作性高，得 30 分；改进措施可操作性差，不够全面，酌情扣分	
合　　计			

表 4-5　综合成绩

任务形式	任务成果展现	个人自评（20%）	小组互评（30%）	教师点评（50%）	合计
PEST 分析（20 分）					

续表

任务形式	任务成果展现	个人自评 (20%)	小组互评 (30%)	教师点评 (50%)	合计
SWOT分析(20分)					
五力分析(30分)					
结论建议(30分)					
综合得分					

任务2 竞品分析,知己知彼

任务描述

小王新入职了一家茶饮店,老板给他布置了一个任务,进行竞品的分析。他查了一些资料,发现这个行业竞争非常激烈,品牌众多,而且各家企业产品各不相同。那么,如何做竞品分析呢?

任务分析

根据任务描述,竞品分析需要按照一定的方法步骤进行,做到知己知彼。具体内容包括以下两个方面。

(1)掌握竞品分析的主要方法。

(2)掌握自我分析的步骤。

学习准备

自选3家企业,列出其竞品都有哪些,并填写表4-6。

表 4-6 企业竞品

序号	企业名称	企业产品	竞品
1			
2			
3			

任务背景知识

商战中有句话:知己知彼,百战不殆。在竞争激烈的市场中,企业要想立足,也需要进行竞品分析。作为一种系统性的分析方法,竞品分析可以帮助企业了解竞争对手的优势和劣势,从而制定出更有效的市场策略。

1. 竞品分析的含义及价值

1)竞品及竞品分析的含义

竞品,即竞争产品。它是指在同一市场环境中,具有相似或相同功能的服务或产品,这些产品虽然来自不同的公司,但它们在市场上的定位、功能、价格等方面存在竞争关系。竞品分析就是对市场上与自身产品或服务直接竞争或潜在竞争的其他产品或服务进行系统性的比较和研究。

按照产品的功能定位及目标顾客特征,竞品可以分为以下几种。

(1)同类产品的直接竞品:是指与某产品或服务直接竞争的同类产品,它们在功能、定位、目标用户等方面非常相似,但属于不同的品牌,往往在同一市场领域内争夺用户和市场份额。例如,在智能手机领域,不同品牌的手机产品之间就属于直接竞品。

(2)相近功能的间接竞品:是指虽然不直接提供相同的产品或服务,但属于同一品类商品,可以满足相似的用户需求。例如,可口可乐和咖啡、奶茶等产品,虽然其产品的功能、口味等存在差异,但是他们同属于茶饮这个品类,可以满足用户近似的需求。

(3)未来发展的潜在竞品:是指虽然当前不是同一行业,但是在未来的发展中可能成为竞争对手的产品或服务。这些产品或服务可能还在研发阶段或刚进入市场,但它们具有潜在的竞争力。例如,智能手机与数码相机,虽然属于不同的产品类别,但是随着手机拍照功能的技术升级,已经对数码相机的市场形成了巨大的威胁。

课堂互动:以小组为单位搜集以下商品相关信息,列出下列产品的竞品。

小米手机 _____

_____

海尔冰箱 _____

_____

徐福记 _____

_____

2)竞品分析的价值

(1)了解市场发展趋势。竞品分析可以帮助企业了解整个行业的市场变化趋势,这将有助于企业更好地规划生产、库存和销售策略,降低库存风险和成本。

(2)识别市场竞争优势。竞品分析可以帮助企业识别竞争对手,以便及时调整自己的战略。通过分析竞争对手的优势和劣势,企业可以找出潜在的市场机会。通过比较竞争对手的产品和服务,企业可以发现哪些方面需要改进,以及如何在市场上创造竞争优势。

(3)优化产品和服务。竞品分析可以促使企业深入市场一线进行调研,在分析掌握竞争对手的优劣势及发展动态的基础上,企业可以根据市场需求和客户的反馈信息,从而优化自己的产品和服务。

(4)提升团队协作意识。竞品分析不仅是市场部门的工作,还涉及企业的研发、生产、采购、销售、售后等领域,因此需要整个企业各部门的通力协作。通过竞品分析,也能帮助企业形成跨部门协作的合力,有助于企业整合资源,提高市场反应速度,从而在竞争中取得优势。

案例分析:
餐饮业竞争
新逻辑

(5)推动持续改进优化。竞品分析并不是一蹴而就的事情,面对瞬息万变的市场,企业需要保持敏锐的嗅觉。因此,企业需要持续关注市场变化、竞争对手的新动向以及客户的反馈,不断优化自己的策略。

综上所述,竞品分析对企业的发展具有重要意义。为了更好地发挥竞品分析的作用,企业需要制定系统性的分析方法,并确保分析结果的准确性和可靠性。此外,企业还需要将竞品分析结果与市场需求、客户反馈和企业战略相结合,以制定出更有效的市场策略。

2. 竞品分析的主要内容

为了全面了解市场竞争情况,竞品分析的内容从市场和客户两个方面展开。

1) 市场角度

主要是从市场的角度,对现有同类产品进行客观分析,通过分析,可以了解竞品的市场表现。具体分析的内容如下。

(1) 市场定位:分析竞品的市场定位,了解它们的目标客户群体和市场细分情况。

(2) 产品特性:研究竞品的功能、性能、设计、技术等产品的功能属性。

(3) 价格策略:考察竞品的定价策略,包括价格水平、价格折扣、调价策略等情况。

(4) 促销策略:分析竞品的营销和推广手段,如广告媒体、公关活动、营业推广等情况。

(5) 销售渠道:了解竞品的销售渠道,包括是否有线上渠道、线下的分销网络等情况。

(6) 市场份额:评估竞品在市场中的占有率和影响力。

2) 客户角度

主要是从客户的角度,基于客户的购买心理、购买行为特征等进行的分析,全方位多角度地了解客户对产品的期望,并调整市场规划和产品改进策略,提高市场竞争力。

从上述案例中可以看到,基于市场的竞争策略和基于客户角度的行为反应是不太一致的,因此,需要从客户角度进行购买行为特征的分析,来验证市场竞争策略的有效性。这里主要介绍 APPEALS 模型,该模型是一种用于分析客户期待和需求的方法,它关注客户在购买竞争性产品时是如何做决定的。APPEALS 模型的分析内容包含八个维度。

(1) 价格(price):客户愿意支付的心理价格,价格是否有竞争力,直接影响客户的购买行为。

(2) 可获得性(availability):客户购买产品的方便性和效率,包括购买所需信息的可获得性、购物选择的多样性、购买交易的便利性等。

(3) 包装(packaging):产品的外观和运输性,包括外包装样式、外观尺寸、包装等,随着人们对环保的重视,绿色包装也成为一种消费需求。

(4) 性能(performance):产品功能、性能方面的期望,如速度、容量、精确度等,产品的性能直接影响客户的体验。

(5) 易用性(ease of use):产品的安装、使用、维修等易用程度。产品的安装、维修是否及时,产品是否简单易学易上手,都会影响客户的满意度。

(6) 保证(assurances):产品的可靠性、安全性等。尤其在食品、电器等领域,消费者越来越关注产品的安全性能。

(7) 生命周期成本(life cycle costs):产品在生命周期内的成本,如无故障工作时间、调整校对费用等。对于耐用消费品来说,消费者会关注后续的成本开支。

(8) 社会接受程度(social acceptance):影响客户购买决策的心理因素,如风俗习惯、环境法规等。作为社会人,个人的需求会受到传统习俗、伦理道德、周围参照群体的影响等。

一般来说,市场角度的分析主要来自市场或行业的实际情况,结果相对客观。而客户主观购买心理及行为表现的分析,结果可能具有一定的主观性,因为有些深层次的信息不太容易获取,取决于受访对象的样本选择、受访者的配合度、调查方法及技巧等情况。

3. 竞品分析的流程与方法

竞品分析作为一项重要工作,需要高效高质地完成。如何高效且高精度地开展竞品工

案例分析:
选择越多,
用户满意度
越高吗?

案例分析:
关于速溶
咖啡的调研

作呢？就需要遵循竞品分析的工作流程。一般来说，竞品分析的主要工作流程如下。

1）第一步：明确竞品分析目的

在开始竞品分析前，应该明确分析的目的，这关系到后续竞品选择、分析思路和结论的输出。一般来说，竞品分析的目的如下。

（1）决策参考。通过竞品分析，了解竞争对手，分析其优劣势，找到公司产品合适的定位、空白的细分市场，以避开强大的竞争对手，进行差异化竞争。

（2）对标学习。通过竞品分析，可以学习对手的优势、避免对方的短板，尤其是产品功能与用户体验设计方面。

（3）趋势感知。通过竞品分析，能够深入了解用户需求，把脉市场发展动态，帮助公司发现行业政策变化、新技术创新、新竞争对手、新的颠覆性替代品出现等，可以助力企业未雨绸缪，提前做准备。

此外，不同的企业基于自身不同的发展阶段，竞品分析的目的和侧重点也不尽相同，具体如下。

（1）引入期：新品刚上市，企业竞品分析的目的是开发市场，提高品牌知名度。此时企业竞品分析的重点应该关注行业发展情况、经营环境、市场规模、增长趋势；了解市场需求，分析整个行业竞品，分析目标客户、业务总体流程、商业模式、盈利模式。

（2）成长期：市场快速增长，企业竞品分析的目的就是建立用户的品牌偏好，快速提高市场份额。因此企业竞品分析应重点关注竞争对手经营数据和经营策略，包括产品功能、用户规模、研发技术成本、用户体验设计等，在此基础上，结合自身实力考虑应该如何改进产品、如何运营推广，快速建立品牌黏性，与竞品拉开差距。

（3）成熟期：市场竞争更加激烈，企业竞品分析的目的主要是维持目前市场份额。企业竞品分析的重点就是监控竞品的各项指标及行动反应，守住目前的用户，不被竞争对手抢占市场份额。

（4）衰退期：整体的市场销量开始下滑，企业需要慎重考虑产品何去何从，同行的进退策略调整情况可以作为企业决策的参考。

2）第二步：了解行业基本情况

在分析之前，需要对整个行业背景、产品定位等有一个大概的了解，可以查询政府报告、第三方的行业分析报告等，了解行业的发展趋势、市场规模、主要参与者，以及他们的市场份额、利润水平等情况。

3）第三步：选择合适的竞品

要选择合适的竞品分析对象，首先就要识别竞争对手，从哪些渠道可以获得竞争对手信息呢？这就需要考察信息搜集能力。这里给大家提供几个获取竞争对手信息的渠道：一是通过实地考察、用户访谈、问卷调查等获取一手信息；二是利用互联网，如竞争对手的官网、公众号、宣传页等获取竞争对手信息；三是通过第三方渠道，如搜索引擎、行业协会、咨询公司等获取信息。

课堂互动：以小组为单位搜集信息，列举 5 个第三方咨询平台，并在班级内分享交流。

通过网络搜索、行业报告、市场调研、业内人士交流等方式获取相关竞争对手信息，接下

来就需要结合产品定位、目标用户群体和市场竞争情况,筛选出合适的竞品进行比较和分析。筛选时可重点关注下列要素。

(1) 市场定位:分析竞争对手的市场定位,了解竞争对手是如何定位自己的产品和品牌的,以及它们的目标客户是谁。通过比较市场定位,可以确定哪些竞争对手与自己的目标客户群体存在重叠,从而成为主要的竞争对手。

(2) 产品特点:比较竞争对手的产品特点,包括产品的功能、性能、设计和用户体验等方面。通过分析产品特点,可以确定哪些竞争对手的产品更具有竞争优势,以及它们在哪些方面可能需要改进。

(3) 市场份额:通过市场调研数据、行业报告或公开的财务信息来获取、查看每个竞争对手在市场上的份额。根据市场份额,可以确定哪些竞争对手在市场上具有较高的影响力和竞争力。

(4) 创新能力:了解竞争对手在产品研发、技术创新和市场营销等方面的表现,评估竞争对手的创新能力。通过创新能力评估,可以确定哪些竞争对手可能会在未来推出具有竞争优势的产品或服务。

4) 第四步:确定竞品分析维度

围绕竞品分析的目标,进行竞品分析的维度设计。常见的分析维度有以下几种。

(1) 市场定位与目标客户。了解竞品在市场中的定位及目标用户,即企业是用什么样的产品来满足什么样的人群的需求。

课堂互动: 以小组为单位搜集信息,对比分析小米手机和华为手机的市场定位及目标客户,并进行分享交流。

_____

_____

(2) 产品的功能特点。了解竞品的功能、设计、性能、价格等方面的差异和优劣势等。如果是平台类产品,还需要清楚地罗列出其平台上所有的产品和服务,以及他的业务流程是什么样的,分为哪些环节和步骤。

课堂互动: 以小组为单位搜集信息,对比分析支付宝和微信的异同,并进行分享交流。

_____

_____

(3) 用户体验与评价反馈。从可用性和用户体验两方面去分析竞品的外观设计、功能体验、品质保障和售后服务等情况,通过收集用户对竞品的评价和反馈,了解用户的需求和满意度。

课堂互动: 以小组为单位,从用户体验的角度对比分析两个不同品牌手机的异同,并进行分享交流。

_____

_____

(4) 营销策略及实施效果。分析竞品的营销手段、宣传渠道、推广活动等,了解其营销策略和效果,有助于自身在策划营销活动时取长补短。

课堂互动: 以小组为单位搜集信息,对比分析天猫和抖音两大平台在某一时间点营销推广活动的异同,并进行分享交流。

（5）盈利模式及盈利情况。盈利是企业经营好坏的一个重要标准,无法产生盈利的产品对于一个公司来说,不能算好产品。了解竞品的盈利模式,有助于完善自身的产品商业模式。

课堂互动:以小组为单位搜集信息,分别列出百度、抖音、小红书的主要盈利模式,并在班级内分享交流。

需要注意的是,分析维度是为分析目标服务的,根据具体需求设定,不需要面面俱到。

5）第五步:收集竞品相关信息

在确定竞品对象后,就需要了解竞争对手,着手收集竞品的相关信息。重点要了解竞争对手哪些信息呢?主要有竞争对手的市场占有率、产品功能、品牌定位、价格、渠道、用户客单价、品牌复购率、用户评价等。掌握的信息越多,对竞争对手的了解就越深入。可以通过下列渠道来获取相关信息。

（1）网络搜索:利用搜索引擎,输入与自己的产品或服务相关的关键词,查看搜索结果中出现的企业或网站、社交媒体、博客、论坛等,收集其产品或服务特点、价格、促销方式、目标客户、品牌形象、口碑、活动、新闻等信息。

（2）行业报告:阅读行业报告和市场研究,了解竞争对手在市场上的地位、市场份额和发展趋势。这些报告通常会提供竞争对手的市场策略、产品特点和未来发展方向的分析。

（3）市场调查:通过问卷、访谈、观察等方式,收集目标客户的反馈,这些反馈可以帮助我们了解竞争对手的产品在市场上的表现和用户体验,了解他们对自己的产品或服务的需求、满意度、忠诚度,以及他们还使用或考虑使用哪些其他企业的产品或服务。

（4）业内人士交流:参加行业会议、研讨会或加入专业社群,与业内人士交流,了解他们对竞争对手的看法和评价。这些人士通常具有丰富的行业经验和对市场动态的敏锐洞察力,通过他们对业内产品的分析评价,可以了解主要竞品的信息。

6）第六步:选定方法进行竞品分析

在收集到足够的数据之后,可以利用一些成熟的分析方法,来对这些数据进行深入的分析和挖掘。常见的分析方法有以下两种。

（1）表格分析法。这种方法主要是用表格来统计竞品功能元素的有无。需要较为全面地了解一个功能的概况,或较为宏观地把握竞品的现状,可使用表格分析法。具体操作步骤如下。

第一步,设计表格。画一个表格,首列填入功能元素的具体名称,首行填入竞品的具体名称。

第二步,对标打分。对每一个竞品的具体功能元素进行测评打分,若某元素存在,则在表格上对应位置填上分数,不存在则打×。

第三步,总结分析。将评测表格数据进行汇总,进行整体的功能分析总结。

例如,某公司对按摩椅市场进行的一次调研,主要调研了四个品牌的产品,通过对100多位目标客户的现场体验调研,最后顾客对产品进行不同部位的体验打分。每个部位的体验满分为 10 分。具体见表 4-7。

表 4-7　按摩椅的竞品分析

部位	品牌				
	A 品牌	B 品牌	C 品牌	D 品牌	平均分
头部	×	7.8	8.0	×	7.9
颈肩部	8.3	8.2	7.9	7.5	7.98
背部	7.8	8.3	8.2	7.6	7.98
腰臀部	8.2	8.4	8.0	7.4	8.00
手臂	8.0	8.0	8.3	7.0	7.83
腿部	8.2	8.7	8.5	×	8.47
脚部	8.2	8.5	8.3	×	8.33
合计	48.7	57.9	57.2	29.5	

从上述表格可以看出，四个品牌的按摩椅不同部分的表现情况。其中，B 品牌的各个部分的体验分均高于平均值。最后经过汇总合计，总分 B＞C＞A＞D。

表格分析法可以清晰展示功能细节的有无。如果某一列功能元素所有竞品都打了勾，则说明该功能元素竞品都有，是个普遍元素。如果某个功能元素别的品牌都没有，只有某个竞品独有，那这个就是该竞品的差异化功能和特色。当然，并非其他竞品都有的，自己也一定要有，自身产品功能元素要结合企业的具体情况来定。

（2）雷达图分析法。这种方法主要通过不同维度的比较来对竞品进行对比分析。主要是分析竞品多个维度的优势、劣势。主要操作步骤如下。

第一步，定义分析的维度。主要是确认从哪些角度分析具体功能，选取什么维度主要是根据分析产品的功能来设定。

第二步，对竞品的每个维度进行打分。依次对竞品的每个维度的表现情况进行打分评估。

第三步，画出雷达图。

例如，某网站对三款手机屏幕进行测评，邀请网友进行打分，具体结果见表 4-8，满分为 100 分。

表 4-8　三款手机屏幕的测评得分

指标	A 手机	B 手机	C 手机
显示精细度	88	96	80
屏幕通透度	89	97	88
屏幕亮度	81	91	90
可视角度	79	83	99

根据上述数据，可以画出雷达图如图 4-1 所示。

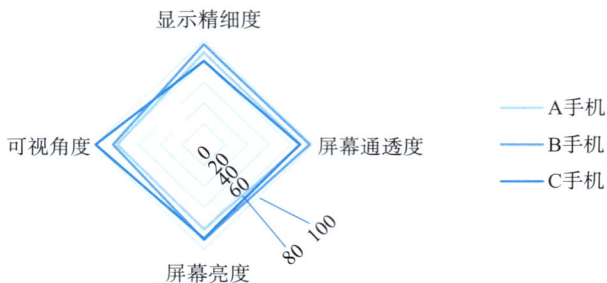

图 4-1　三款手机屏幕测评雷达图

从图 4-1 可以直观看出三款手机屏幕在各个方面的具体表现。A 手机在各方面的表现较差,B 手机在显示精细度和屏幕通透度方面表现较好,C 手机在可视角度方面得分最高。

雷达分析法可以直观展示每个竞品不同维度的表现,便于清楚掌握不同竞品各自的优势、劣势。同样,具体自己的产品怎么设计改进,还是要根据企业具体情况来定。

除了上述方法,还有四维矩阵法、功能拆解法等,在此不一一介绍。需要注意的是,上述方法各有特点,适用于不同的分析需求和场景,企业可以根据具体情况选择合适的方法进行竞品分析。

7) 第七步:撰写竞品分析报告

在撰写竞品分析报告时,需要遵循一定的结构,以确保报告的逻辑性和易读性。一般来说,竞品分析报告的内容如下。

(1) 引言部分,主要是简要介绍竞品分析的目的和背景,概述报告的结构和内容。

(2) 竞品概述,主要列出竞品的名称和关键信息,提供竞品的背景和市场地位,概述竞品的主要特点和功能。

(3) 目标用户分析,主要描述竞品的目标用户群体,分析用户需求和痛点,比较竞品在满足用户需求方面的优劣势。

(4) 功能和特性对比分析,主要对比竞品在功能和特性上的差异和优势,列出竞品的主要功能和特性,分析竞品的创新点和独特之处。

(5) 用户体验评估分析,主要从用户体验的角度对竞品的表现进行分析,针对体验不好的点,提出改进建议和优化方案。

(6) 市场竞争分析,主要分析竞品在市场上的竞争态势,比较竞品的市场份额,预测竞品的发展趋势和潜在威胁。

(7) 结论和建议,总结竞品分析的结果和发现,提出针对竞品的策略和建议,强调产品的优势和差异化。

(8) 参考文献/参考资料,主要是对报告中引用、使用的数据和资料来源进行备注,提供相关文献和参考链接,如果有调查问卷,也需要附上。

需要注意的是,上述只是竞品分析报告的框架罗列,实际应用中,应结合具体的竞品分析目标和任务有所侧重。

任务实施

1. 基础任务

自选一个产品进行竞品分析,自行设计产品测评评分表,邀请人员按照个人看法进行打分,并填写表 4-9。

表 4-9　某产品的竞品分析

指标	竞品			
	竞品 A	竞品 B	竞品 C	竞品 D
指标 1				
指标 2				
指标 3				
指标 4				
指标 5				
……				
合计				

2. 提升任务

以小组为单位,收集学校附近茶饮料竞争品牌信息,用表格分析法、雷达分析法等进行竞品分析,填写表 4-10。

表 4-10　某茶饮品牌的竞品分析

门店	产品	对比分析指标及结论
1		
2		
3		
4		
5		
6		

任务考核

在本次任务完成后,综合各项表现和评分标准,填写表 4-11 和表 4-12。

表 4-11　评分标准

评价项目	分值	评分标准	得分
竞品信息数据收集	20	数据收集 3 个以上,内容完整,得 20 分;不符合要求的,酌情扣分	
竞品指标对比分析	40	结合竞品分析具体方法,分析有理有据,得 40 分;内容不完整的,酌情扣分	
策略建议	40	改进建议针对性强,可操作性高,得 40 分;改进措施可操作性差,不够全面,酌情扣分	
合　计			

表 4-12　综合成绩

任务形式	任务成果展现	个人自评 (20%)	小组互评 (30%)	教师点评 (50%)	合计
竞品信息数据收集(20分)					
竞品指标对比分析(40分)					
策略建议(40分)					
综合得分					

任务 3　采销匹配,源头管控

任务描述

小李入职一家零售企业的采购部门,最近临近年末,要制订下一年的采购计划、签约供应商。他作为一个新人,也对未来工作充满了期待。那么,到底该如何进行商品采购呢? 签约供应商,应该注意什么问题呢?

任务分析

根据任务描述,商品采购应该按照一定的流程和步骤进行,具体内容包括以下四个方面。

(1)掌握商品采购的三度。

(2)掌握商品结构配置分析工具的使用。

(3)掌握商品覆盖度与采销匹配度分析工具的使用。

(4)掌握供应商管理的工作内容。

学习准备

请搜集相关企业资料,列出各企业经营的主要商品种类,填写表 4-13。

表 4-13　各企业经营的主要商品种类

序号	企业名称	商品经营种类
1		
2		
3		

任务背景知识

经过前期的市场分析,已经大致了解市场行情及变化趋势,也对竞争对手有了比较深入的了解。接下来就是进行商品采购了。无论是生产制造企业,还是零售企业,采购都是一项重要的工作,它决定着商品配置的结构,也关乎着产品的品质、成本及盈利水平。

1. 商品采购的"三度"

零售数据分析中的三度分析主要指商品广度、宽度、深度数据分析,同时还有相应的百分比分析。具体公式如下:

1) 广度

广度指商品品类的多样化。广度越大,商品品类越丰富,就越容易满足消费者一站式购物的需求。

$$广度比＝采购的商品品类数/可采购的商品总品类数×100\% \qquad (4\text{-}1)$$

例如,某企业可供采购的商品总品类是 20 个,但实际采购的商品品类是 15 个,则广度为 15,广度比为 75%。

课堂互动:商品的广度是不是越大越好?

2) 宽度

宽度是指采购的 SKU(stock keeping unit,最小存货单位)的数量。它代表了商品的丰富且可供选择的程度,宽度越大的店铺消费者挑选的余地就越大。

$$宽度比＝采购的 SKU 总数/可采购的商品 SKU 总数×100\% \qquad (4\text{-}2)$$

宽度比反映了与竞争对手的宽度或自己目标宽度的对比程度。例如,对于一个门店来说,店铺采购了 30 种饮料,而当期可供采购的机型是 40 种,则该专卖店宽度为 30,宽度比为 75%。

知识链接:什么是 SKU

课堂互动:如果有两家都经营冰激凌的门店,第一家门店提供 3 种口味可供选择,另一家门店提供 24 种口味可供选择,你会选择哪个?给出理由。

3) 深度

深度是指平均每个 SKU 的商品数量,代表了商品可销售的数量的多少。

$$深度＝采购的商品总数量/采购的 SKU 总数 \qquad (4\text{-}3)$$
$$深度比＝深度/采购的目标深度×100\% \qquad (4\text{-}4)$$

例如,某个食品专卖店某次采购了 400 个 SKU 的商品,一共是 1 000 件,则深度为 2.5。深度越大越不容易缺货,但是会造成高库存。

2. 商品结构配置分析——商品结构九宫格

如何判断门店的商品配置是否齐备呢?这里介绍一个简单的商品结构配置的工具——商品结构九宫格。具体操作方法如下。

第一步:将一个小分类的商品按照消费者需求差异分为若干需求点,每一个需求点代表消费者的一种购物需求。需求点作为小分类与单品之间的中层分类涵盖了消费者对该品类商品的全部购物需求。

第二步:将每一个单品按照它的使用价值以及其他属性,归入一个小格。同一个小格内的单品应具有相同、相近的性能,能够共同满足消费者的某一需求。如果有些小格暂时没有对应的单品,就进行标注,填写表 4-14。

表 4-14　商品结构配置表

功能/品牌	低	中	高
功能 1	入选单品 1		
	入选单品 2		

功能/品牌	低	中	高
功能 2	入选单品 1		
	入选单品 2		
功能 3	入选单品 1		
	入选单品 2		

如果一个门店陈列的某一小分类商品覆盖了该小分类中消费者的全部需求点,说明该门店可以满足消费者对该小分类商品的所有需求。如果有些需求点没有覆盖,那么下阶段采购就该考虑引进。总之,通过商品结构九宫格,可以直观地看出门店某类商品的结构配置情况,便于调整。同时,商品结构配置分析也可以用来进行不同门店间的对比分析,发现不同门店商品配置的差异。

3. 覆盖度与采销匹配度

商品管理是一个系统工程,采购要和销售关联起来进行通盘考虑。根据销售反馈,才能做出合理的采购决策。在商品采购前,需要知道哪些商品需要加大采购量,哪些减少采购;采购后需要关注各品类商品的销售情况,合理调整新一轮采购结构,从而形成一个"采购—销售—反馈—采购"的闭环。

除了采购的"三度"分析之外,在零售数据分析中,还可以根据商品的覆盖度(铺货率)、采销匹配度指标来展开商品采购分析。

1)覆盖度

覆盖度,也叫铺货率,是指在适合销售某产品的店铺中,实际销售该产品的店铺占比。计算公式为:

$$覆盖度 = 某品类产品的销售店铺数/适合销售该产品的总店铺数 \tag{4-5}$$

需要注意的是,商品覆盖度的分母不是总店铺数,而是适合销售该产品的总店铺数。假如适合销售该产品的店铺总数是 1 000 家,但是实际铺货销售的店铺数 400 家,那么覆盖度就是 40%。

2)采销匹配度

采销匹配度主要通过对比品类、型号、价格等方面在某段销售周期内采购和销售的比重来判断商品销售进度的一种方法。

与货品结构有关的数字有:品类订货占比、品类销售占比和品类结构差异。

$$品类订货占比 = 品类订货数(金额) \div 总订货数(金额) \tag{4-6}$$

$$品类销售占比 = 品类销售数(金额) \div 总销售数(金额) \tag{4-7}$$

$$品类结构差异 = 品类订货占比 - 品类销售占比 \tag{4-8}$$

一般来说,商品订货占比应该与销售占比保持一致,但是实际情况可能会出现差异。如果订货占比大于销售占比,则结构差异为正,说明该品类的订货比例偏高,下一阶段应降低此品类的订货比例。如果订货占比小于销售占比,则结构差异为负,说明该品类的订货比例偏低,下一阶段应提高此品类的订货比例。

一般是通过销售采购的对比图来体现某类商品的采购与销售的匹配程度。图 4-2 是某服装零售企业的商品采购—销售对比分析柱形图,可以看到不同类别商品的采购—销售占比情况。

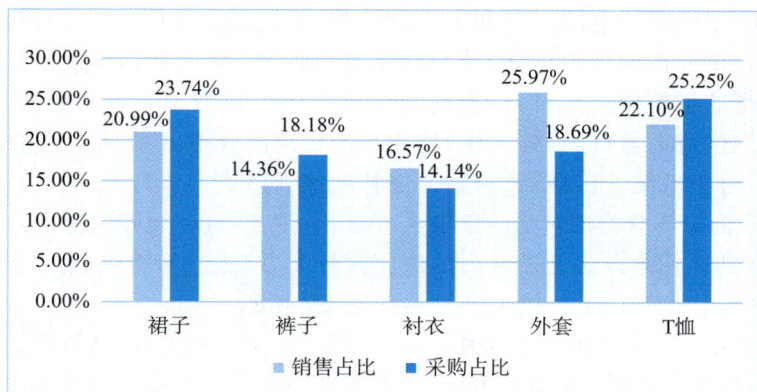

图 4-2　采购—销售对比分析

从图中可以看出,裙子、裤子、T 恤这三类商品都是采购占比大于销售占比,下一阶段可以适当降低采购比例。衬衣和外套则是销售占比大于采购占比,下一阶段可以适当提高采购比例。

课堂互动:某零售企业在 2023 年第三季度的商品销售及订货数量见表 4-15,请以小组为单位对该企业的采销匹配度进行分析,并完成表 4-15。

表 4-15　商品销售及订货数量

品类	订货数量	销售数量	订货占比	销售占比	结构差异
A	480	550			
B	520	350			
合计	1000	900			

结合上述分析,你觉得该企业的采销匹配程度怎么样,应该如何改进? 说出你的理由。

_____

_____

4. 商品的供应商矩阵

商品的采购还涉及供应商的管理,通过对供应商进行评估和分类,帮助企业识别和选择最合适的供应商,以降低采购风险、提高效率和降低成本。

1) 供应商的分类

根据供应商的特点和业务需求,将供应商划分为不同的类别。常用的供应商分类如下。

根据供应商的技术能力、生产能力、质量管理能力等方面进行评估和分类。一般将供应商分为优秀供应商、合格供应商和不合格供应商等不同等级。

根据供应商的供货能力、供货稳定性、交货准时率等方面进行评估和分类。一般将供应商分为稳定供应商、一般供应商和不稳定供应商等不同等级。

根据供应商的财务状况、法律合规性、信用风险等方面进行评估和分类。一般将供应商分为低风险供应商、中风险供应商和高风险供应商等不同等级。

2）供应商管理矩阵

供应商矩阵是按照一定的标准和方法，将供应商进行分类管理。供应商矩阵分类可以帮助企业进行供应商的绩效评估，选择合适的供应商，降低采购风险，确保供应链的稳定性和产品质量的可控性。同时，供应商矩阵分类还可以帮助企业对供应商进行差异化管理。对于关键供应商，可以加强合作，建立长期稳定的合作关系；对于一般供应商，可以进行常规管理；对于低绩效供应商，可以考虑替换或者改进合作方式。

常见的供应商矩阵分类法包括四象限法、ABC 法和 Kraljic 矩阵法等。

（1）四象限法。四象限法是最常用的供应商分类方法之一，将供应商的绩效和能力分别作为横纵坐标，在矩阵中划分为四个象限，如图 4-3 所示。

高绩效高能力的供应商属于 A 类供应商，值得加强合作和重视；高绩效低能力的供应商属于 B 类供应商，可以考虑帮助其提升能力；低绩效高能力的供应商属于 C 类供应商，可以考虑进行常规管理；低绩效低能力的供应商属于 D 类供应商，可以考虑替换或者改进合作方式。

（2）ABC 法。ABC 法是根据供应商在采购金额上的重要性进行分类的方法。将供应商按照采购金额从高到低排序，前 20％的供应商属于 A 类供应商，中间 30％的供应商属于 B 类供应商，后 50％的供应商属于 C 类供应商。

这种分类方法适用于采购金额较大的企业，可以帮助企业更好地管理重要供应商。

（3）Kraljic 矩阵法。Kraljic 矩阵法是一种将供应商的重要性和供应风险作为维度进行分类的方法。将供应商的重要性和供应风险分别作为横纵坐标，在矩阵中划分为四个象限，如图 4-4 所示。

图 4-3　供应商分析四象限

图 4-4　供应商分析 Kraljic 矩阵

重要性高、供应风险高的供应商属于关键供应商，需要加强合作；重要性低、供应风险高的供应商属于供应风险型供应商，可以考虑寻找替代供应商；重要性高、供应风险低的供应商属于战略供应商，值得加强合作；重要性低、供应风险低的供应商属于一般供应商，可以进行常规管理。

上述供应商矩阵只是给出了常见的供应商管理分类，企业也可以根据自身实际需求和情况，合理选择评估指标和权重，构建适合的供应商矩阵。具体操作步骤如下。

首先，确定供应商的评估指标和权重。可以根据企业的采购策略、业务需求和风险控制要求，选择适合的评估指标和权重。

其次，对供应商进行评估和打分，将得分绘制在供应商矩阵中，形成供应商分类。

最后，根据供应商分类的结果，制定相应的供应商管理策略和措施，如加强与优秀供应商的合作,对不合格供应商进行淘汰或整改等。

任务实施

1. 基础任务

自选一家企业,进行门店商品采销匹配度调研,收集不同品类的采购及销售数据,并进行采销匹配度分析,填写表 4-16。

表 4-16　某门店商品结构配置

商品品类	采购数量	销售数量	采购占比	销售占比	结构差异
合计					

2. 提升任务

以小组为单位,收集企业供应商相关数据,对企业的供应商进行调研,按照一定的标准对企业供应商进行分类,并给出供应商管理建议,填写表 4-17。

表 4-17　某企业供应商分类

分类依据	评估指标和权重说明
供应商矩阵	
供应商管理建议	

任务考核

在本次任务完成后,综合各项表现和评分标准,填写表 4-18 和表 4-19。

表 4-18　评分标准

评价项目	分值	评分标准	得分
供应商数据收集	20	数据收集 3 个以上,内容完整,得 20 分;不符合要求的,酌情扣分	
供应商分析矩阵	40	结合商品采购三度及供应商分析矩阵,分析有理有据,得 40 分;内容不完整的,酌情扣分	
策略建议	40	改进建议针对性强,可操作性高,得 40 分;改进措施可操作性差,不够全面,酌情扣分	
合　　计			

表 4-19　综合成绩

任务形式	任务成果展现	个人自评 (20%)	小组互评 (30%)	教师点评 (50%)	合计
供应商数据收集(20 分)					

续表

任务形式	任务成果展现	个人自评 （20%）	小组互评 （30%）	教师点评 （50%）	合计
供应商分析矩阵（40分）					
策略建议（40分）					
综合得分					

任务4　价格带分析，分类调整

任务描述

在最近一期的经营分析会上，公司领导根据公司战略发展的需要，提出了要对部分类别产品的价格进行调整。价格影响公司的盈利水平和市场竞争力，因此，价格调整工作非常重要。那么，应该如何进行价格分析与管理呢？

任务分析

根据任务描述，价格分析应该与门店目标客群的定位相适应，同时也应该对标竞争对手来进行。具体内容包括以下两个方面。

（1）掌握价格带分析的工作流程。

（2）掌握价格带调整的方法。

学习准备

请搜集相关企业资料，列出你对该企业价格的直观印象，填写表4-20。

表4-20　企业价格的直观印象

序号	企业名称	经营商品	价格印象
1			
2			
3			

任务背景知识

价格是商品的标签，也是影响消费的重要因素。在产品投放市场后，需要对产品的价格带体系进行分析，使价格策略与品牌定位相匹配，同时符合目标消费群体的消费习惯，在提高销量的同时带来利润。

1. 价格带基本概念

价格带是指同一类商品的最低价和最高价之间的区域。与价格带相关的概念有价格带"三度"（宽度、深度、广度）、价格点、价格区。商品的价格带分析也就是围绕这几个指标进行的。

价格带宽度是指价格带中最高价和最低价的差值，它决定了门店所面对的消费者的受众层次和数量。

价格带深度是指价格带中的品牌数或者 SKU 数,它体现门店商品的丰富程度。

价格带广度是指价格带中的不重复销售价格的数量,每个不重复价格叫作一条价格线。

价格点:价格点指价格带中最容易被顾客接受的某一条价格线,确定了某个类别商品的价格点后,在此价格点附近准备多些商品并且陈列丰满一些,这就会给目标消费者造成商品丰富、价格适中的感觉。

价格区:价格区是价格带中包含价格点的一个顾客的主要购买区间,也就是在价格点附近合适范围的区间,它是主要卖点区间。

2. 价格带分析步骤

商品价格带分析的具体操作步骤如下。

第一步,选择门店商品某一个小分类作为分析对象。

第二步,搜集该商品的单品信息,罗列价格、SKU 等信息。

第三步,归纳该品类中单品的最高价格和最低价格,进而确定品类的价格带分布情况。

第四步,判断其价格区,即价格带中陈列量比较多且价格线比较集中的区域。

第五步,确定商品品类的价格点,即对于该门店或业态的某类商品而言,最容易被顾客接受的价格或价位。确定了价格点后,备齐在该点价位左右的商品,就会给顾客造成商品丰富、价格便宜的感觉和印象。

以方便面的价格带分析为例,通过市场调查,搜集了两个门店该商品的信息,并绘出各门店方便面的价格带宽度、深度、广度示意图,如图 4-5 所示。

A门店方便面数据			
类别	SKU	零售价	SKU数
方便面	A0001	2	3
方便面	A0002	2.5	4
方便面	A0003	3	5
方便面	A0004	4	3
方便面	A0005	5	2
方便面	A0006	6	2
方便面	A0007	7	3
方便面	A0008	8	4
方便面	A0009	9	2
方便面	A0010	10	1

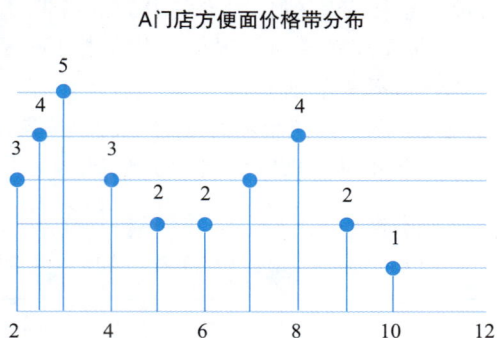

A门店方便面价格带分布

A门店

B门店方便面数据			
类别	SKU	零售价	SKU数
方便面	A0001	4	2
方便面	A0002	4.5	3
方便面	A0003	5	5
方便面	A0004	6	4
方便面	A0005	7	2
方便面	A0006	8	2
方便面	A0007	8	2
方便面	A0008	9	1
方便面	A0009	10	1
方便面	A0010	12	1

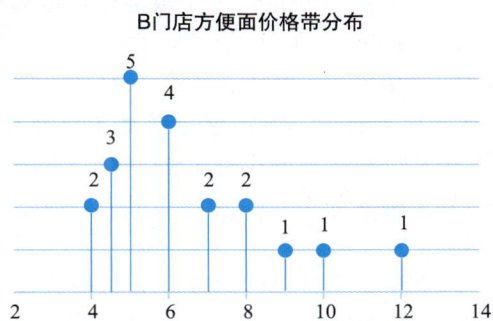

B门店方便面价格带分布

B门店

图 4-5 门店方便面的价格带分析

图 4-5 中,横轴是价格,纵轴是 SKU 数量。通过对比分析,可以得出如下结论。

(1)两个门店的价格带宽度都是 8,但是 A 门店方便面的价格带(2～10 元)比 B 门店的价格带(4～12 元)要低,所以可以判断出 A 门店针对的消费者的层次稍低一些,还有消费者会感觉 A 超市的方便面更便宜。

(2)A 门店的方便面有 29 个 SKU 可供销售,而 B 门店的方便面只有 23 个 SKU 可供销售。A 门店的价格带深度更大,也表明了 A 门店的方便面有更多的产品选择,消费者也会觉得产品丰富。

(3)从价格带广度来看,A 门店有 10 条不同的价格线,B 门店有 9 条不同的价格线。A 门店定价为 3 元和 8 元的 SKU 相对较多,A 门店的方便面价格区为 2～4 元和 7～8 元。B 门店定价为 5 元的 SKU 相对较多,B 门店的方便面价格区为 4.5～6 元。

3. 目标客群与价格带定位

价格带分析可以更直观展示门店商品的价格分布情况。不同价格区商品的布局是否合理、要不要进行调整就涉及价格带调整问题。

1)目标客群的价格接受程度

目标客群的收入水平不同,消费观念及对价格的敏感性和接受程度也不尽相同,一般来说,高收入群体对价格的敏感度会弱一些,更关注商品的品质。低收入群体对价格更为敏感一些,其购买更关注性价比。

2)不同价格区的 SKU 分布情况对比分析

价格带调整还需要结合竞争对手的价格带分布情况来进行。具体分析步骤如下。

第一步,划分价格区间。根据单位价格将产品分为不同的价格带区间。具体的划分方法有等距划分和不等距划分。

(1)等距划分。按照价格带宽度,将价格带等距离划分为几个价格区间。例如,根据中点值划分为四个区间。具体如图 4-6 所示。

图 4-6　商品价格带划分为价格区间

其中,中点 1＝(零售商品类中最高点＋最低点)/2;

中点 2＝(中点 1＋最低点)/2;

中点 3＝(中点 1＋最高点)/2。

(2)不等距划分。不等距划分就是按照品类商品价格带分布情况,自选价格区间。例如,某家电企业冰洗产品的价格带为 100～12 000,在进行价格区划分的时候,就可以按照自己的标准,将价格划分为 500 以下、500～2 000、2 000～5 000、5 000～8 000、8 000～12 000 这几个区间。

第二步,调研每个价格区间单品分布的数量。例如,通过对某类商品的价格区的调研,得到表 4-21 的分布情况。

表 4-21　不同价格区的商品分布情况

目标客群	超低端	低端	中低端	中端	中高端	高端	超高端
高收入群体	—	—	5	15	30	40	10
中高收入群体	—	5	15	30	35	10	5
中收入群体	5	15	20	35	20	5	—
中低收入群体	5	18	35	30	10	2	—
低收入群体	20	35	25	15	5	—	—

如果想了解不同竞争对手的商品布局情况,也可以用来对不同竞争对手的价格带商品分布进行对比分析,便于根据经营策略进行调整,见表 4-22。

表 4-22　不同竞争对手的商品价格带分布情况

竞争对手	价格带 1	价格带 2	价格带 3	价格带 4
竞争对手 1	8	26	10	6
竞争对手 2	2	5	15	30
竞争对手 3	5	15	26	15

第三步,结合企业自身的目标客群及定位来进行价格带的调整。如果企业的目标客群是高端客户,价格带在高端价格区的商品布局就要多些。如果目标客群是低收入群体,则相应中低端价格区的商品布局就要多些。

课堂互动:通过价格带分析,发现在某个价格区的商品比较受欢迎,销量较好,是不是就可以把其他价格带的商品淘汰掉?说出你的理由。

通过价格带分析,可以确定商品品类的价格区域和价格点,确定品类价格点后便可以决定出品类的商品定位以及应当引入和删除哪些商品。需要注意的是,由于不同企业品牌定位、目标消费群体、竞争策略不同,在进行价格带调整时,需要结合上述因素综合来判断。

🌐 任务实施

1. 基础任务

自选一家企业,对某产品展开价格调研,并结合价格带的相关指标进行总结,填写表 4-23。

表 4-23　商品价格带调查

企业名称		商品类别	
价格带宽度			
价格带深度			
价格带广度			
总结			

2. 提升任务

以小组为单位,对 3 家门店的同类商品进行价格带调研,进行对比分析,给出门店商品调整优化的策略,填写表 4-24。

表 4-24　不同店铺商品价格带对比分析

门店	价格带分析	对比分析结论

任务考核

在本次任务完成后,综合各项表现和评分标准,填写表 4-25 和表 4-26。

表 4-25　评分标准

评价项目	分值	评分标准	得分
价格带数据收集	30	数据收集 3 个以上,内容完整,得 30 分;不符合要求的,酌情扣分	
不同店铺价格带对比分析	30	结合商品价格带具体内容,分析有理有据,得 30 分;内容不完整的,酌情扣分	
策略建议	40	改进建议针对性强,可操作性高,得 40 分;改进措施可操作性差,不够全面,酌情扣分	
合　　计			

表 4-26　综合成绩

任务形式	任务成果展现	个人自评(20%)	小组互评(30%)	教师点评(50%)	合计
价格带数据收集(30 分)					
不同店铺价格带对比分析(30 分)					
策略建议(40 分)					
综合得分					

模块二　结构优化,抓住重点

通过对门店商品数据的分析,小组团队要选择一定的分析方法,对销售数据进行汇总分析,得到商品经营的关键指标,并从指标分析中寻找经营中的问题,并提出合理建议。那么商品结构分析的具体工作流程和方法有哪些呢?

任务 1　畅销滞销,两头管理

任务描述

经过一段时间的运营,门店每个商品的经营数据怎么样,有哪些是畅销的? 哪些是滞销的？销量前十的商品有哪些？这些问题都是经营者亟须掌握的。那么怎么获取这些信息呢？

任务分析

根据任务描述，要想对门店商品大致运营情况进行了解，需要运用一定的方法进行分类汇总。具体内容包括以下两个方面。

（1）掌握门店商品经营的一些指标。

（2）掌握商品数据分析的工具方法。

学习准备

请搜集相关门店资料，列出门店畅销品和滞销品，填写表4-27。

表4-27 门店畅销品和滞销品

序号	门店名称	畅销品	滞销品
1			
2			
3			

任务背景知识

对于企业来说，采购的商品在市场上的销售情况，事关企业的生死存亡。如果商品销售情况不好，则意味着企业成本无法回收，利润目标无法实现。因此，要对每个单品的销售情况进行分析，并随时根据市场反馈进行调整。

1. 商品销售相关指标

对于企业来讲，商品销售环节最为关键。通过商品销售环节相关数据指标的检测，可以随时了解和掌握销售动态。

1）动销率

动销率是指门店有销售的商品的品种数占本店经营商品品种数的比重。它是一定时间内考察库存积压情况或各类商品销售情况的一个重要指标，反映选品的有效性。

2）货龄

货龄是产品从生产环节一直延续到销售环节中商品销售阶段的时间。货龄越短，反映企业的供应链效率越高。

3）现值

现值，商品当前被消费者认可的价值。与商品的货龄、库存和售罄率有关。例如，临近保质期的产品，一般商家就会进行打折出售。

4）弹性系数

弹性系数反映因变量对自变量变化的反应程度。如果考察销售量对价格变化的敏感程度，则对应的就是需求价格弹性，其计算公式为销量变化率/价格变化率。

5）折扣率

折扣率是指商品的商品实收金额与商品标准零售价金额的比值。折扣是商家经常用到的促销方式，通过折扣，实现以价换量。

课堂互动:(1)第二件半价和两件商品 7.5 折,这两种促销方式有何不同? 哪一种促销方式的效果好?

_____

_____

(2)影响平均折扣率的因素有哪些?

_____

_____

6)售罄率

售罄率是指某时间段内的销售数量占进货的比重。其计算公式为某时间段内的销售数量/(期初库存数量+期中进货数量)×100%。

7)缺货率

缺货率反映缺货的商品所占的比率。其计算公式为某个时期内卖场有缺货记录的商品数/(期初有库存的商品数+期中新进商品数)×100%。

2. 畅销滞销的汇总分析

除了关注上面的指标,还需要关注重点商品:畅销品和滞销品。

1)畅销品

顾名思义,就是市场上很受欢迎、销售表现好的商品。一般具有以下特点。

(1)创新性,即由于科学技术的进步或为满足消费者某种新需求而发明的,往往会引起社会消费方式、消费习惯和消费心理的重要变化。例如,房车、华为新推出的手机等。

(2)革新性,即改造原产品的功能,发展出新的功能,带给消费者以新的利益和心理上的满足感。

(3)改进性,即对原产品稍加改良,使其更易于为消费者所接受,也在一定程度上适应了消费者求新、求变的心理。

(4)质优价廉。与同类商品相比,具有较高的性价比,比较受市场欢迎。

课堂互动:你关注的畅销品有哪些? 它们畅销的原因是什么?

_____

_____

_____

案例分析:
巧选商品
做引流

2)滞销品

滞销品,主要是指销量比较差的商品。针对滞销品,首先要清楚认识它的危害,探究其滞销的原因,并采取相应的对策。

课堂互动:(1)滞销品的危害有哪些?

_____

_____

(2)商品滞销的原因有哪些?

_____

_____

对于滞销品,在分析清楚原因后,如果可以改进,就通过系列举措扭转局面。如果非人力所为,就只能通过以下几种方式进行淘汰。

(1)排行榜淘汰法:适用于所有商品,在一定时段内确定一次所售商品排行榜,最后200种或5%~10%为淘汰对象。

(2)销售量淘汰法:适用于单价低的商品,在一定时段内测定出一个基数,未达标准销售量即为淘汰。

(3)销售额淘汰法:适用于主力商品,在一定的时段内测定出商品标准销售额,达不到标准销售额即可淘汰。

(4)质量淘汰法:适用于所有商品,凡被国家行政机关如技术监督局或卫生部门等单位宣布为不合格的商品,为淘汰品。

(5)人为淘汰法:适用于人情商品,这类商品承载情感价值,满足心理需求而非实用功能,必须进行表决权计数的人为淘汰,排除不正当的人为因素。

如何快速通过数据分析,找到畅销品和滞销品呢?这里要用到Excel里的一个"神器"——数据透视表。如图4-7所示,这是某门店的后台数据,可以看到商品的详细交易记录。

	A	B	C	D	E	J	K
1	会员ID	日期	款台	商品编码	商品名称	销售数量	销售金额
2	4438412	2018-01-01	T08	8m6224442	好丽友好友趣多汁牛排味125gLS	1	8.5
3	4438412	2018-04-01	T20	8m6220287	格力高百奇双重巧克力味饼干50g	1	5.2
4	4438412	2018-04-01	T20	8m6220281	格力高百奇草莓味饼干55g	1	5.2
5	4438412	2018-03-19	T34	8m6319204	清风原木BRA4SNC7软抽120抽*10包	1	20.9
6	4438412	2018-02-11	T34	8m6211575	欧丽薇兰特级初榨橄榄油750ml*2礼盒	1	238
7	4438412	2018-01-20	T08	8m6220369	乐事薯片无限104克三罐装组合包	1	25.9
8	4438412	2018-03-18	T58	8m6314425	爱家透明清香剂(柠檬)100g	1	7.9
9	4438412	2018-03-18	T58	8m6226588	海欣蟹黄卷原味60g	1	8.5
10	4438412	2018-03-18	T58	8m6226586	海欣XO酱手撕蟹柳蟹肉味50g	1	7.5
11	4438412	2017-11-04	T20	8m6320882	云蕾金属钢丝球(4个装)10434	1	3.9
12	4438412	2017-11-04	T20	8m6320766	云蕾家用橡胶手套特惠小号10267	1	4.9
13	4438412	2018-05-06	T26	8m6160384	味可滋香蕉牛奶240ml	2	10
14	4438412	2018-02-08	T20	8m6162947	伊利安慕希酸奶黄桃+燕麦200g*10	1	69.6
15	4438412	2017-11-04	T20	8m6162884	伊利臻浓牛奶230ml	1	3
16	4438412	2017-11-04	T20	8m6162884	伊利臻浓牛奶230ml	1	3
17	4438412	2018-01-13	T22	8m6231697	娃哈哈幸福牵线椰汁味1.5kg	1	11
18	4438412	2018-05-06	T87	8m2651022	阿迪达斯	1	176
19	4438412	2018-04-16	T87	8m2651022	阿迪达斯	1	199
20	4438412	2018-04-16	T87	8m2651022	阿迪达斯	1	299
21	4438412	2018-04-14	网商	8m2651022	阿迪达斯	20	20000
22	4438412	2018-04-14	网商	8m2651022	阿迪达斯	1	302
23	4438412	2018-01-04	T20	8m6225038	喜之郎美好时光岩烧海苔5g*3	1	15.8
24	4438412	2018-01-01	T08	8m6211921	康师傅经典红烧牛肉面100g*5	1	11.5
25	4438412	2017-11-04	T20	8m6320824	美丽雅超纤抹布组4片入	1	9.9
26	4438412	2018-03-02	T22	8m6160460	湾仔码头玲珑汤圆黑芝麻400g	1	7.8
27	4438412	2018-01-21	T0c	8m2651301	耐克衣服	-1	-1299
28	4438412	2018-01-19	T87	8m2651301	耐克衣服	1	1299
29	4438412	2018-05-06	T26	8m6220550	运康五香味锅巴138g	1	4.1
30	4438412	2018-05-06	T26	8m6220549	运康牛肉味锅巴138g	1	4.1
31	4438412	2018-04-01	T20	8m6162853	波尼亚青岛老火腿360g	1	22.9
32	4438412	2018-01-01	T08	8m6161266	波尼亚小牛仔50g	1	1.2
33	4438412	2018-01-01	T08	8m6161266	波尼亚小牛仔50g	1	1.2
34	4438412	2018-03-18	T58	8m6212381	鲁花花生油500ml5L	1	15.9

消费汇总表　Sheet1　**明细表**　+

平均值=1.22101734687　计数:1万4874　求和=8万8160.191

图4-7　商品详细交易记录

每个单品的销量统计,只需按照以下步骤操作,就可以快速得到每个单品对应的销量汇总数据。全选数据,单击"插入"—"数据透视表"—"新工作表",然后,将"商品名称"放入数据透视表对话框中的"行",将销售数量放入数据透视表对话框中的"值",并且设置值显示方式为求和,就可以得到每个商品的销量汇总数据。然后按照销量进行降序或者升序排列,就可以得到畅销品和滞销品的具体信息了,如图4-8所示。

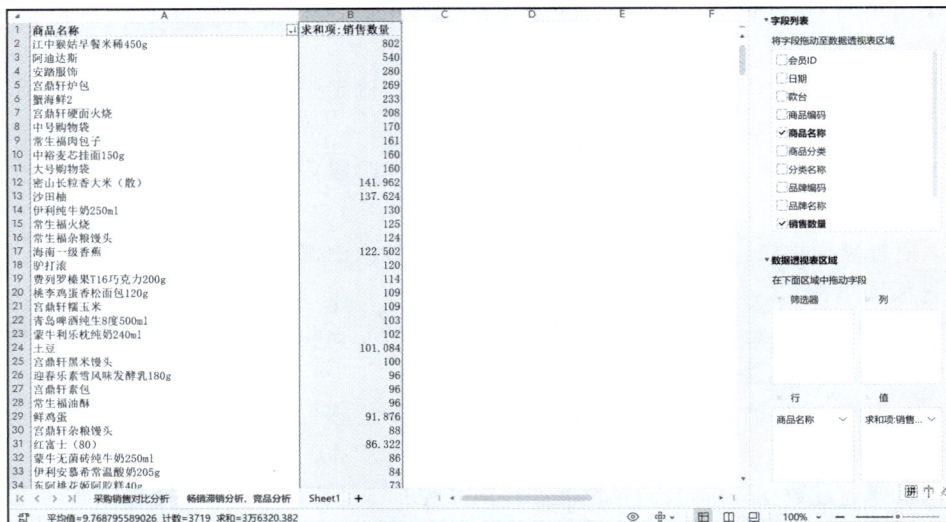

图 4-8　商品透视表分析

任务实施

1. 基础任务

自选一家企业,收集企业销售数据,运用数据透视表,分别找到企业销量排名前五和倒数前五的商品,填写表 4-28 和表 4-29。

表 4-28　某公司销量排名前五的畅销商品统计

顺序	商品名称	销售量
第一位		
第二位		
第三位		
第四位		
第五位		

表 4-29　某公司销量排名倒数前五的滞销商品统计

顺序	商品名称	销售量
第一位		
第二位		
第三位		
第四位		
第五位		

2. 提升任务

以小组为单位,对畅销品和滞销品的原因进行深度分析,并给出改进策略,填写表 4-30。

表 4-30 某公司畅销品与滞销品分析

商品类别	原因分析	改进策略
畅销品		
滞销品		

任务考核

在本次任务完成后,综合各项表现和评分标准,填写表 4-31 和表 4-32。

表 4-31 评分标准

评价项目	分值	评分标准	得分
畅销品数据收集	30	数据收集思路清晰,内容完整,结论准确,得 30 分;不符合要求的,酌情扣分	
滞销品数据收集	30	数据收集思路清晰,内容完整,结论准确,得 30 分;不符合要求的,酌情扣分	
对比分析策略建议	40	改进建议针对性强,可操作性高,得 40 分;改进措施可操作性差,不够全面,酌情扣分	
合　计			

表 4-32 综合成绩

任务形式	任务成果展现	个人自评 (20%)	小组互评 (30%)	教师点评 (50%)	合计
畅销品数据收集(30 分)					
滞销品数据收集(30 分)					
对比分析策略建议(40 分)					
综合得分					

任务 2　运用 ABC 分析法,结构优化

任务描述

小王最近入职一家餐饮企业,在一次公司内部会议上,领导提出了一个问题"明明我的菜比别人家的多,味道也不差,为什么整体销售情况却比别人差那么多"。小王百思不得其解,到底怎么回事呢? 如何解决这一问题呢?

任务分析

根据任务描述,商品种类不少,但是整体销售不佳,那就涉及品类优化问题了,具体内容包括以下两方面。

(1)掌握商品的 ABC 分析法。

(2)能够依据 ABC 分析法进行品类优化。

学习准备

请搜集相关企业资料,列出各企业商品种类与对应销售情况,填写表 4-33。

表 4-33　各企业商品种类与对应销售情况

序号	企业名称	整体销售情况	不同商品销售占比
1			
2			
3			

知识链接:
帕累托法则

任务背景知识

在零售企业中,虽然商品众多,但是从经营数据来看,每个商品的贡献度是不一样的。这里有一个帕累托法则,又被称为 80/20 法则,该法则最初由意大利经济学家帕累托发现,后来由美国管理学家约瑟夫·朱兰总结提出。其核心思想是要在众多因素中分清主次,识别出少数的但对事物起决定作用的关键因素和多数的但对事物影响较小的次要因素。

课堂互动:(1)列举生活中 80/20 法则的现象。

_____

_____

(2)80/20 法则对我们的启示有哪些?

_____

_____

1. ABC 分析法

ABC 分析法就是以帕累托法则为基础的管理手法,它是根据事物在技术或经济方面的主要特征,进行分类排队,分清重点和一般,从而有区别地确定管理方式的一种分析方法。由于它把被分析的对象分成 A、B、C 三类,所以又称为 ABC 分析法。与 80/20 法不同的是,80/20 法则强调的是抓住关键,ABC 法则强调的是分清主次,并将管理对象划分为 A、B、C 三类。

要以商品销售额为主线,将商品按销售额从高到低排列,累计占比 0～50% 为 A 类商品,50%～90% 为 B 类商品,90%～100% 为 C 类商品。

如图 4-9 所示,一个标准的 ABC 商品结构应该是:A 类商品占商品总数的 10%,但是销售额占 50%,属于销售较快,周转较快的主力商品;B 类商品占商品总数的 30%,但是销售额占比 40%,属于销售一般,周转正常的选购商品;C 类商品占商品总数的 60%,但是销售额只占 10%,属于销售不快,周转也慢的排面商品。

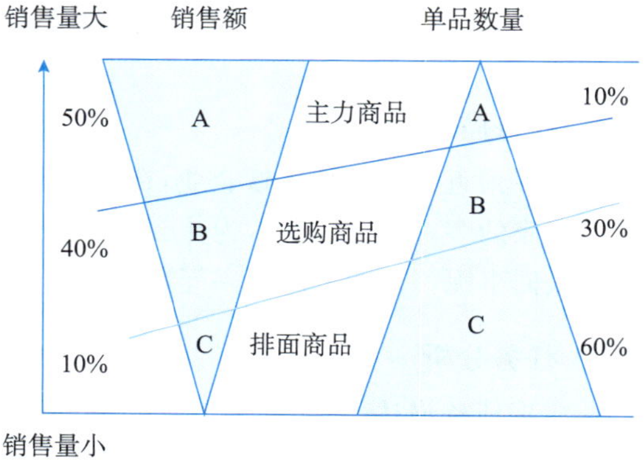

图 4-9　标准的 ABC 商品结构

2. ABC分析法的步骤

第一步：收集数据。针对不同的分析对象和分析内容，收集有关数据，并进行数据清洗。例如，下列数据中，包含品名、销售数量、金额等数据，如图 4-10 所示。

会员ID	销售单号	销售日期	时间	条码	品名	销售数量	金额	订单类型
HY00001	00195q000607323901	2021-10-02	13:45:03	6942536538623	天口味库尔勒香梨	1	23.90	免排队收银
HY00001	00195q000607323901	2021-10-02	13:45:03	79411	多宝鱼	0.906	64.90	免排队收银
HY00001	00195q000607323901	2021-10-02	13:45:03	2010404061112	精选芥兰	1	6.90	免排队收银
HY00001	00195q000607323901	2021-10-02	13:45:03	2010404060360	精选生菜	1	6.90	免排队收银
HY00001	00195q000607323901	2021-10-02	13:45:03	2010404060530	精选葱苗	1	4.80	免排队收银
HY00001	00195q000607323901	2021-10-02	13:45:03	70372	本地白花菜	0.672	11.00	免排队收银
HY00001	00195q000607323901	2021-10-02	13:45:03	327021	黄骨鱼	0.786	37.40	免排队收银
HY00001	00195q000607323901	2021-10-02	13:45:03	6902088900507	家乐鸡粉促销装	1	7.90	免排队收银
HY00001	00195q000607323901	2021-10-02	13:45:03	6920266603583	福荫山水豆腐	1	3.50	免排队收银
HY00004	00195q001023700401	2021-12-30	09:45:04	6922266457364	清风原色系列3包中规抽纸	1	12.80	免排队收银
HY00004	00195q001023700401	2021-12-30	09:45:04	35992	天口味脆骨	1	32.80	免排队收银
HY00004	00195q001023700401	2021-12-30	09:45:04	6958444720029	有机菜心	1	14.80	免排队收银
HY00004	00195q001023700401	2021-12-30	09:45:04	6922266450372	清风原木金装抽纸	1	19.80	免排队收银
HY00004	00195q001023700401	2021-12-30	09:45:04	82475	现切伊泽卤猪耳	0.136	18.44	免排队收银
HY00004	00195q001023700401	2021-12-30	09:45:04	2010404060274	精选新土豆	1	7.56	免排队收银
HY00004	00195q001023700401	2021-12-30	09:45:04	6942536511077	FIFO塑料背心袋（PO新款	1	0.40	免排队收银
HY00004	00195q001023700401	2021-12-30	09:45:04	2010404001225	精选胡萝卜	1	4.90	免排队收银
HY00004	00195q001023700401	2021-12-30	09:45:04	6908791101507	三全状元玉米蔬菜猪肉水饺	1	19.90	免排队收银
HY00004	00195q001023700401	2021-12-30	09:45:04	6908791101521	三全状元冬菇鸡肉水饺CS2	1	19.90	免排队收银
HY00004	00195q001023700401	2021-12-30	09:45:04	4891248061474	四海牛肉丸	1	10.90	免排队收银
HY00004	00195q001023700401	2021-12-30	09:45:04	4891248060835	四海鱼丸	1	10.90	免排队收银
HY00004	00195q001108217201	2022-01-20	10:30:05	6942536539385	天优东北红松子	1	69.90	免排队收银
HY00004	00195q001108210201	2022-01-20	10:30:05	76424	优选供港上海青	1	6.90	免排队收银
HY00004	00195q001108210201	2022-01-20	10:30:05	6954501302931	CD3NH可米小子每日坚果A	2	238.00	免排队收银
HY00004	00195q001108210201	2022-01-20	10:30:05	76329	优选老姜	1	5.90	免排队收银
HY00004	00195q001108210201	2022-01-20	10:30:05	82106	伊泽分切脱骨酱猪手	0.344	39.77	免排队收银
HY00004	00195q001108210201	2022-01-20	10:30:05	71358	高原西兰花	0.456	3.64	免排队收银
HY00004	00195q001108210201	2022-01-20	10:30:05	2010404060530	精选葱苗	1	3.90	免排队收银
HY00004	00195q001108210201	2022-01-20	10:30:05	50219	风中皇清远皇后鸡	1	79.00	免排队收银
HY00004	00195q001108210201	2022-01-20	10:30:05	74822	天口味南瓜	0.536	1.48	免排队收银
HY00004	00195q001108210201	2022-01-20	10:30:05	2010404060220	精选紫苏叶	1	3.90	免排队收银
HY00004	00195q001108210201	2022-01-20	10:30:05	2010404060193	精选芹菜	1	5.90	免排队收银
HY00004	00195q001108210201	2022-01-20	10:30:05	20122	石斑鱼	0.399	70.30	免排队收银

Sheet1

平均值=19.131183350493 计数=1828 求和=1万7466.770399

图 4-10 商品交易原始记录

第二步：统计汇总。根据收集的相关数据统计汇总出需求的内容，重点计算销售额、累计销售额百分数等。以 Excel 为例，需要先用数据透视表将每个单品对应的销售金额进行统计，然后将销售金额按照降序进行排列，并分别计算单品的销售金额占比、累计销售占比等情况，如图 4-11 所示。

第三步：商品归类。按照累计销售占比，累计销售占比前 50%的属于 A 类商品，累计销售占比 50%～90%的为 B 类商品，累计销售占比 90%～100%的为 C 类商品，如图 4-12 所示。

品名	求和项:金额	销售金额占比	累计销售金额占比
体验厨房	750.00	4.29%	4.29%
香港元朗荣华双黄白莲蓉月饼	656.00	3.76%	8.05%
13元快餐	585.00	3.35%	11.40%
植物益生八珍	476.00	2.73%	14.12%
康达尔圆香黑猪龙骨	427.39	2.45%	16.57%
CD3NH可米小子每日坚果A	337.80	1.93%	18.50%
五丰稻花香米	287.90	1.65%	20.15%
天优开心果	239.70	1.37%	21.53%
青海高原羊排	235.63	1.35%	22.87%
简单烹饪配菜4	217.80	1.25%	24.12%
天优东北红松子	209.70	1.20%	25.32%
风中皇清远皇后鸡	206.80	1.18%	26.51%
伊利金典纯牛奶	202.31	1.16%	27.66%
康达尔圆香黑猪瘦肉	190.03	1.09%	28.75%
天优盐焗开心果	179.70	1.03%	29.78%
卤水快餐	165.00	0.94%	30.73%
壹号土牌鸡(整只)	146.00	0.84%	31.56%
壹号土牌鸡（ZZ）	144.22	0.83%	32.39%
黄花鱼	132.00	0.76%	33.14%
大班冰皮迷你粉红番石榴柚子绿豆蓉月饼	132.00	0.76%	33.90%
双枪合金筷KZ4481	119.80	0.69%	34.58%
鲜乳鸽	117.00	0.67%	35.25%
提子燕麦片	115.20	0.66%	35.91%
11元快餐	110.00	0.63%	36.54%
石斑鱼	103.10	0.59%	37.13%
铂玫男士长袖印花上衣16f	99.00	0.57%	37.70%
m益力多牌乳酸菌乳饮品	98.10	0.56%	38.26%
口口牌柬埔寨香米	89.90	0.51%	38.78%
张小泉斩骨刀ZG-175	88.00	0.50%	39.28%
华朴徐香猕猴桃(中果)	83.50	0.48%	39.76%
壹号土鸭	79.23	0.45%	40.21%
卡士活菌酸奶	78.00	0.45%	40.66%
金凯山庄绿色鸡蛋(20枚)	77.40	0.44%	41.10%
纳维女内裤（无痕）17S	76.90	0.44%	41.54%
伊泽卤猪耳	73.09	0.42%	41.96%
雀巢咖啡1+2特浓30条装NX	72.40	0.41%	42.38%
天优巴旦木仁	69.90	0.40%	42.78%
丫良记金轮金香系列泰香香米	69.90	0.40%	43.18%
天口味138清远鸡	69.80	0.40%	43.58%
爱登简约卡通系列电暖袋	69.00	0.40%	43.97%
风中皇乌凤鸡	68.00	0.39%	44.36%
康达尔圆香均价肉A	66.37	0.38%	44.74%
蒙牛纯甄酸牛奶NXNC3	66.00	0.38%	45.12%
天优腰果	65.90	0.38%	45.49%
伊泽滋味鸭(份)	65.60	0.38%	45.87%
蒙牛苗条装特仑苏纯牛奶 NX	65.00	0.37%	46.24%
多宝鱼	64.90	0.37%	46.61%
三文鱼头	64.90	0.37%	46.99%

Sheet3 Sheet1 Sheet2

平均值=0.801006564836 计数=559 求和=446.9616631786

图 4-11 商品销售金额及占比数据

品名	求和项:金额	销售金额占比	累计销售金额占比	商品类别
体验厨房	750.00	4.29%	4.29%	A类商品
香港元朗荣华双黄白莲蓉月饼	656.00	3.76%	8.05%	A类商品
13元快餐	585.00	3.35%	11.40%	A类商品
植物益生八珍	476.00	2.73%	14.12%	A类商品
康达尔圆香黑猪龙骨	427.39	2.45%	16.57%	A类商品
CD3NH可米小子每日坚果A	337.80	1.93%	18.50%	A类商品
五丰稻花香米	287.90	1.65%	20.15%	A类商品
天优开心果	239.70	1.37%	21.53%	A类商品
青海高原羊排	235.63	1.35%	22.87%	A类商品
简单烹饪配菜4	217.80	1.25%	24.12%	A类商品
天优东北红松子	209.70	1.20%	25.32%	A类商品
风中皇清远皇后鸡	206.80	1.18%	26.51%	A类商品
伊利金典纯牛奶	202.31	1.16%	27.66%	A类商品
康达尔圆香黑猪瘦肉	190.03	1.09%	28.75%	A类商品
天优盐焗开心果	179.70	1.03%	29.78%	A类商品
卤水快餐	165.00	0.94%	30.73%	A类商品
壹号土牌鸡(整只)	146.00	0.84%	31.56%	A类商品
壹号土牌鸡（ZZ）	144.22	0.83%	32.39%	A类商品
黄花鱼	132.00	0.76%	33.14%	A类商品
大班冰皮迷你粉红番石榴柚子绿豆蓉月饼	132.00	0.76%	33.90%	A类商品
双枪合金筷KZ4481	119.80	0.69%	34.58%	A类商品
鲜乳鸽	117.00	0.67%	35.25%	A类商品
提子燕麦片	115.20	0.66%	35.91%	A类商品
11元快餐	110.00	0.63%	36.54%	A类商品
石斑鱼	103.10	0.59%	37.13%	A类商品
铂玫男士长袖印花上衣16f	99.00	0.57%	37.70%	A类商品
m益力多牌乳酸菌乳饮品	98.10	0.56%	38.26%	A类商品
口口牌柬埔寨香米	89.90	0.51%	38.78%	A类商品
张小泉斩骨刀ZG-175	88.00	0.50%	39.28%	A类商品
华朴徐香猕猴桃(中果)	83.50	0.48%	39.76%	A类商品
壹号土鸭	79.23	0.45%	40.21%	A类商品
卡士活菌酸奶	78.00	0.45%	40.66%	A类商品
金凯山庄绿色鸡蛋(20枚)	77.40	0.44%	41.10%	A类商品
纳维女内裤（无痕）17S	76.90	0.44%	41.54%	A类商品
伊泽卤猪耳	73.09	0.42%	41.96%	A类商品
雀巢咖啡1+2特浓30条装NX	72.40	0.41%	42.38%	A类商品
天优巴旦木仁	69.90	0.40%	42.78%	A类商品
丫良记金轮金香系列泰香香米	69.90	0.40%	43.18%	A类商品
天口味138清远鸡	69.80	0.40%	43.58%	A类商品
爱登简约卡通系列电暖袋	69.00	0.40%	43.97%	A类商品
风中皇乌凤鸡	68.00	0.39%	44.36%	A类商品
康达尔圆香均价肉A	66.37	0.38%	44.74%	A类商品
蒙牛纯甄酸牛奶NXNC3	66.00	0.38%	45.12%	A类商品
天优腰果	65.90	0.38%	45.49%	A类商品
伊泽滋味鸭(份)	65.60	0.38%	45.87%	A类商品
蒙牛苗条装特仑苏纯牛奶 NX	65.00	0.37%	46.24%	A类商品
多宝鱼	64.90	0.37%	46.61%	A类商品
三文鱼头	64.90	0.37%	46.99%	A类商品
康达尔圆香黑猪猪手	64.49	0.37%	47.35%	A类商品
天农慈香清远鸡	63.90	0.37%	47.72%	A类商品
农夫山泉天然水量贩装NC2	61.20	0.35%	48.07%	A类商品
天优精选香菇 NC2	59.90	0.34%	48.41%	A类商品
十八子作切片刀	59.90	0.34%	48.76%	A类商品
欧奴男士大红竹浆纤维三角裤17F	59.90	0.34%	49.10%	A类商品
SP清扬去屑洗发露（多效水润养护型）HN	59.90	0.34%	49.44%	A类商品
★滴露消毒液	59.80	0.34%	49.79%	A类商品
精选芹菜	59.60	0.34%	50.13%	B类商品

Sheet3 Sheet1 Sheet2

平均值=0 计数=559 求和=0

图 4-12 商品 ABC 分类

第四步：编制 ABC 分析图表。根据统计汇总的数据制定 ABC 分析表格，并绘制相应图表，如图 4-13 所示。

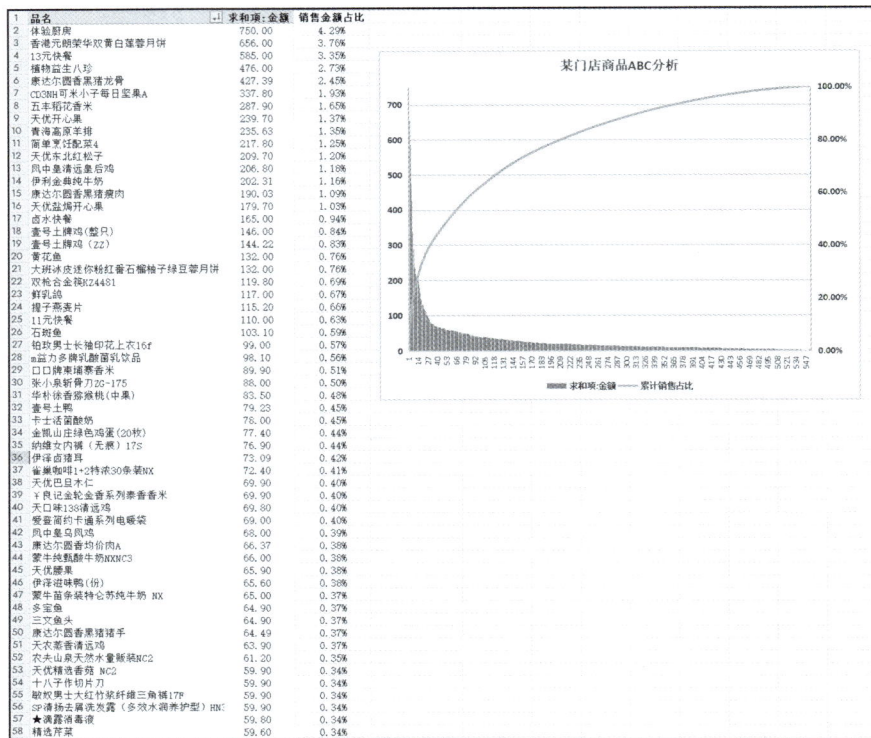

图 4-13　商品 ABC 分析

第五步：结构分析。对照表 4-34，判断企业 ABC 结构是否合理。

表 4-34　某企业商品 ABC 分析表

商品类型	数量	数量占比	销售金额	销售金额占比
A 类商品	57	10.31%	8 696.704 98	49.79%
B 类商品	235	42.50%	7 023.388 38	40.21%
C 类商品	261	47.20%	1 746.677 04	10.00%
合计	553	100.00%	17 466.770 40	100.00%

第六步：调整结构。根据分析结论，给出企业优化商品结构的建议。

根据上述 ABC 分析，可以发现，该门店商品中，A 类商品占比 10.31%，B 类商品占比 42.50%，C 类商品占比 47.20%，对照标准 ABC 分类，认为需要进行商品结构的优化。

任务实施

1. 基础任务

自选一家企业，收集商品销售等数据，按照 ABC 类分析法，对商品进行归类分析，填写表 4-35，并绘制商品 ABC 分析的帕累托图。

表 4-35　商品结构 ABC 分析

单品名称	求和:销售金额	销售金额占比	累计销售金额占比	商品类别

2. 提升任务

以小组为单位,对 3 家门店的商品结构进行诊断,并对照 ABC 分类标准,提出优化建议,填写表 4-36。

表 4-36　商品结构分析与品类优化建议

门店	商品 ABC 分析结果	品类优化建议

📨 任务考核

在本次任务完成后,综合各项表现和评分标准,填写表 4-37 和表 4-38。

表 4-37　评分标准

评价项目	分值	评分标准	得分
商品交易数据收集	30	数据收集内容完整,得 30 分;不符合要求的,酌情扣分	
商品结构 ABC 分析	30	结合 ABC 分类工作流程,分析有理有据,得 30 分;内容不完整的,酌情扣分	
策略建议	40	改进建议针对性强,可操作性高,得 40 分;改进措施可操作性差,不够全面,酌情扣分	
合　计			

表 4-38　综合成绩

任务形式	任务成果展现	个人自评 (20%)	小组互评 (30%)	教师点评 (50%)	合计
商品交易数据收集(30 分)					
商品结构 ABC 分析(30 分)					
策略建议(40 分)					
综合得分					

任务 3　关联分析,组合销售

▶ 任务描述

经过购物篮分析,公司发现虽然客流量较大,但是整体的营业状况不佳,最主要原因是购物篮系数太低,解决对策应该从提升关联销售入手。那么应该如何判断商品间的关联性?应该如何利用关联销售提升整体营业额呢?

▶ 任务分析

根据任务描述,购物篮系数提升需要充分挖掘商品间的关联性,实现组合营销,具体内容包括以下两个方面。

(1)掌握判断商品关联性的指标。

(2)掌握组合销售的策略。

▶ 学习准备

请搜集相关资料,列出可能存在关联的商品,并说明理由,填写表 4-39。

表 4-39　关联性商品

序号	关联商品	组合理由
1		
2		
3		

▶ 任务背景知识

案例分析:
啤酒与尿布

购物篮分析不仅可以对目标客群的消费行为特征进行归类,并进行精细化运营。同时,通过对用户消费记录数据分析,还可以挖掘商品之间的相关关系,可以为用户提供他们想要的搭配或套餐,从而做出有利于提升商品销售量的产品组合决策。

1. 商品关联的三度

如何从浩如烟海却又杂乱无章的数据中,发现类似“啤酒与尿布”的商品组合呢?通过什么样的指标体系来说明商品之间关联度的高低呢?商品关联的“三度”可以解决这一问题。

商品关联的“三度”,即支持度、可信度和提升度。

1)支持度

支持度就是所有交易中同时出现关联商品的概率。它的计算公式是:

$$支持度 = \frac{同时包含商品 A 和商品 B 的交易}{总交易} \qquad (4\text{-}9)$$

2)可信度

可信度是指在购买 A 商品的交易中有多少交易包含关联商品 B。它的计算公式是:

$$可信度 = \frac{同时包含商品 A 和商品 B 的交易}{包含商品 A 的交易} \qquad (4\text{-}10)$$

3)提升度

提升度是指商品 A 对商品 B 的销售额提升的影响程度。它的计算公式是:

$$提升度＝\frac{\dfrac{同时出现商品\ A\ 和商品\ B\ 的交易}{包含商品\ A\ 的交易}}{商品\ B\ 在总交易中出现的概率}＝\frac{可信度}{商品\ B\ 在总交易中出现的概率}\qquad(4\text{-}11)$$

具体的计算可以通过一个案例来进行说明。

假设有 10 000 个人购买了产品,其中购买 A 产品的人是 1 000 个,购买 B 产品的人是 2 000 个,AB 同时购买的人是 600 个。

支持度指的是关联的产品(假定 A 产品和 B 产品关联)同时购买的人数占总人数的比例,即 600/10 000＝6％,有 6％的用户同时购买了 A 和 B 两个产品。

可信度指的是在购买了一个产品之后购买另外一个产品的可能性,如购买了 A 产品之后购买 B 产品的可信度＝600/1 000＝60％,即 60％的用户在购买了 A 产品之后会购买 B 产品。

提升度就是在购买 A 产品这个条件下购买 B 产品的可能性与没有这个条件下购买 B 产品的可能性之比,没有任何条件下购买 B 产品可能性＝2 000/10 000＝20％,那么提升度＝60％/20％＝3。

当提升度＞1 时,就表示购买 A 再购买 B 的概率大于本身购买 B 的概率,就表示用户购买了 A 之后再购买 B 的意愿要比自然情况下购买 B 的意愿要强烈,组合 AB 商品会对 B 商品的销量带来提升。

当提升度＜1 时,则表示购买 A 再购买 B 的概率小于本身购买 B 的概率,就表示用户购买了 A 之后再购买 B 的意愿要比自然情况下购买 B 的意愿要低,组合 AB 商品会对 B 商品的销量带来降低。

当提升度＝1 时,则代表买 A 对买 B 没有影响,不会对 B 的销量带来提升或者降低。

在本例中,A 对 B 的提升度＝3,表示用户购买 A 后再购买 B 的概率是自然情况下购买 B 的概率的 3 倍,有较大的搭配价值,建议搭配。

2. 关联营销的方法

通过商品关联的三度计算,可以对商品之间的关系进行判断,并且可以根据这些指标来确定合适的组合搭配。通过关联营销,就可以实现商品的组合销售,在提高客单价的同时提升企业的经济收益。

关联营销是一种建立在双方互利互益的基础上的营销,在交叉营销的基础上,将产品、品牌等所要营销的东西上寻找关联性,来实现深层次的多面引导。在上述案例中,鲜花与板栗、奶茶、糖葫芦、烤红薯本来没有什么关联,但是在有温度的策划下,它们被放到了一起,反而引起人们的共鸣和认可,无疑是成功的关联营销的典型案例。

案例分析:
冬天里的
"四件套"

怎样建立商品的关联呢? 以下几种方法可以参考。

1) 互补商品关联

互补商品关联主要是利用商品之间的互补性进行关联。比如衣服,上衣与裤子、外套大衣与内搭毛衣、服饰与配饰等。通过将互补类产品放在一起,很容易促成关联下单,满足顾客一站式购物的需要。

2) 使用场景关联

使用场景关联主要是将可能在同一使用场景出现的商品进行关联。比如在疫情中,人们对个人健康更加关注,为了满足消费者的需求,部分商家推出了防疫套装组合,包括消毒液、表面清理消毒片、皮肤消毒纸巾、医用口罩和眼镜、医用橡胶手套、紧急医学事件报告单

等,这些物品都可以起到预防消除传染病等作用。

3)图片展示关联

图片展示关联主要是将具有关联的商品图片放在一起,提升消费者的关注度。如今网购已经成为重要的购物渠道,在网店运营的过程中,部分商家也会将关联产品放在一起进行展示,再配上对应的文案,来加强组合、关联的视觉效果,这样可以让消费者在选购商品的过程中,能够便捷进行选择,起到提升客单价的目的。

4)促销活动关联

促销活动关联主要是通过一定的促销方式,提升关联商品的交易。例如,在进行促销活动的过程中,把引流款商品与利润款商品进行关联,将部分流量比较大的引流款商品价格定得很低,以此来引导顾客购买利润较高的利润款商品。还有的商家为了清仓或者冲销量,会通过拼单返现、满减优惠券、凑单等方式,引导顾客多购买。

任务实施

1. 基础任务

自选企业,搜集商品销售数据,并利用商品三度分析,找到关联商品,填写表 4-40。

表 4-40　商品关联数据分析

商品－商品	支持度	可信度	提升度	关联判断与经营建议

2. 提升任务

以小组为单位,对三家门店的商品组合销售情况进行调研,并撰写调研报告,填写表 4-41。

表 4-41　商品组合销售情况调查

门店	关联营销情况	对比分析结论

任务考核

在本次任务完成后,综合各项表现和评分标准,填写表 4-42 和表 4-43。

表 4-42　评分标准

评价项目	分值	评分标准	得分
商品销售数据收集	20	数据收集 3 个以上,内容完整,得 20 分;不符合要求的,酌情扣分	
商品关联三度分析	40	结合商品三度分析,数据计算正确,分析有理有据,得 40 分;内容不完整的,酌情扣分	
策略建议	40	改进建议针对性强,可操作性高,得 40 分;改进措施可操作性差,不够全面,酌情扣分	
合　计			

表 4-43　综合成绩

任务形式	任务成果展现	个人自评 (20%)	小组互评 (30%)	教师点评 (50%)	合计
商品销售数据收集(20 分)					
商品关联三度分析(40 分)					
策略建议(40 分)					
综合得分					

任务 4　购物篮分析,分类管理

任务描述

经过一段时间的运营,企业已经积累了一定的客群和数据。那么如何从商品销售订单中洞察顾客消费特征,如何对不同客群进行分类管理呢?

任务分析

根据任务描述,需要从门店的订单交易数据入手进行购物篮分析,具体内容包括以下两个方面。

(1)掌握购物篮分析的流程。

(2)掌握针对购物篮矩阵不同象限的营销策略。

学习准备

以小组为单位,结合个人购物经历,列出近期个人购物篮的商品类别,进行简单个人消费分析,填写表 4-44。

表 4-44　个人购物篮的商品

序号	姓名	购物时间	商品种类	消费总结
1				
2				
3				

📋 **任务背景知识**

1. 购物篮的含义

购物篮是消费者在购物过程中,挑选好的商品暂时存放的地方,线下一般都有购物篮或者购物车,线上就是虚拟的购物车。一旦完成交易,购物篮中的商品就形成了交易订单。

购物篮分析是商品数据分析的重要内容。它关乎企业最终经营成效,也能够反映企业选品的效果。

(1)洞悉消费需求,便于精细管理。购物篮分析是指对消费者购物行为的数据进行分析,以找出消费者购物的规律和习惯,从而更好地为企业提供精细化服务和优化运营策略。

(2)进行源头追溯,提高选品效能。一件商品从选品到上架到最终到达消费者手中,要经历很多环节,最终的结果无非是进入购物篮,顺利实现交易,或者与购物篮无缘,静静放置在货架最终被淘汰。通过购物篮分析,可以检验前期选品的成效。商品能够顺利进入购物篮,是企业运营关注的重点,也是选品成效的检验。

2. 购物篮分析矩阵

通过购物网站或门店的购物篮分析,探究商品的销售规律,为商家提供指导性的意见和改进方案。购物篮分析矩阵是基于购物篮个数和购物篮系数两个指标进行的分析。

1)购物篮个数

购物篮个数即订单个数,它能反映一定时期内购物者的购买频率。订单个数多,消费者相对来说,购物的频率较高。

2)购物篮系数

购物篮系数是指顾客的购物篮中平均有几件商品。对于零售企业来说,购物篮系数高,说明平均每个购物篮中的商品数量多,这是衡量购物篮质量的一个重要指标。

影响购物篮系数的因素有很多,如图 4-14 所示。

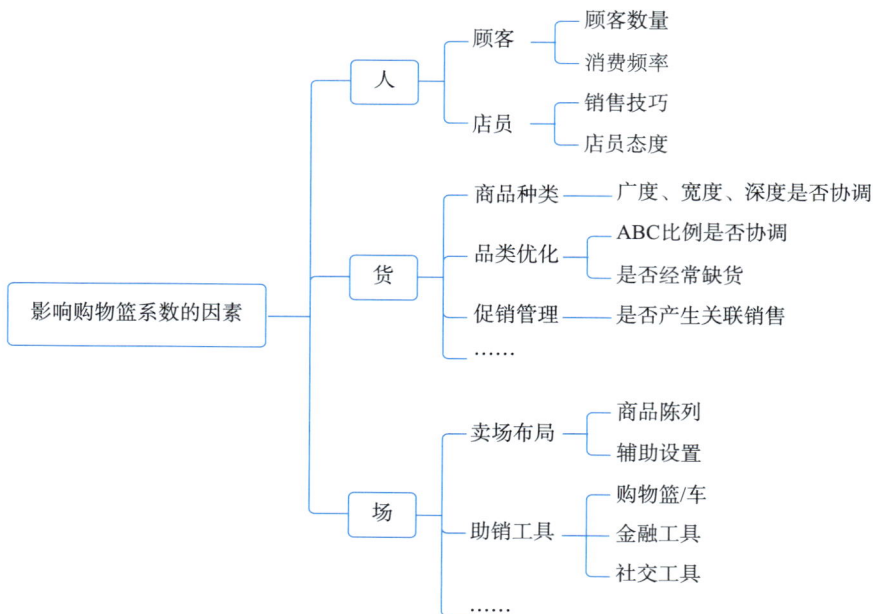

图 4-14　影响购物篮系数的因素

3)购物篮矩阵分析步骤

有了上述两个指标,就可以进行购物篮矩阵分析了,具体的分析步骤如下。

第一步:数据收集清洗,提取关键信息。通过数据收集,提取门店某段时期的交易信息,包括会员、订单号、商品、消费数量、消费金额等信息。如图 4-15 所示,会员 ID、销售单号、销售数量,是进行购物篮分析的关键信息。

会员ID	销售单号	销售日期	时间	条码	品名	销售数量	金额	订单类型
67738967	00195q000607323901	2021-10-02	13:45:03	6942536538623	天口味库尔勒母梨	1.00	23.90	免排队收银
67738967	00195q000607323901	2021-10-02	13:45:03	79411	多宝鱼	0.91	64.90	免排队收银
67738967	00195q000607323901	2021-10-02	13:45:03	2010404061112	精选芥兰	1.00	6.90	免排队收银
67738967	00195q000607323901	2021-10-02	13:45:03	2010404060360	精选生菜	1.00	6.90	免排队收银
67738967	00195q000607323901	2021-10-02	13:45:03	2010404060530	精选葱苗	1.00	4.80	免排队收银
67738967	00195q000607323901	2021-10-02	13:45:03	70372	本地白花菜	0.67	11.00	免排队收银
67738967	00195q000607323901	2021-10-02	13:45:03	327021	黄骨鱼	0.79	37.40	免排队收银
67738967	00195q000607323901	2021-10-02	13:45:03	6902088900507	家乐鸡粉促销装	1.00	7.90	免排队收银
67738967	00195q000607323901	2021-10-02	13:45:03	6920266603583	福荫山水豆腐	1.00	3.50	免排队收银
18066557	00195q001023700401	2021-12-30	09:45:04	6922266457364	清风原色系列3包中规抽纸	1.00	12.80	免排队收银
18066557	00195q001023700401	2021-12-30	09:45:04	35992	天口味脆骨	1.00	32.80	免排队收银
18066557	00195q001023700401	2021-12-30	09:45:04	6958444720029	有机菜心	1.00	14.80	免排队收银
18066557	00195q001023700401	2021-12-30	09:45:04	6922266450372	清风原木金装抽纸	1.00	19.80	免排队收银
18066557	00195q001023700401	2021-12-30	09:45:04	82475	现切伊泽卤猪耳	0.14	18.44	免排队收银
18066557	00195q001023700401	2021-12-30	09:45:04	2010404060274	精选新土豆	1.00	7.56	免排队收银
18066557	00195q001023700401	2021-12-30	09:45:04	6942536511077	FIFO塑料背心袋(PO新款)	1.00	0.40	免排队收银
18066557	00195q001023700401	2021-12-30	09:45:04	2010404001225	精选胡萝卜	1.00	4.90	免排队收银
18066557	00195q001023700401	2021-12-30	09:45:04	6908791101507	三全状元玉米蔬菜猪肉水饺	1.00	19.90	免排队收银
18066557	00195q001023700401	2021-12-30	09:45:04	6908791101521	三全状元冬菇鸡肉水饺CS2	1.00	19.90	免排队收银
18066557	00195q001023700401	2021-12-30	09:45:04	4891248061474	四海牛肉丸	1.00	10.90	免排队收银
18066557	00195q001023700401	2021-12-30	09:45:04	4891248060835	四海鱼丸	1.00	10.90	免排队收银
18066557	00195q001108217201	2022-01-20	10:30:05	6942536539385	天优东北红松子	1.00	69.90	免排队收银
18066557	00195q001108210201	2022-01-20	10:30:05	76424	优选供港上海青	1.00	6.90	免排队收银
18066557	00195q001108210201	2022-01-20	10:30:05	6954501302931	CD3NH可米小子每日坚果A	2.00	238.00	免排队收银
18066557	00195q001108210201	2022-01-20	10:30:05	76329	优选老姜	1.00	5.90	免排队收银
18066557	00195q001108210201	2022-01-20	10:30:05	82106	伊泽分切脱骨酱猪手	0.34	39.77	免排队收银
18066557	00195q001108210201	2022-01-20	10:30:05	71358	高原西兰花	0.46	3.64	免排队收银
18066557	00195q001108210201	2022-01-20	10:30:05	2010404060530	精选葱苗	1.00	3.90	免排队收银
18066557	00195q001108210201	2022-01-20	10:30:05	50219	风中皇清远皇后鸡	1.00	79.00	免排队收银
18066557	00195q001108210201	2022-01-20	10:30:05	74822	天口味南瓜	0.54	1.48	免排队收银
18066557	00195q001108210201	2022-01-20	10:30:05	2010404060220	精选紫苏叶	1.00	3.90	免排队收银
18066557	00195q001108210201	2022-01-20	10:30:05	2010404060193	精选芹菜	1.00	5.90	免排队收银
18066557	00195q001108210201	2022-01-20	10:30:05	20122	石斑鱼	0.40	70.30	免排队收银

Sheet3 Sheet4 Sheet1 +

平均值=1811万5712.251347 计数=2742 求和=330亿7929万0570.959

图 4-15 商品交易原始数据

第二步:经过数据清洗后,用数据透视表,提取购物篮分析关键信息,如图 4-16 所示。

第三步:根据购物篮系数的计算公式,还需要单独计算每个会员的购物篮系数,在 D2 输入公式“=D2/C2”,可得会员 67738967 的购物篮系数。下拉即可得到每个会员的购物篮系数,如图 4-17 所示。

会员编号	会员ID	购物篮个数	消费数量
1	67738967	1	8.36
2	18066557	7	73.43
3	28695133	27	76.86
4	28726475	1	8.80
5	28768865	2	17.87
6	30011813	1	1.00
7	30154605	5	6.00
8	30392521	7	55.15
9	31385359	11	130.54
10	31721258	10	55.25
11	41553579	3	18.46
12	43634550	26	117.06
13	43718126	3	20.05
14	43994135	17	112.00

图 4-16 购物篮分析关键信息

会员编号	会员ID	购物篮个数	消费数量	购物篮系数
1	67738967	1	8.36	8.36
2	18066557	7	73.43	10.49
3	28695133	27	76.86	2.85
4	28726475	1	8.80	8.80
5	28768865	2	17.87	8.93
6	30011813	1	1.00	1.00
7	30154605	5	6.00	1.20
8	30392521	7	55.15	7.88
9	31385359	11	130.54	11.87
10	31721258	10	55.25	5.52
11	41553579	3	18.46	6.15
12	43634550	26	117.06	4.50
13	43718126	3	20.05	6.68
14	43994135	17	112.00	6.59

图 4-17 购物篮个数与系数

第四步:计算平均购物篮个数和平均购物篮系数。平均购物篮系数=总的消费数量/总的订单数。根据计算公式,可得上述 14 位会员的平均购物篮个数为 8.64,平均购物篮系数为 5.79。

第五步:绘制购物篮分析矩阵图。选择“购物篮个数”与“购物篮系数”两列数据,插入散点图,即可得到购物篮分析矩阵,如图 4-18 所示。

第六步:图形可视化操作。

(1) 单击图表元素,取消网格线,如图 4-19 所示。

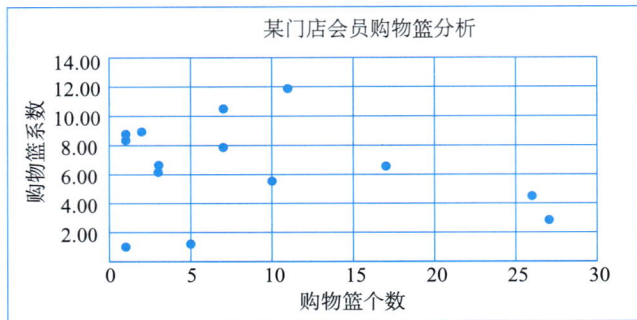

图 4-18　购物篮分析散点图

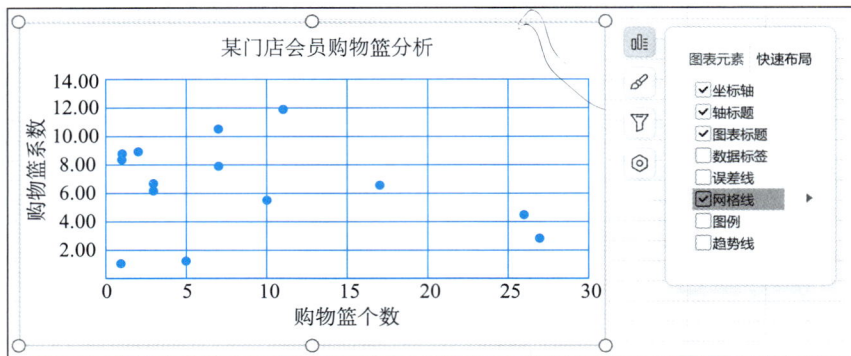

图 4-19　可视化操作——取消网格线

（2）设置横坐标轴格式。单击横坐标，右击，单击"设置横坐标格式"，将"坐标轴值"改为购物篮个数的平均值 8.643，将"标签位置"设置为无。同样对纵坐标的格式进行设置，如图 4-20 所示。

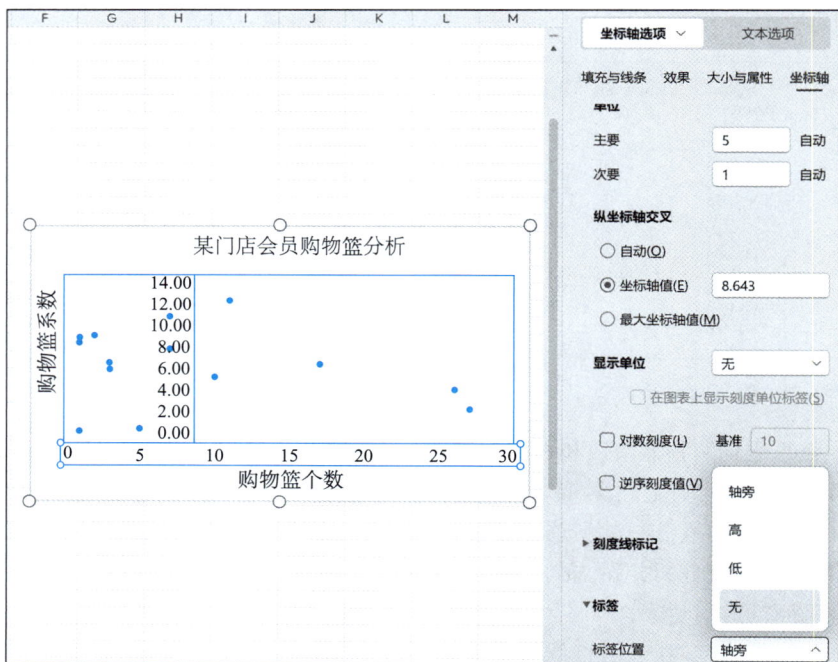

图 4-20　可视化操作——设置坐标轴格式

（3）设置图标的大小及形状。单击图标，单击右侧"数据标记选项"下的"内置"，可以对图标的类型、大小、颜色等进行设置，如图 4-21 所示。

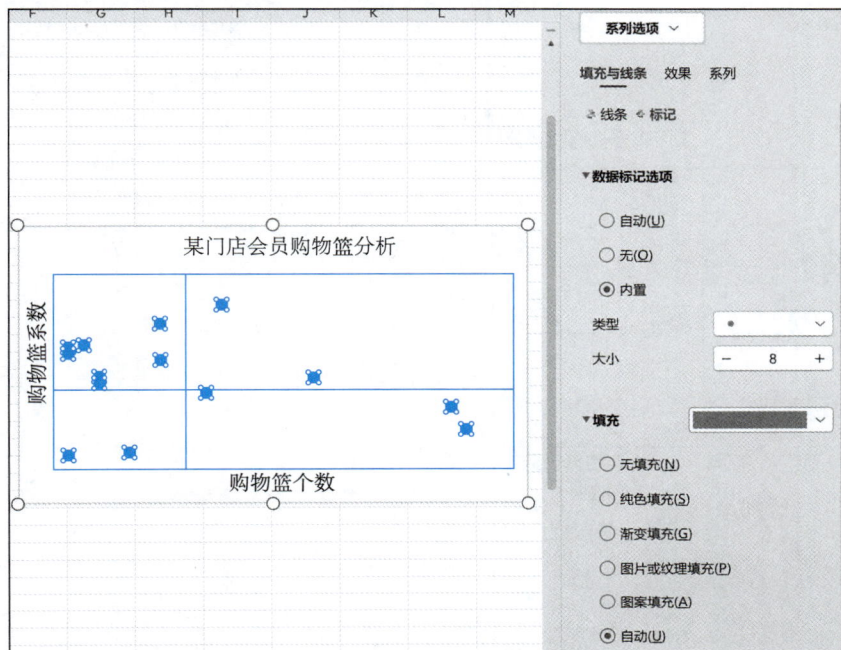

图 4-21　可视化操作——设置数据标记大小及形状

经过调整之后，每个象限的图标呈现不同的颜色，如图 4-22 所示。

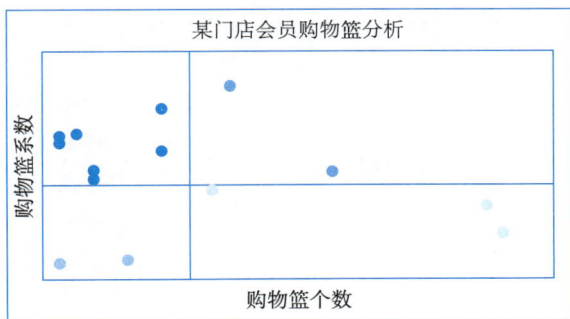

图 4-22　可视化操作——设置后的数据标记大小及形状

（4）添加数据标签。单击图表元素"数据标签"，如图 4-23 所示。

（5）此时默认的数据标签是购物篮系数，比较复杂，可以单击"设置数据标签格式"，在右侧标签选项中将标签设置为"单元格中的值"，然后设置为会员 ID，标签位置设置为"居中"，如图 4-24 所示。

（6）对矩形图的边框进行设置，单击添加线条，设置颜色。同时在坐标轴的两端插入文本框，标明箭头指向的高低，如图 4-25 所示。

通过分析，有以下发现。

第一象限：购物篮个数少，购物篮系数高。说明这类会员来的次数不多，但是平均购买数量还是比较多的，营销的重点任务就是促进多次购买。

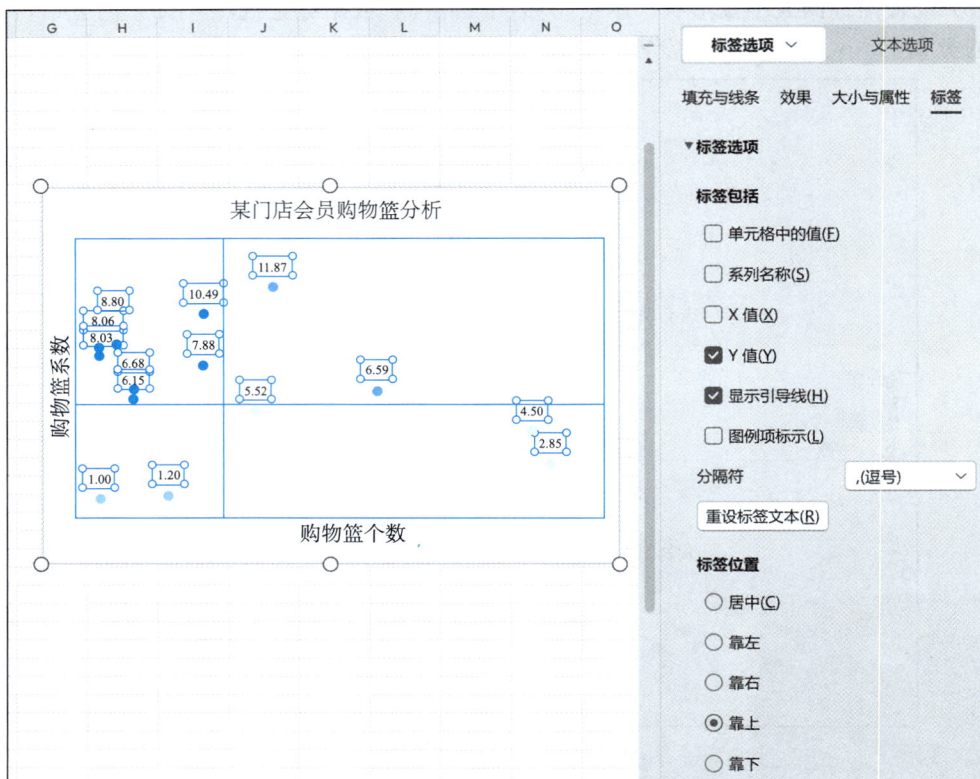

图 4-23　可视化操作——添加数据标签

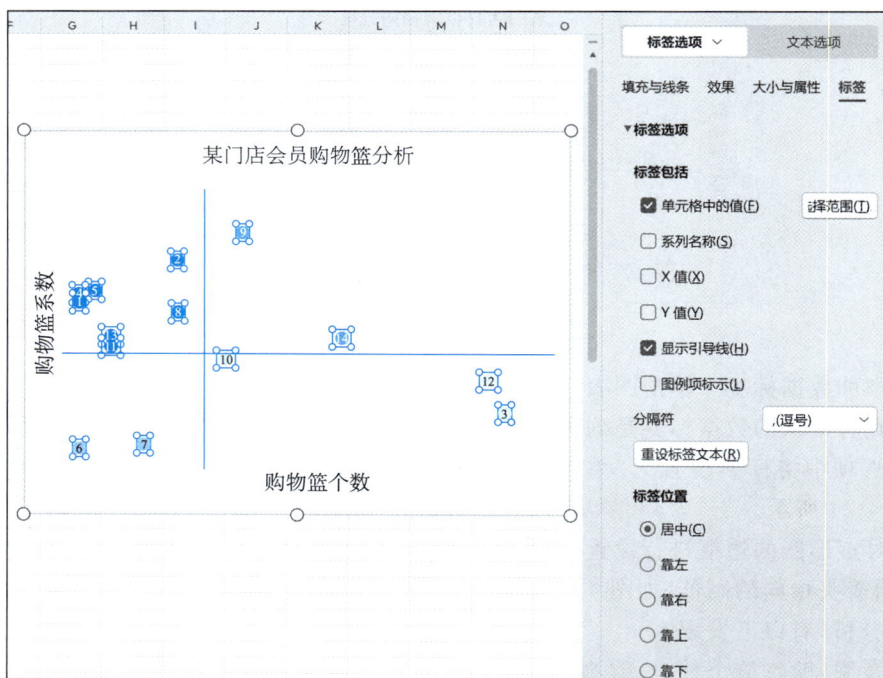

图 4-24　可视化操作——设置数据标签格式

某门店会员购物篮分析

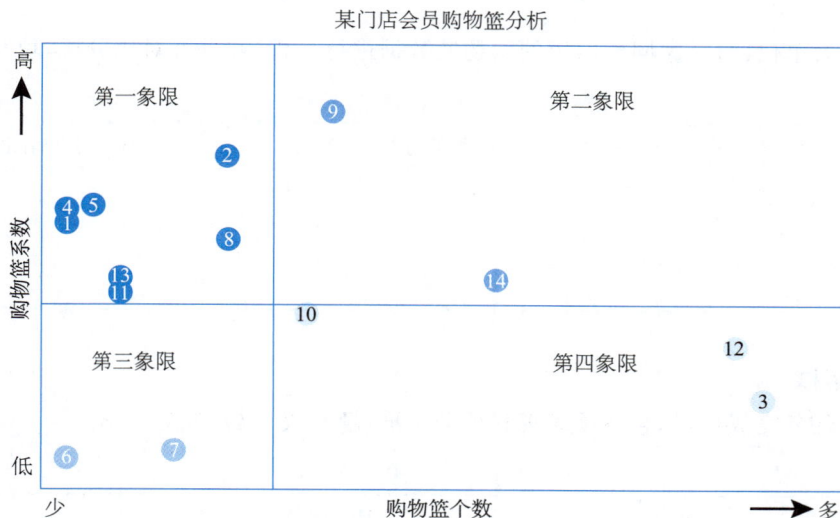

图 4-25　购物篮分析四象限矩阵

第二象限:购物篮个数多,购物篮系数高。这是门店销量及人气的主要来源,也是促销的主要对象。

第三象限:购物篮个数少,购物篮系数低。这基本属于边缘产品,人气低,同时平均每单消费数量也低,企业需要检讨商品是否符合市场需求。

第四象限:购物篮个数多,购物篮系数低。说明虽然来的人次不低,但是平均每单消费数量太少,需要通过关联销售提高购物篮系数。

通过购物篮分析,有助于把握消费者行为的规律特征,并根据这些行为表现,针对性地给出下一步运营策略。实际工作中,购物篮分析的作用还很多,比如还可以洞察商品之间的关系,从而便于进行商品组合等,后续任务中将进行介绍。

任务实施

1. 基础任务

自选一家零售企业,按照购物篮分析的流程,对该企业的购物篮进行分析,绘制会员购物篮分析矩阵,并根据数据分析结论给出对应的建议,填写表 4-45。

表 4-45　购物篮数据收集与分析

会员编号	购物篮个数	购物篮系数	结论建议

2. 提升任务

以小组为单位,对 3 家同类门店的购物篮数据进行分析,并进行对比分析,填写表 4-46。

表 4-46　不同门店购物篮对比分析

门店	购物篮分析	对比分析结论

任务考核

在本次任务完成后,综合各项表现和评分标准,填写表 4-47 和表 4-48。

表 4-47　评分标准

评价项目	分值	评分标准	得分
商品销售数据收集	20	数据收集 3 个以上,内容完整,得 20 分;不符合要求的,酌情扣分	
购物篮对比分析	40	结合购物篮分析的方法,对不同象限的顾客行为分析有理有据,得 40 分;内容不完整的,酌情扣分	
策略建议	40	改进建议针对性强,可操作性高,得 40 分;改进措施可操作性差,不够全面,酌情扣分	
合　　计			

表 4-48　综合成绩

任务形式	任务成果展现	个人自评（20%）	小组互评（30%）	教师点评（50%）	合计
商品销售数据收集(20 分)					
购物篮对比分析(40 分)					
策略建议(40 分)					
综合得分					

模块三　全链运营,提升效率

　　无论是线上门店还是线下门店,需求预测和库存管理都是企业成本控制的重要因素。尤其对于连锁类、多电商平台运营、多配送中心运营的门店来讲,利用数据分析,可以预测不同商品未来的需求量,从而优化库存管理,避免库存积压或者缺货,提高资金利用效率。那么,企业如何进行需求预测和库存管理呢?

任务1　掌握方法,需求预测

任务描述

小王在一家零售连锁型企业上班,该公司实行全渠道管理,不但在线下有零售门店,而且在线上多家电商平台还有若干家旗舰店。公司长期面临库存成本居高不下的困扰,曾经公司考虑过减少库存,尽管预留了到货时间,但是依然面临货物配送迟到导致缺货。但是如果为了避免缺货而提升库存水平,又会面临库存成本居高不下,部分库存过期的风险。那么如何才能避免这种进退两难的情况呢?

任务分析

根据任务描述,该公司需要做好两方面的分析,一个是需求预测,利用网络信息技术,对不同地区、不同门店、不同商品的历史销售数据进行深入分析,从而准确预测出不同商品的需求趋势;另一个是库存管理,使该公司能够在不同仓库之间进行合理调配库存,降低库存成本,更快速满足用户的购买需求。

具体内容包括以下两个方面。

(1)掌握需求预测相关知识。

(2)掌握需求预测方法的使用。

学习准备

以小组为单位,对某企业的产品订单与销售情况进行数据收集,对其存在的问题进行分析,并给出策略建议,填写表4-49。

表4-49　企业的产品订单与销售情况

产品	订单	销售	问题分析	策略建议
1				
2				
3				
4				
5				

任务背景知识

在学习背景知识之前,需要大家思考一个问题:为什么要预测?答案很简单,供应链的响应能力有限,或者说,在响应成本一定的情况下,供应链的响应速度有限。例如,早上起来刷牙,打开水龙头,水就来了,响应周期为0,响应能力无限,所以无须提前预测用水量。要预测的根本原因是供应链响应能力有限,响应周期越长,响应能力越有限,对需求预测依赖程度就越高,这也意味着需求预测要做得越早;而需求预测越早,准确度就越低。所以,缩短供应链的响应周期,提高供应链的响应能力,是提高需求预测准确度、更好匹配需求与供应的关键。

1. 认识需求预测的重要性

所有企业都要做预测,都关注需求预测,因为预测是供应链的原始驱动力。供应链要么是订单驱动(拉),要么是预测驱动(推)。其实不管是订单驱动还是预测驱动,从整个供应链的角度来看,最终都是预测驱动,因为订单实际上是对未来需求的预测,而这个预测又成为生产或供应计划的基础。需求预测对零售企业尤为重要,尤其在以下几个方面。

1)优化库存管理

准确的需求预测可以帮助零售企业优化库存管理。通过预测客户需求,企业可以避免过多或不足的库存。过多的库存会导致资金占用和滞销,而库存不足则可能导致错失销售机会和顾客流失。

2)优化订单管理

需求预测有助于零售企业进行有效的订单管理。准确预测需求能够帮助企业及时制订和调整订单计划,合理安排采购、生产和物流等供应链环节,从而确保及时交付产品,提高客户满意度。

3)为营销决策提供依据

需求预测为零售企业的营销决策提供依据。准确了解客户需求,可以帮助企业有针对性地开展产品开发、价格策略、促销活动和市场推广等。有效的需求预测可帮助企业更好地满足客户需求,提高销售额和市场份额。

4)辅助供应链管理

需求预测在供应链管理中扮演关键角色。通过清楚了解未来需求,零售企业可以合理规划供应链流程,包括采购、生产、运输和库存等。精确的需求预测可以降低供应链风险、提高效率和协调各环节的协作。

5)辅助成本控制

准确的需求预测有助于零售企业进行成本控制。通过深入了解客户需求和购买行为,企业可以优化采购计划、生产安排和库存管理,避免过多的资源投入和浪费,从而降低成本并提高盈利能力。

2. 了解需求预测的基础逻辑

需求预测的核心逻辑是"从数据开始,由判断结束"。

1)数据的类型

数据往往可分为三大类,分别为事务数据、计划数据、外来数据。

(1)事务数据。事务数据是操作层面的数据,比如围绕订单、工单、产品的进出库数据,是 ERP 里最原始、最基本的数据。例如,在 SAP 中,物料的每一次移动、由谁移动、从哪个库位到哪个库位,都有清晰的记录。

(2)计划数据。事务数据经过一定的整理、清洗,剔除非重复性质信息的数据之后被称为计划数据,最简单的操作是利用 Excel 对数据二次处理,整理出基于历史需求的规律。比如把需求历史数据按日、按周或按月汇总,按照产品线、产品、SKU 分解,剔除其中的一次性需求等,就成为计划用的数据,供进一步的数据分析。

(3)外来数据。外来数据则来自第三方平台,比如电商平台、销售终端等。这些外来数据更加真实地反映了需求,价值更高,当然也更难获取。

对于企业而言,很大的一个挑战是有事务数据,因为事务数据是 ERP 系统的原始记录,但是没有统一的计划数据。计划数据不单是计划职能用,每个企业的管理者都在做计划。比如生产要用计划数据,来规划未来的产能;仓储要用计划数据,来规划仓库的容量;物流要用计划数据,来计划物流费用;采购得用计划数据,制订采购计划,跟供应商谈定价格;财务也用计划数据,来模拟现金流;销售用计划数据,来预测营收,及时安排促销、活动等。但是这就产生了新的问题,数据来源、格式都不同,很多时间花在确认数据上,效率低下,难以达成共识。

解决方案就是:构建统一的计划数据,形成各职能的共同语言。数据库放到统一的服务器或者云端,与各职能数据同步,实时更新。

2）数据的分析

共同的计划数据,不但降低了职能与职能、总部与分部的沟通成本,而且减少了原始数据出错的概率,提高了决策质量。在这样的数据基础上,计划人员就跟医生看病一样,先分析已经发生什么(现状),再分析可能发生的情况(预测),最后提出指导性的建议(行动方案)。这分别叫作描述性分析、预测性分析和建议性分析,构成"从数据开始"中的三大分析。

（1）描述性分析,是什么,或者已经发生了什么。该过程是以一个上帝的视角"目睹"过去时间中公司完成的交易,并发现数据的周期性、季节性、趋势性等,帮助理解需求的大小。

（2）预测性分析,可能发生什么。基于描述性分析,结合数理统计的知识预判未来走势,即由历史需求延伸至未来需求。比如需求呈现季节性,那就可以根据过往数据,预测未来数个季度的需求。值得注意的是,预测性分析是基于数理统计的,比如需求在多大概率下,会落在某个区间里。

（3）建设性分析,是在前两者的基础上,建议的改进方案。以医生看病为例:描述性分析就如"望闻问切",预测性分析是预判病情的走向,而建议性分析则是开药方。描述性分析着眼"已经发生的",预测性分析着眼"可能发生的",建议性分析则是回答"怎么办"的问题,为不确定的未来指出一定确定性的行动方案。

3）数据与判断

在现实中,企业往往会不定期举行产品线上线下活动,加上不同的渠道政策,致使需求变动性大,因此,一个完整的需求预测包含"存量"预测与"增量"预测。

存量就是经常性的业务量。例如,有个小饭馆,每天中午大概有 50 人来吃饭这就是存量。增量是变化的部分,如附近的公司办活动,要多订 30 份盒饭,对这个小饭馆来说就是增量。"从数据开始"指的是存量,"由判断结束"指的是增量。一线销售人员对增量更感兴趣,因为和提成挂钩,对存量不感兴趣是因为存量就是维持现状,提成已经拿过了。因此,问销售人员"未来三个月的销量是多少"不如问"未来三个月需求大概变化多少",销售人员可能会回答"要过春节了,客户会提前备料,所以下月的需求会提高 30%,节后的一个月会降低 30%"。

数据分析提供了一个作为需求预测中"存量"成分的答案,而判断则是针对"增量"成分。由于对接"增量"的人员具有单一性,因此"增量"预测需具有针对性。即判断分别由对接大客户、渠道客户、零星散户的工作人员完成,同时说明得出此判断的依据。

数据知道已经发生过的,不知道尚未发生的;对于已经发生的,如果重复性高,数据分析能做到精益求精;但对没有发生过的,却难以避免大错特错。人正好相反,很难在重复性的事情上做到精益求精,却能在不重复的事情上避免大错特错。这就是"由判断结束",把数据的智慧和人的判断结合起来。

3. 掌握需求预测的方法

需求预测基于两点特性：一是时间序列的延续性（也叫连贯性）；二是变量之间的相关性（也叫类推性）。计划者的任务，一方面是分析历史数据，总结这样的延续性、相关性，另一方面是应用这样的关联性，对未来做出预判，指导供应链执行提前准备。常见的定量预测方法有三种，包括移动平均法、指数平滑法和霍尔特指数平滑法。这三种方法加上它们的变种，如果应用得当，能够解决大部分需求预测问题。

案例分析：数据远比我们想象的多

1）时间序列的预测：移动平均法

移动平均法是用一组最近的历史需求来预测未来一期或多期的需求。这是时间序列预测最常用的方法之一。当每期的历史需求权重一样的时候，就叫作简单移动平均（一般简称为移动平均）；当权重不同的时候，就叫作加权移动平均。在加权移动平均中，需求历史越近，权重一般越大，也就是说，更重视最新的数据。所有的权重加起来等于 1。

顾名思义，移动平均法通过平均多个数值，消除需求波动中的随机因素。这种方法简单易行，在需求既不快速增长，也不快速下降，没有季节性、周期性的情况下，相当不错。在这种情况下，实际需求有时候高，有时候低，如果前一段时间高，后一段时间就可能低，通过取平均值，高低值互相抵消，就可以得到更加平稳、更加准确的预测值，也让需求预测更平滑，从而提高供应链的执行效率，降低运营成本。

该方法适用于需求相对平稳，没有趋势和季节性的产品。一般期数越多，预测越平缓，但对需求的灵敏度慢；期数越少，预测越灵敏，但“噪声”越大，增加更多运营成本。

下图是 A 企业近一年的市场需求，需要以三个月为计算周期预测下个月的需求量。

在 C4 单元格输入＝AVERAGE(B2:B4)。复制到 C13 单元格。此时 C 列所得的结果就是这组需求额以三个月为周期的移动平均值，其中最后一个单元格 C13 的移动平均值，就是下一个月的需求额预测值，如图 4-26 所示。

	A	B
1	月份t	需求Dt
2	1	8000
3	2	13000
4	3	23000
5	4	34000
6	5	10000
7	6	18000
8	7	23000
9	8	38000
10	9	12000
11	10	13000
12	11	32000
13	12	41000

	A	B	C
1	月份t	需求Dt	预测值
2	1	8000	
3	2	13000	
4	3	23000	14666.67
5	4	34000	23333.33
6	5	10000	22333.33
7	6	18000	20666.67
8	7	23000	17000.00
9	8	38000	26333.33
10	9	12000	24333.33
11	10	13000	21000.00
12	11	32000	19000.00
13	12	41000	28666.67

图 4-26　移动平均法预测表

2）时间序列的预测：指数平滑法

在预测时间序列上，指数平滑法是另一种常用的方法。该方法最先由布朗提出，他认为时间序列的态势具有稳定性或规则性，所以可被合理地顺势推延；最近发生的，在某种程度上会持续到最近的未来，所以历史信息越新，其所占权重也越大。指数平滑法其实是一种特殊的移动平均法，是一种加权移动平均，特点是权重按照几何数级递减，越老的数据权重越小。

与移动平均法一样，简单指数平滑法用来预测下一步，把下一步的预测当作未来各期的预测,因此最适用于没有明显的趋势、周期性平缓的情形。用 X 代表实际需求,F 代表预测。那么,X_t 就是第 t 期的实际需求,F_{t+1} 就是下一期的预测,其中一部分来自上期实际值,剩余部分来自上期预测值,也就是说,是上期实际值与预测值的加权平均式(4-12)。用另一种形式表述,就是下期的预测是在上期预测的基础上,根据误差做出一定的调整式(4-13)。两种表述,区别只是形式上的,而实质内容是一样的。

$$F_{t+1} = aX_t + (1-\alpha)F_t \tag{4-12}$$
$$F_{t+1} = F_t + \alpha(X_t - F_t) \tag{4-13}$$
$$0 \leqslant \alpha \leqslant 1$$

通过调整平滑系数 α,就可以调整上期实际与预测值的权重:α 越大,上期实际值的权重越大,上期预测值的权重越小,预测模型表现得越灵敏,越能尽快反映实际变化,当然也越受随机因素影响,带给供应链的波动也越大;α 越小,上期实际值的权重越小,上期预测值的权重越大,越多的变动被当作"杂音"过滤掉,预测也表现得越平稳,给供应链的运营成本越低,但风险是没法及时响应市场的需求变化。这种方法适合用于预测没有明显趋势和季节性的时间序列,擅长爆款和备件领域的分析预测。爆款是典型的近期优先,即昨日的实际需求对明日的需求有极大的引导作用,早些时候的需求对预测的作用大幅递减,所以也不怎么考虑更早时间的情况。

下列数据样本是某门店 2023 年前 9 个月的销售数据,现对 10 月份销售作出预测,Excel 指数平滑操作步骤如下。

(1)单击 Excel 中"数据"-"数据分析"菜单,对话框如图 4-27 所示。

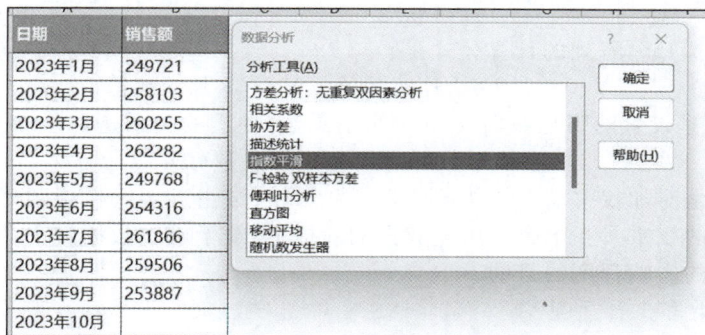

图 4-27　指数平滑预测 1

(2)选择"指数平滑",打开设置窗口,如图 4-28 所示。

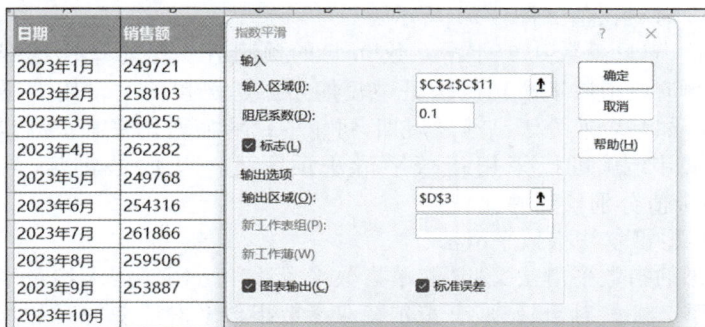

图 4-28　指数平滑预测 2

输入区域:选择销售额列。

阻尼系数:录入 0.1(稍后解释)。

输出区域:选择当前 Sheet 的空白单元格。

同时输出图表和标准误差。

(3) 设置完成点击确定后,得到预测结果,设置格式后如图 4-29 所示。

(4) 拖动 9 月预测值和标准误差公式至 10 月单元格,得到 10 月预测值,选中 10 月预测值单元格,可以看到公式,如图 4-30 所示。

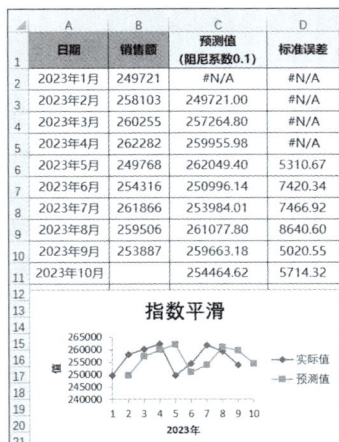

	A	B	C	D
1	日期	销售额	预测值(阻尼系数0.1)	标准误差
2	2023年1月	249721	#N/A	#N/A
3	2023年2月	258103	249721.00	#N/A
4	2023年3月	260255	257264.80	#N/A
5	2023年4月	262282	259955.98	#N/A
6	2023年5月	249768	262049.40	5310.67
7	2023年6月	254316	250996.14	7420.34
8	2023年7月	261866	253984.01	7466.92
9	2023年8月	259506	261077.80	8640.60
10	2023年9月	253887	259663.18	5020.55
11	2023年10月		254464.62	5714.32

图 4-29　指数平滑预测 3

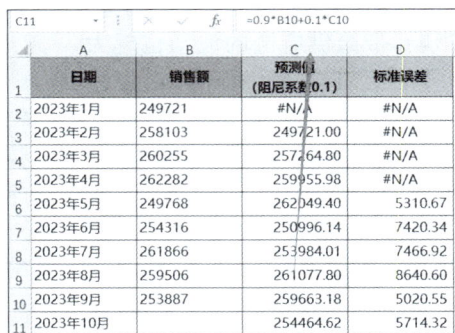

C11　　fx　=0.9*B10+0.1*C10

	A	B	C	D
1	日期	销售额	预测值(阻尼系数0.1)	标准误差
2	2023年1月	249721	#N/A	#N/A
3	2023年2月	258103	249721.00	#N/A
4	2023年3月	260255	257264.80	#N/A
5	2023年4月	262282	259955.98	#N/A
6	2023年5月	249768	262049.40	5310.67
7	2023年6月	254316	250996.14	7420.34
8	2023年7月	261866	253984.01	7466.92
9	2023年8月	259506	261077.80	8640.60
10	2023年9月	253887	259663.18	5020.55
11	2023年10月		254464.62	5714.32

图 4-30　指数平滑预测 4

预测值为 254 465,看到的计算公式是:

$$Y10=0.9×9 月实际值+0.1×9 月预测值$$

公式中,0.1 是设置的阻尼系数,0.9 为平滑系数,他们的关系是:

$$平滑系数(\alpha)=1-阻尼系数(\beta)$$

指数平滑法是对加权移动平均法的改良,特点是权数由近至远按指数规律递减,对较近的数据给予更大的权重。在不舍弃历史数据的前提下,给予历史数据较小的权重,达到逐渐减弱对现在预测的影响程度的目的。

(5) 阻尼系数多少合适呢?

① 如序列数据平稳、波动不大,阻尼系数建议 0.1～0.3。

② 如序列数据有明显的变化倾向,阻尼系数建议 0.4～0.9。

可以分别取多个值,比较不同系数下的标准误差值,然后选用误差小的那个值。阻尼系数为 0.1、0.3、0.6 时对比值如图 4-31 所示。

从预测结果看,阻尼系数 0.6(平滑系数 0.4)的预测值 256 565.27 标准误差最小,可以考虑使用这个预测值。指数平滑预测法是中短期发展趋势预测的常用方法,是比较有效的销售额预测方法。如某企业处于高速发展期,每年的销售额增长率都很高,属于在时间序列上波动很大的典型代表,可以采用指数平滑法预测下一年的销售额,阻尼系数建议采用 0.3～0.9 的多个值分别预测并比较。

3) 趋势的预测:霍尔特指数平滑法

第二种方法讲的指数平滑法又叫"简单指数平滑法",适用于需求相对平缓的情况,即没有明显的趋势或季节性。对于趋势,有霍尔特双参数指数平滑法来应对;对于季节性,有"霍尔特-温特模型"来应对。这里简单地介绍一下霍尔特双参数指数平滑法(以下简称"霍尔特法")。霍尔特法是在简单指数平滑系数 α 的基础上,增加了一个趋势的平滑系数 β,所以也

日期	销售额	预测值(阻尼系数0.1)	标准误差	预测值(阻尼系数0.3)	标准误差	预测值(阻尼系数0.6)	标准误差
2023年1月	249721	#N/A	#N/A	#N/A	#N/A	#N/A	#N/A
2023年2月	258103	249721.00	#N/A	249721.00	#N/A	249721.00	#N/A
2023年3月	260255	257264.80	#N/A	255588.40	#N/A	253073.80	#N/A
2023年4月	262282	259955.98	#N/A	258855.02	#N/A	255946.28	#N/A
2023年5月	249768	262049.40	5310.67	261253.91	5881.59	258480.57	7347.76
2023年6月	254316	250996.14	7420.34	253213.77	7426.25	254995.54	7474.84
2023年7月	261866	253984.01	7466.92	253985.33	6949.46	254723.72	6231.96
2023年8月	259506	261077.80	8640.62	259501.80	8067.34	257580.63	6516.20
2023年9月	253887	259663.18	5020.55	259504.74	4594.19	258350.78	4288.78
2023年10月		254464.62	5714.32	255572.32	5587.60	256565.27	4988.13

图 4-31　指数平滑预测 5

叫"双参数平滑法"。当 β 等于 0 的时候，霍尔特模型就成了简单指数平滑法。

在霍尔特双参数平滑法模型中，预测由两部分构成：一部分是水平部分，是在上期水平部分的基础上，用简单指数平滑法来更新；另一部分是趋势部分，是在上期趋势部分的基础上平滑调整，也用简单指数平滑法来更新；两者相加，就得到下期的预测。霍尔特法不但持续调整水平部分，而且持续调整趋势部分，在横向和纵向两维调整预测，所以能更好地应对趋势的变化。基本的公式分三部分，更多细节可以百度"霍尔特双参数指数平滑法"。

$$本期水平部分＝\alpha\times本期需求实际值＋(1+\alpha)\times(上期水平部分＋上期趋势部分) \tag{4-14}$$

$$本期趋势部分＝\beta\times(本期水平部分－上期水平部分)＋(1-\beta)\times上期趋期 \tag{4-15}$$

$$下期预期＝本期水平部分＋本期超期趋势 \tag{4-16}$$

课堂互动：

任务：头脑风暴，讨论如何做好更细更准的需求预测。

要求：各自找一家本土企业，从"为什么做""谁来主导""如何去做"三个方面讨论，要贴合实际，内容丰富，层次分明。

知识链接：预测的灵敏度和准确度

任务实施

1. 基础任务

以小组为单位，请计算：一家理发店的一天的营业额是多少？估算思路可参考：

$$营业额＝理发单价\times(营业时长/平均单次理发时长)\times理发师数量 \tag{4-17}$$

提交调查成果：暂不考虑客流量的情况下根据上图问题拆解问题，并给出详细的估算思路和过程，如图 4-32 所示。

2. 提升任务

图 4-33 是某门店 1—11 月的 A 产品需求量，请用指数平滑法对 12 月的销售作出预测，并绘出实际值和预测值的折线图。

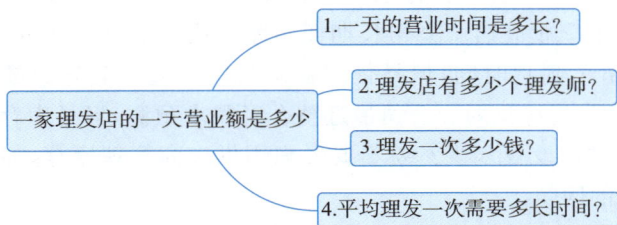

图 4-32　问题拆解

月份t	需求Dt
1	8000
2	13000
3	23000
4	34000
5	10000
6	18000
7	23000
8	38000
9	12000
10	13000
11	32000
12	

图 4-33　指数平滑法原始数据

任务考核

在本次任务完成后,综合各项表现和评分标准,填写表 4-50 和表 4-51。

表 4-50　评分标准

评价项目	分值	评分标准	得分
步骤合理	10	步骤拆分合理,拆分基于常识和经验,得 10 分;不符合要求,酌情扣分	
需求预测方法	20	采用"指数平滑法"进行需求预测,预测结论准确,得 20 分;内容不完整或有误,酌情扣分	
阻尼设置得当	40	能够根据序列数据的变化趋势,辨别阻尼系数,至少采用三组阻尼系数完成需求预测分析阻尼系数三组,且标准误差无误,得 40 分;内容不完整或有误,酌情扣分	
格式	20	格式整洁,任务展示美观大方,设计得当,得 20 分;反之,酌情扣分	
预测分析	10	能够完整进行预测分析,分析完整,逻辑清晰,得 10 分;反之,酌情扣分	
合　计			

表 4-51　综合成绩

任务形式	任务成果展现	个人自评（20%）	小组互评（30%）	教师点评（50%）	合计
步骤合理(10 分)					
需求预测方法(20 分)					
阻尼设置得当(40 分)					
格式(20 分)					
预测分析(10 分)					
综合得分					

任务 2　合理规划,库存管理

任务描述

　　小王在一家零售连锁型企业上班,该公司实行全渠道管理,不但在线下有零售门店,而且在线上多家电商平台也还有若干家旗舰店。公司长期面临库存成本居高不下的困扰,曾经公司考虑过减少库存,尽管预留了到货时间,但是依然面临货物配送迟到导致缺货的问题。而且公司流动资金很紧张,常常捉襟见肘。公司最近整合了需求预测,但是库存管理依然是个难题,安全库存应该如何设置,设置多少？要不要考虑用供应商管理库存,如何才能做出决策？这都是公司目前考虑的问题。

任务分析

根据任务描述,该公司已经对需求预测进行了整合,目前的主要问题就是如何进行库存计划和库存优化。量化不确定性,设置安全库存、计算再订货点都属于库存计划和库存优化的一部分,其主要目的就是为了提高企业的资金使用效率。因为库存占用了企业资金,库存周转越快,意味着资金的周转和利用效率就会越快。

具体内容包括以下两个方面。

(1)掌握安全库存的设定。

(2)计算再订货点。

学习准备

以本省本土企业为例,完善 10 种库存名称并举例,填写表 4-52。

表 4-52　企业库存

序号	库存名称	库存举例
1	原材料库存	
2	半成品库存	
3	产成品库存	
4	安全库存	
5		
6		
7		
8		
9		
10		

任务背景知识

在学习背景知识之前,需要大家思考一个问题:为什么要进行库存计划和库存优化呢?如果说需求预测是供应链的第一道防线,那么库存管理一定是供应链的第二道防线。安全库存可以用来对付需求的不确定性。很多人不喜欢库存,认为库存掩盖了众多的问题。其实,库存是供应链各环节上的黏合剂,除了应对不确定性、有效对接需求和供应外,还是实现规模效益、降低运营成本的关键。人们往往对库存谈虎色变,根本原因是没法有效管控库存风险,是库存计划和供应链管理能力不足的表现。

1. 库存的分类

依据不同的特性,库存的分类有很多,但从供应链角度而言,库存可以分成三大类。

1)周转库存

周转库存是由周转周期决定的,是供应链维持正常运转的库存。例如,从供应商到公司再到销售渠道,需要维持一定的库存量,以维持正常经营。这类库存的根源是周转周期。比如生产周期是 3 个星期,那生产线上就有 3 个星期的过程库存;运输周期是 28 天,那就意味着有 28 天的在途库存。

2）安全库存

安全库存是来应对需求的不确定性、供应的不确定性,以达到既定的客户服务水平(有货率)。比如需求波动、补货延迟、质量问题等。这类库存的根源是不确定性,以及对有货率(库存达成率)的要求。

3）多余库存

多余库存既不是支持正常运转,也不是用来应对不确定性。多余库存源自组织行为,比如订单取消、设计变更、预测失败等造成的呆滞库存,批量采购、批量生产、策略采购等造成的额外库存。所以控制多余库存必须从组织行为上着手,比如促进供应链上的信息共享,推动协同计划,预测和预补货,以及提高决策水平,这些都是防止多余库存的有效举措。

其中,安全库存是库存的关键构成,也是最难对付的库存。安全库存的高低由三个因素决定。

(1) 需求的不确定性——需求变动越大,需要的安全库存就越多。

(2) 供应的不确定性——供应越不确定,需要的安全库存就越多。

(3) 服务水平(有货率)——服务水平越高,安全库存水位也就越高。

前两个因素在操作层面就可确定,比如量化过往需求和供应的不确定性。但服务水平层面,比如客户的订单来了,百分之多少的情况下手头有货,百分之多少的情况下 3 天、5 天、7 天之内发货,貌似很细微琐碎,实则是公司运营策略的重要构成,显著影响运营成本和库存周转率,是战略层面的决策。

在企业里,周转库存一般会得到更多的关注。

$$周转库存 = 需求预测 \times 周转周期 \tag{4-18}$$

其中周转周期是恒值,对于作为变量的需求预测,总是有很多人盯着,根据实际需求和市场变化及时调整。但安全库存则不是。主要是因为人们不知道自己不知道,需求和供应的不确定性没有量化,服务水平也没有量化,在很多企业,安全库存的设置充满不确定性;所以轻易不去碰触。很多企业的安全库存的设置都是一刀切。

2. 安全库存设置步骤

1）量化需求的不确定性

企业需求有一定的可重复性。当需求相对稳定时,可以通过计算需求历史的不确定性,来估算未来需求的不确定性。需求的重复性是个重要的假设,也符合实践中的很多情况。比如平均需求是每周 100 个,但有时候是 120 个,有时候是 70 个。在数理统计上,需要用"标准差"来量化需求的不确定性。

在量化需求的不确定性时,要注意数据样本的大小:样本数太小,代表性就不好。这就如用一系列的点来模拟正态分布曲线——点数越多,画出的曲线就越准确。在计算安全库存时,一般会用 13 个星期的数据,即 13 个数据点。13 个星期是 3 个月,一个季度,在管理上比较常用,沟通起来比较容易。如果少于 13 个点,特别是少于 10 个数据点要模拟一个正态分布曲线就比较困难,准确度就可能打折。但也不是数据点越多越好,容易失去需求的代表性,特别是季节性明显的产品。

2）量化供应的不确定性

供应的不确定性主要指交期(订单发出至货物送达的时间差)的波动性。在企业的

ERP 系统里,围绕订单会有多个时间点,包括订单发出的日期和收到货物的日期。这两个日期的差值就是供应周期,也叫交期。比如供应商的标准交期是 4 个星期,但实际执行中可能出现延迟(如延长至 5 个星期),这种波动会直接影响库存的有货率(即需求到来时库存可立即满足的概率)。

有货率,简单地说,就是有需求时,库存能够现货满足需求的概率。如果不设置安全库存,光靠预测来驱动供应的话,有货率是 50%。直观的解释是,假设企业未设置安全库存,仅根据预测需求(如每日 100 个)进行补货,若实际需求超过 100 个,则部分需求无法满足;若实际需求低于 100 个,则库存可完全覆盖需求。在需求严格服从正态分布的前提下,超量或不足的概率各为 50%,因此理论有货率为 50%。

如图 4-34 所示,从一个公司抽取 10 个历史订单,统计每个订单的交期,围绕交期统计标准差,来量化供应的不确定性。当然,这里的假设是交期服从正态分布,比如平均交期是 4.4 个星期,意味着大部分情况下,交期在 4.4 个星期左右,有时候会超过这个时间,有时候会短于这个时间,但总体来说,交期在 4.4 个星期左右的概率最高。

▲	A	B	C	D	E	F	G	H	I	J	K
1	订单号	1	2	3	4	5	6	7	8	9	10
2	交期(星期)	6	5	6	2	7	6	3	3	1	5
3											
4	平均交期	=AVERAGE(B2:K2)			4.40						
5	交期的标准差	=STDEV(B2:K2)			2.01						

图 4-34　交期历史数据

3)量化服务水平(有货率)

服务水平(有货率)就是当需求产生时,比如客户下订单,多大概率下企业有现成的库存来满足订单。当需求相对频繁时,企业一般会根据历史需求,持有订单数量,来进行需求预测,然后依据平均需求预测,进行补货。例如,某产品每周预测的平均需求为 100 个,每周按照这个数量来进行补货,当需求符合正态分布时,这意味着一半的情况下,每周的需求会高于 100 个;一半的情况下,每周的需求会低于 100 个。那该企业的服务水平(有货率)为50%,如果想要达到更高的服务水平(有货率),企业就得设置安全库存。

提高有货率,就要增加安全库存。但提高到一定程度,安全库存会出现边际效应递减,投入回报率太低,企业就可以考虑阶梯型满足客户。例如,95% 的情况下,客户订单可以立即由库存满足;97% 的情况下在 2 天内发货;100% 的情况下在 7 天内发货。

3. 计算安全库存

在量化需求的不确定性和有货率后,安全库存就等于需求的标准差乘以有货率系数。这个标准差指的是补货周期内的标准差。补货周期单位一般有月、周、天,计算时单位要转换一致。

$$安全库存\ SS = Z \times \sigma \qquad (4\text{-}19)$$

其中,σ:补货周期内的需求标准差;

　　　Z:有货率系数。

$$\sigma = \sqrt{L} \times \sigma_d \qquad (4\text{-}20)$$

其中,σ_d:需求历史的标准差;

　　　L:平均补货周期。

知识链接:
设定有货率

案例分析:
量化某公司
产品 A 的
安全库存

任务实施

1. 基础任务

请根据图 4-35，量化该公司 C 产品的需求不确定性。

星期	需求
1	98
2	63
3	58
4	73
5	87
6	78
7	49
8	62
9	70
10	73
11	80
12	41
13	48
14	40
15	98

名称	公式	结果
平均需求		
需求标准差		

图 4-35 C 产品 15 个星期需求

提交分析成果：

（1）将表中数据复制到 Excel 表中，并通过 Excel 函数公式完善该表。

（2）请分析该公司产品需求不确定性。

2. 提升任务

图 4-36 为 D 产品每周的需求及预测，该产品是由供应商加工，采购提前期是 4 个星期，客户期望的有货率是 92%，请计算出该产品的安全库存。

星期	需求	预测	误差
8	1663	3500	
9	4075	3500	
10	4150	3500	
11	3583	3500	
12	3291	5500	
13	5736	5500	
14	6471	5500	
15	13687	10500	
16	13796	10500	
17	13873	15500	
18	11797	15500	
19	13291	15500	
20	6088	8500	
标准差			

图 4-36 D 产品需求预测

提交分析成果：

（1）将表中数据复制到 Excel 表中，并通过 Excel 函数公式完善该表，分别用公式计算出误差和标准差，完成如图 4-36 所示的数据。

（2）按照公式在 Excel 中计算出该产品的安全库存，并对该安全库存进行分析。

任务考核

在本次任务完成后，综合各项表现和评分标准，填写表 4-53 和表 4-54。

表 4-53 评分标准

评价项目	分值	评分标准	得分
数据输入完整正确	10	数据录入 Excel 中，完整无误，得 10 分；不符合要求，酌情扣分	
误差计算	10	完成对误差的计算，必须用公式计算，且结果正确，得 10 分；未按要求计算，酌情扣分	
标准差计算	10	完成对标准差的计算，必须用公式计算，且结果正确，得 10 分；未按要求计算，酌情扣分	
安全库存计算	40	Z 值计算正确得 10 分；需求历史的标准差计算正确得 10 分；补货周期内的需求标准差计算正确得 10 分；安全库存计算正确得 10 分；未按要求计算，计算错误，酌情扣分	
安全库存分析	20	结合有货率要求，对安全库存计算结果进行分析，分析得当，结论准确，得 20 分；内容不完整的，酌情扣分	

续表

评价项目	分值	评分标准	得分
供应商订单量分析	10	结合提前期要求,分析毛需求,得出给供应商的订货量,统计和展示方法得当,结论正确,得 10 分;内容不完整的,酌情扣分	
合　计			

表 4-54　综合成绩

任务形式	任务成果展现	个人自评(20%)	小组互评(30%)	教师点评(50%)	合计
数据输入完整正确(10 分)					
误差计算(10 分)					
标准差计算(10 分)					
安全库存计算(40 分)					
安全库存分析(20 分)					
供应商订单量分析(10 分)					
综合得分					

项目小结

（1）选品是企业一项非常重要的工作,需要关注商品的市场行情和需求态势,可以通过 PEST 分析、五力分析法和 SWOT 分析法进行市场分析。对于竞争对手的分析可以通过表格分析法、雷达图等方式来进行,做到知己知彼。

（2）在商品采购环节,需要关注采购商品的"三度",同时还要结合市场情况,关注覆盖度和采销匹配度。对于供应商,也要进行相应的数据监控,便于进行供应商的绩效评估和管理。

拓展阅读: 餐饮企业的 品控管理

（3）商品销售环节,要关注商品的动销率、现值、货龄等指标,同时还要关注不同结构商品的销售情况,尤其是畅销滞销品、ABC 类商品,便于抓住重点。商品的关联度会影响客单价等指标,因此要通过购物篮分析、商品关联的"三度"分析,找寻关联商品,并通过商品组合等方式进行销售。

（4）商品的供应链效率也会影响企业最终经营效果,提高供应链效率的关键,是对商品库存等进行合理管控,同时关注供应链各参与主体,形成高效运行的经营合力。

网络数据分析

思维导图

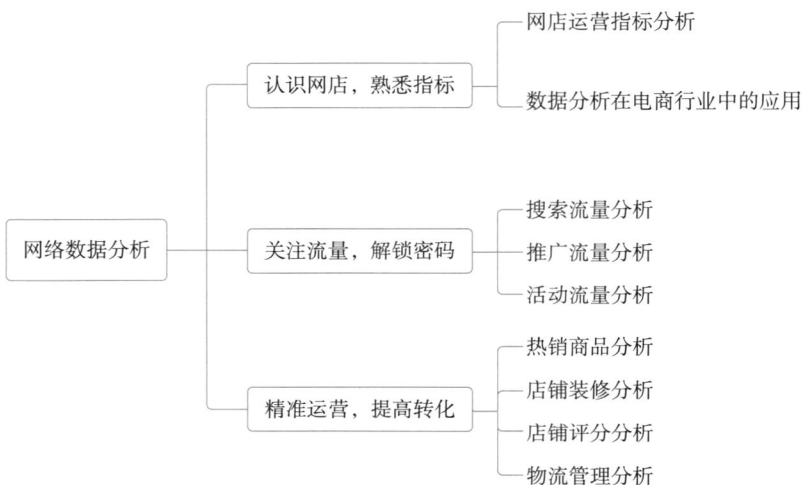

网络数据分析
- 认识网店，熟悉指标
  - 网店运营指标分析
  - 数据分析在电商行业中的应用
- 关注流量，解锁密码
  - 搜索流量分析
  - 推广流量分析
  - 活动流量分析
- 精准运营，提高转化
  - 热销商品分析
  - 店铺装修分析
  - 店铺评分分析
  - 物流管理分析

项目导入 ▶▶

  网店数据分析是每个店铺运营者必备的能力之一，店铺的数据分析贯穿着整个店铺运营的始终。那么如何对网店数据进行分析呢？本项目主要从了解店铺运营指标、解锁店铺流量密码和提高订单转化三项任务展开内容，请根据学习描述和任务指引，完成相应工作。

知识目标

（1）了解网店运营相关指标。
（2）掌握数据分析在电商行业中的应用。
（3）掌握提高店铺流量的方法。
（4）掌握提高店铺转化率的方法。
（5）掌握热销商品、店铺装修、店铺评分和物流管理分析的技巧。

能力目标

（1）能够对网店流量数据进行分析。

（2）能够对网店订单数据进行分析。

（3）能够对网店转化数据进行分析。

（4）能够对店铺流量不佳的原因进行分析。

（5）能够灵活运用提高流量的技巧。

（6）能够对店铺转化率不佳的原因进行分析。

（7）能够灵活运用热销商品、店铺装修、店铺评分和物流管理分析的技巧。

素养目标

（1）培养良好的职业道德和行为规范。

（2）培养脚踏实地和精益求精的品质。

（3）培养诚实守信、公平交易的良好品质。

（4）培养和提高学生的风险预测和成本预算能力。

（5）培养学生紧跟时代方向、运用创新思维的能力。

模块一　认识网店，熟悉指标

相对于传统零售业来说，电商最大的特点就是一切都可以通过数据化来监控和改进。通过数据可以看到用户从哪里来，他们在找什么，哪些商品是热销品，哪些渠道的流量给网站带来的销量更大；在访问网站的客户中，哪些是老客户，哪些是新客户，他们多久才来购买；网站投入的推广促销活动是否有效等。这些问题足以看出数据分析对网店的重要性。那么如何对网店运营数据进行分析？请根据任务描述和任务指引，完成相应工作。

任务1　网店运营指标分析

任务描述

随着电商环境的变化，网店之间的竞争越来越激烈，以前的粗放式、经验式管理已经落后了。要管理好网店，提升网店的竞争力，必须通过数据分析。网店运营的指标有哪些？如何进行分析呢？

任务分析

根据任务描述，要想对网店数据进行分析，需要了解网店运营相关指标，具体内容包括以下三个方面。

（1）流量数据主要指标。

（2）订单数据主要指标。

（3）转化数据主要指标。

学习准备

在淘宝页面搜索栏，搜索秋冬连衣裙，根据销量排名，任意打开一个商品，填写商品的数据指标（表5-1），作为卖家进行店铺运营数据分析的依据。

表 5-1　商品数据指标

序号	商品名称	指标 1	指标 2	指标 3	指标 4
1					
2					

任务背景知识

1. 网店运营数据指标

网店运营数据是从店铺卖家的角度来分析的,店铺卖家可以通过对运营数据逐一分析和研究,找出店铺存在的问题,有针对性地解决,达到"运筹帷幄之中,决胜千里之外"的运营效果。

网店运营中涉及的数据指标繁多,店铺卖家要有针对性地选择数据指标,不可能做到面面俱到,但一定要"切中要害",抓住关键数据是店铺数据分析的关键。一般而言,流量数据、订单数据和转化数据是最核心的,缺一不可。

2. 流量数据指标

1) 访客数

访客数 UV(unique visitor),也称访客量,指每天来到店里的人数,也指全店各页面的访问人数的总和。在 24 小时内,同一客户(同一个 IP 地址)多次访问同一店铺不重复累积相加,只记录一次。

2) 浏览量

浏览量 PV(page view),又称访问量,指客户每天在店里浏览的次数总和。同一客户多次访问同一店铺的次数可累积相加。

3) 访问深度

访问深度,指客户在一次访问中浏览了店铺内不同页面的数量,反映了客户对店铺内各个页面的关注程度。

4) 页面访问时长

页面访问时长,用于反映用户在某些页面上停留时间的长短,即首页受访时长的总和。并不是页面访问时长越长越好,要视情况而定。对于电商网站,页面访问时间要结合转化率来看,如果页面访问时间长,但转化率低,则页面体验出现问题的可能性很大。

5) 平均访问深度

平均访问深度,指用户平均每次连续访问浏览的店铺页面数。该数值代表着访客对店铺的兴趣程度。访问页数越多,说明访客对网站和公司的业务兴趣越大,希望了解更多更丰富更详细的内容,访客也就更有可能转化为真正的顾客。

6) 平均停留时长

平均停留时长是指访客浏览某一页面时所花费的平均时长。平均停留时长可以反映出用户对网站内容、功能和体验的满意度。如果用户停留时间较短,可能表明用户对网站内容不感兴趣或者体验不佳。相反,如果用户停留时间较长,则可能表明用户对网站内容感兴趣,并且体验良好。

7) 跳失率

跳失率,指客户通过相应的入口访问店铺,只访问了一个页面就离开的访问次数占该

知识链接:
如何延长
店铺访问
时长

入口总访问次数的比例,即跳失率＝只浏览了一个页面的访客数/总访客数。该指标反映了页面内容对客户的吸引程度,跳失率越大,说明页面对客户的吸引力越小,需要优化页面。

3. 订单数据指标

1) 客单价

客单价,指每一个客户平均购买商品的金额,即成交金额/成交客户数。

2) 总订单量

总订单量,指商品被拍下的总件数。

3) 订单总额

订单总额,指被拍下商品的总金额。

订单总额的大小直接影响用户的购买决策。较高的订单总额可能会让用户感到压力,从而影响转化率。因此,合理的定价策略和优惠活动可以帮助提升转化率。

4. 转化数据指标

1) 成交转化率

成交转化率是指一个店铺的成交用户数占访客数的百分比,计算公式如下:

$$转化率＝成交用户数/访客数×100\% \tag{5-1}$$

例如,一家店铺的转化率为3%,是指每100个进入这家店铺的顾客中,有3人产生了购买行为。

2) 询单转化率

询单转化率,指通过咨询客服后成功交易的客户数占询问的客户数的百分比。询单转化率主要与客服密切相关,店铺要做好客服的培训工作,以提高店铺销售额。

3) 静默转化率

静默转化率,指没有通过咨询,直接下单购买的客户占访客数的百分比。这类客户通常是老客户,或者是以前收藏商品或店铺的客户。商家可以通过店铺后台导出静默下单客户名单,选择合适的优惠活动方式,提高静默转化率,从而提高店铺的销售额。

课堂互动:你认为如何提高一个店铺的静默转化率?

---

4) 回头客转化率

回头客指的是重复购买使用某种商品的客户。而回头客转化率是指一个店铺的回头客成交数占访客数的百分比,计算公式如下:

$$回头客转化率＝回头客成交数/访客数×100\% \tag{5-2}$$

5) 事件转化率

事件转化率通常指的是平台或店铺通过一系列的运营推广活动以及由于公共事件影响所带来的额外价值。

🌐 任务实施

1. 基础任务

以小组为单位,在淘宝卖家中心后台查看5家同类店铺的实时数据,如访客数、支付买

案例分析:
淘宝店铺
数据分析
成功案例

家数、浏览量、店铺动态评分、网店行业排名等。成果提交形式见表 5-2。

表 5-2　店铺实时数据

序号	店铺名称	访客数	支付买家数	浏览量	店铺动态评分	网店行业排名
1						
2						
3						
4						
5						

2. 提升任务

（1）以小组为单位，针对以上 5 家同类店铺，选择一家经营不错的店铺，分析其经营较好的原因，填写表 5-3。

表 5-3　店铺经营分析

店铺名称	
原因 1	
原因 2	
原因 3	

（2）通过对 5 家同类店铺后台数据进行对比，你发现一家店铺的流量和人气都很高，但是有不少的访客浏览了一个页面就离开了，且商品的销量较低。其中有一小部分买家只把商品加入购物车，却没有付款结算。请帮助卖家分析出现这种情况的原因，并且提出改善和提升商品销售的改进建议，填写表 5-4。

表 5-4　改善和提升商品销售的改进建议

改进建议 1	
改进建议 2	
改进建议 3	
改进建议 4	
改进建议 5	

任务考核

在本次任务完成后，综合各项表现和评分标准，填写表 5-5 和表 5-6。

表 5-5　评分标准

评分项目	分值	评分标准	得分
店铺实时数据收集	20	5 家店铺数据内容完整，得 20 分；不符合要求的，酌情扣分	

续表

评分项目	分值	评分标准	得分
店铺运营数据分析	20	选择一家经营不错的店铺进行分析,分析准确、完整,得20分;内容不完整,酌情扣分	
店铺销量低的原因讨论	30	针对店铺流量人气高、销量低的问题展开讨论,分析合理、全面,得30分;分析不全面,酌情扣分	
改善和提升的策略建议	30	建议针对性强,可操作性高,得30分;可操作性差,不够全面,酌情扣分	
合　　计			

表 5-6　综合成绩

任务形式	任务成果展现	个人自评（20%）	小组互评（30%）	教师点评（50%）	合计
店铺实时数据收集(20分)					
店铺运营数据分析(20分)					
店铺销量低的原因讨论(30分)					
改善和提升的策略建议(30分)					
综合得分					

任务 2　数据分析在电商行业中的应用

任务描述

数据分析在电商行业中起着很重要的作用,可以通过分析数据了解市场、判断市场走势,从而做出正确的决策,或通过分析数据优化业务流程与市场营销策略等。其具体内容主要表现在哪些方面?

任务分析

根据任务描述,需要掌握数据分析在电商行业中的应用,其主要内容表现在以下四个方面。

(1) 熟悉店铺运营现状。

(2) 分析店铺运营好坏的原因。

(3) 预测店铺未来的运营。

(4) 及时发现店铺的问题。

学习准备

在淘宝页面搜索栏,搜索秋冬连衣裙,根据销量排名,分别打开一个销量高的商品和一个销量低的商品,分析存在差别的原因,填写表 5-7。

表 5-7　商品差异分析

商品名称	销量低的原因
	原因 1：
	原因 2：
	原因 3：

任务背景知识

1. 熟悉运营现状

通过数据分析，能够熟悉店铺在现阶段的运营状态，如店铺积累的客户数量是上升还是下降，营销活动是有效果还是无效果，店铺是盈利还是亏损。

例如，可以根据店铺在最近 3 个月的销售额、访客数、成交转化率、支付订单数、新老客户占比以及付费推广额等多维度的数据来分析店铺的整体运营情况。

2. 分析店铺运营好坏的原因

在了解店铺的运营现状之后，需要深入地分析出现现阶段运营情况的原因，将分析出的原因逐一罗列出来。

例如，通过后台的数据发现商品的搜索量增幅较大，但这仅是对商品运营的基础了解，还需要弄清楚出现这种情况的原因。出现搜索量增幅较大的情况是因为优化了某个关键词为店铺带来了流量？还是因为店铺的新访客数量增加？或者是店铺的权重提升？这些都需要进行深入的分析，明确具体的原因，才能够达到数据分析的目的。

课堂互动：你认为数据分析还可以应用在哪些领域？

3. 预测店铺未来的运营

在了解了现状，也分析了原因后，接下来就应该进行预测，提前对店铺运营进行全方位的规划。

例如，通过优化商品标题关键词，为店铺带来了大量的流量，在短期内提升了商品的成交转化率。为了保证店铺的良好运营，数据分析人员就需要对关键词优化带来的成交转化进行实时的监测，找出哪些关键词是主力引流词，哪些关键词的转化能力强，哪些关键词能够提升静默转化率。

在充分积累了运营数据后，就需要对关键词优化带来的成交转化进行预测。做好科学的数据分析预测，能够提前掌握店铺运营的发展趋势，提前布局，抢占市场先机。

4. 及时发现店铺的问题

店铺在运营过程中会出现各种问题，若数据分析人员没有及时发现异常，则很容易给店铺带来巨大的损失。实际上，任何一种异常情况的背后必有原因，发现和了解具体的原因，能够帮助分析和解决问题。

任务实施

1. 基础任务

以小组为单位,在淘宝卖家中心后台查看 3 家同类店铺一个月的数据。从这些数据中你能看到哪些信息? 进行简要说明。成果提交形式见表 5-8。

案例分析:
电子商务
行业中的
大数据应用
案例

表 5-8　店铺数据信息

序号	店铺名称	店铺数据信息
1		
2		
3		

2. 提升任务

通过对 3 家同类店铺后台数据进行对比,选择一家数据不好的店铺,分析其原因,并提出改进建议,填写表 5-9。

表 5-9　店铺数据不好的原因及改进建议

店铺名称:

原因分析	改进建议

任务考核

在本次任务完成后,综合各项表现和评分标准,填写表 5-10 和表 5-11。

表 5-10　评分标准

评分项目	分值	评分标准	得分
店铺运营数据收集	20	收集 3 家店铺数据,内容完整,得 20 分;不符合要求的,酌情扣分	
店铺运营数据分析	20	通过店铺数据对比,分析存在的差异,分析准确、完整,得 20 分;内容不完整,酌情扣分	
店铺运营差的原因讨论	30	针对店铺运营差的问题展开讨论,分析合理、全面,得 30 分;分析不全面,酌情扣分	
店铺运营改进建议	30	店铺运营改进建议针对性强,可操作性高,得 30 分;可操作性差,不够全面,酌情扣分	
合　　计			

表 5-11　综合成绩

任务形式	任务成果展现	个人自评（20%）	小组互评（30%）	教师点评（50%）	合计
店铺运营数据收集（20 分）					
店铺运营数据分析（20 分）					
店铺运营差的原因讨论（30 分）					
店铺运营改进建议（30 分）					
综合得分					

模块二　关注流量，解锁密码

流量是网店关注的大问题，流量对于网店来说好比血液，如果没有流量或者流量太少，那么店铺的存亡也岌岌可危。该如何提高店铺流量呢？店铺没有流量的原因复杂多样，需要根据实际情况进行具体分析。

任务 1　搜索流量分析

任务描述

小王大学期间学的是电子商务专业，毕业后决定在淘宝上开一家童装店，开店之前做了充分的准备，尽管如此，网店搜索流量还是很低，销量也不容乐观。小王很苦恼，不知道该怎么办。你能帮助小王找到解决问题的办法吗？

任务分析

根据任务描述，我们需要掌握提高店铺搜索流量的方法和技巧。具体内容包括以下两个方面。

（1）关键词搜索。

（2）类目搜索。

学习准备

在淘宝页面搜索栏，搜索秋冬连衣裙，选择同类的几个店铺，从后台分析秋冬连衣裙搜索流量存在的差异，以及作为卖家提高店铺流量的依据，填写表 5-12。

表 5-12　流量差异

序号	店铺名称	搜索流量
1		
2		
3		

任务背景知识

每个平台都有相应的自然流量,如关键词搜索、类目搜索等。对于搜索流量较差的店铺,数据分析人员应根据店内实际情况给出调整建议。

1. 关键词搜索

部分已有购物目标的客户,会直接输入商品关键词搜索商品。例如,在天猫搜索框中输入"连衣裙",符合客户搜索关键词的商品就会一一展现,如图 5-1 所示。

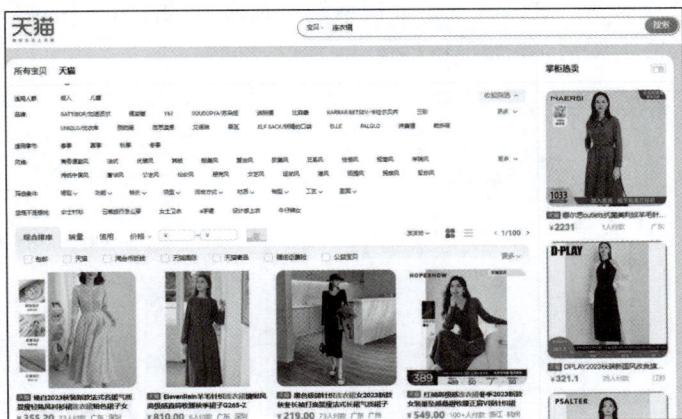

图 5-1　搜索"连衣裙"关键词后显示的商品

平台根据商品名称是否含关键词来对商品进行展示,所以如果搜索流量不佳,应考虑关键词是否合理。

(1)淘宝、天猫首页搜索下拉框。输入产品关键词,搜索框会自动匹配最近搜索量大的关键词,有时候顾客也会选择搜索下拉框推荐的关键词。

以洗面奶为例,可以输入"洗面奶",也可以输入"洁面乳",还可以输入"洗面奶女士"获取下拉框的关键词,如图 5-2 所示。

图 5-2　输入"洗面奶"后下拉框显示的关键词

下拉框的关键词都是最近搜索量较大的词语。

课堂互动:对于洗面奶哪些关键词搜索得比较多?

（2）搜索关键词进入商品页面"你是不是想找"，其中的关键词是搜索量比较大的，也是常被用户搜索的关键词，如图 5-3 所示。

你是不是想找：洗面奶男士　洗面奶氨基酸　洗面奶女士　洗面奶资生堂　洗面奶日本　洗面奶香奈儿　洗面奶泡沫

图 5-3　输入关键词后进入商品页面的截图

（3）参考百度指数。卖家可以参考百度指数中的需求图谱寻找关键词。在百度指数中输入商品名称，如"连衣裙"，进入百度指数搜索结果页面，单击"需求图谱"选项卡，即可查看关键词"连衣裙"的需求图谱，如图 5-4 所示。

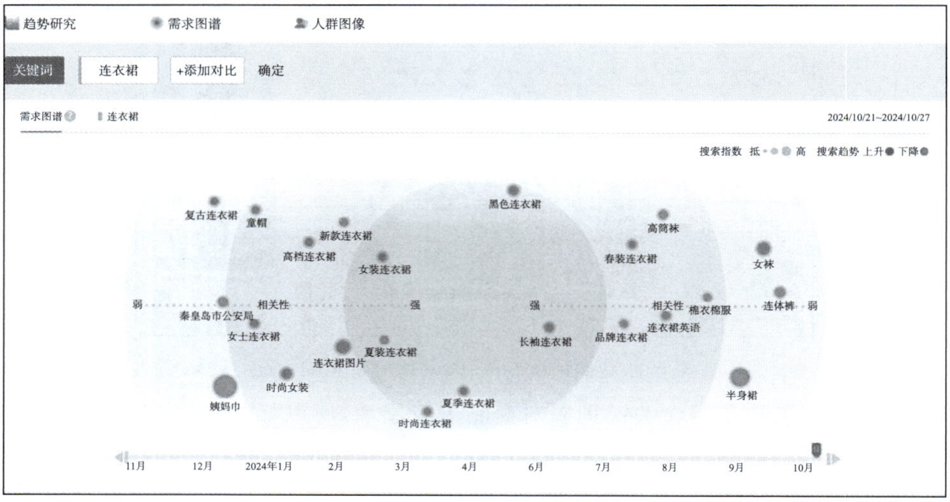

图 5-4　关键词"连衣裙"的需求图谱

在页面下方的"相关词热度"栏中，卖家可以查看与"连衣裙"相关的词语的搜索热度和搜索变化率。卖家可以根据这些词的搜索热度，考虑将其添加至商品标题中，如图 5-5 所示。

图 5-5　相关词热度

知识链接：
淘宝热销词

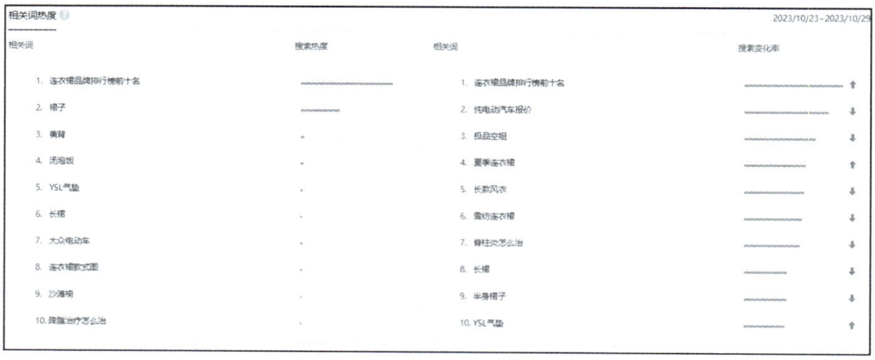

（4）生意参谋—市场功能—搜索排行。从中可以找到本类目里搜索人气、点击人气、点击率、支付转化率这些指标较高的词进行筛选，如图 5-6 所示。

（5）通过生意参谋品类—商品 360—标题优化，也可以找到行业内很多有用的词用于做

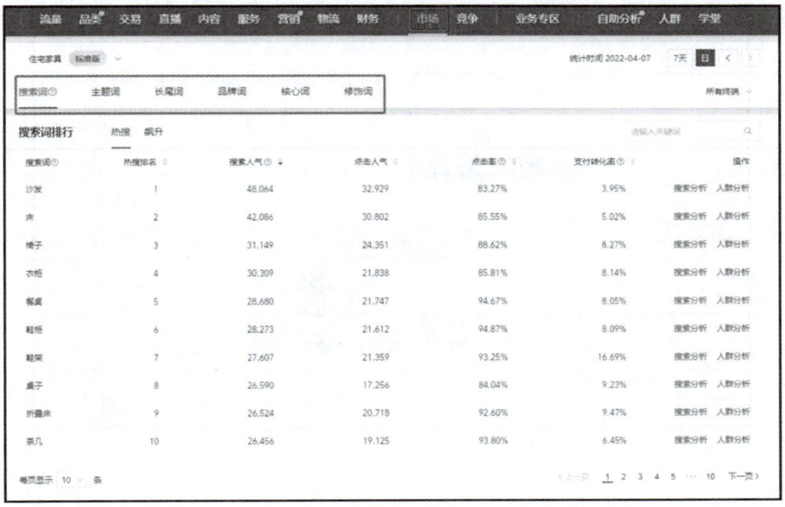

搜索词	热搜排名	搜索人气	点击人气	点击率	支付转化率	操作
沙发	1	48,064	32,929	83.27%	3.95%	搜索分析 人群分析
床	2	42,086	30,802	85.55%	5.02%	搜索分析 人群分析
椅子	3	31,149	24,351	88.62%	8.27%	搜索分析 人群分析
衣柜	4	30,309	21,838	85.81%	8.14%	搜索分析 人群分析
餐桌	5	28,680	21,747	94.67%	8.05%	搜索分析 人群分析
鞋柜	6	28,273	21,612	94.87%	8.09%	搜索分析 人群分析
鞋架	7	27,607	21,359	93.25%	16.69%	搜索分析 人群分析
桌子	8	26,590	17,256	84.04%	9.23%	搜索分析 人群分析
折叠床	9	26,524	20,718	92.60%	9.47%	搜索分析 人群分析
茶几	10	26,456	19,125	93.80%	6.45%	搜索分析 人群分析

图 5-6　生意参谋—市场功能—搜索排行截图

标题优化，如图 5-7 所示。对于商家来讲这是比较实用的。

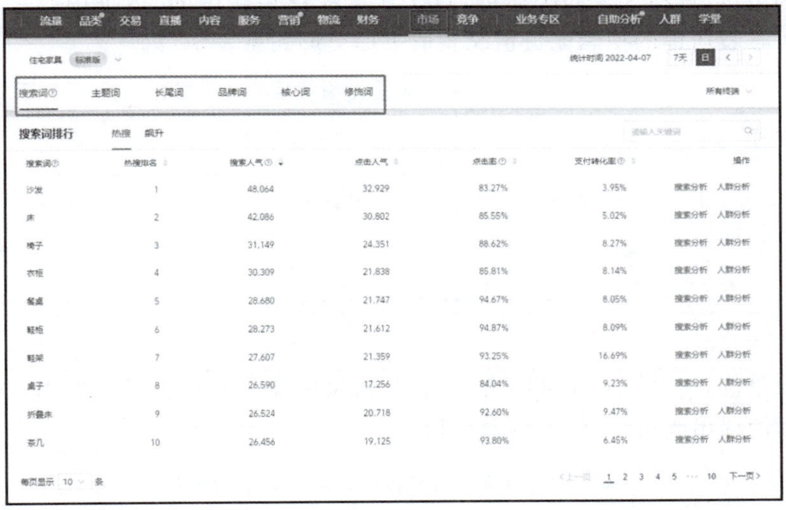

搜索词	热搜排名	搜索人气	点击人气	点击率	支付转化率	操作
沙发	1	48,064	32,929	83.27%	3.95%	搜索分析 人群分析
床	2	42,086	30,802	85.55%	5.02%	搜索分析 人群分析
椅子	3	31,149	24,351	88.62%	8.27%	搜索分析 人群分析
衣柜	4	30,309	21,838	85.81%	8.14%	搜索分析 人群分析
餐桌	5	28,680	21,747	94.67%	8.05%	搜索分析 人群分析
鞋柜	6	28,273	21,612	94.87%	8.09%	搜索分析 人群分析
鞋架	7	27,607	21,359	93.25%	16.69%	搜索分析 人群分析
桌子	8	26,590	17,256	84.04%	9.23%	搜索分析 人群分析
折叠床	9	26,524	20,718	92.60%	9.47%	搜索分析 人群分析
茶几	10	26,456	19,125	93.80%	6.45%	搜索分析 人群分析

图 5-7　生意参谋品类—商品 360—标题优化截图

除了关键词，平台还会根据销量、信用、价格、人气等因素对商品进行排名。因此，商品流量不佳时，还应考虑店铺信用是否达到平均人气、定价是否虚高、商品是否为冷门类目等。

2. 类目搜索

对于没有购买目标的客户，平台提供相应分类。例如，在京东平台上有家用电器、手机、运营商、数码、办公等多个类目推荐，如图 5-8 所示。客户可通过查看类目找到心仪的商品，从而形成交易。

知识链接：淘宝商品关键词设置与优化

根据这种类目逐层分类搜索习惯可知，商品能否获得更多展示取决于商品发布时选择的类目。值得注意的是，商家不能为了增加类目流量恶意篡改商品类目，如在发布商品时将裤子放到上衣的类目下，或是将冬季属性的衣服命名为夏季属性的子标题等。

图 5-8　京东首页类目截图

任务实施

1. 基础任务

以小组为单位,选择 3 家同类店铺,点击淘宝卖家后台中的"数据中心",选择"流量分析"选项,即可查看店铺的搜索流量情况。成果提交形式见表 5-13。

知识链接:
淘宝商品
类目大全与
类目选择

表 5-13　搜索流量分析

序号	店铺名称	搜索流量来源
1		
2		
3		

2. 提升任务

以小组为单位,针对以上 3 家同类店铺,分析搜索流量存在差异的原因,并对搜索流量数据不好的店铺提出改进建议,填写表 5-14。

表 5-14　搜索流量差异原因分析及改进建议

店铺名称:

原因分析	改进建议

任务考核

在本次任务完成后,综合各项表现和评分标准,填写表 5-15 和表 5-16。

表 5-15　评分标准

评分项目	分值	评分标准	得分
店铺搜索流量数据收集	20	收集 3 家店铺搜索流量数据,内容完整,得 20 分;不符合要求的,酌情扣分	
店铺搜索流量数据分析	20	通过店铺搜索流量数据对比,分析存在的差异,分析准确、完整,得 20 分;内容不完整,酌情扣分	
搜索流量差的原因讨论	30	针对店铺搜索流量差的问题展开讨论,分析合理、全面,得 30 分;分析不全面,酌情扣分	
店铺搜索流量改进建议	30	店铺搜索流量改进建议针对性强,可操作性高,得 30 分;可操作性差,不够全面,酌情扣分	
合　　计			

表 5-16　综合成绩

任务形式	任务成果展现	个人自评（20％）	小组互评（30％）	教师点评（50％）	合计
店铺搜索流量数据收集(20 分)					
店铺搜索流量数据分析(20 分)					
搜索流量差的原因讨论(30 分)					
店铺搜索流量改进建议(30 分)					
综合得分					

任务 2　推广流量分析

🔧 任务描述

　　小王大学期间学的是电子商务专业,毕业后决定在淘宝上开一家童装店,经过一段时间的运营,搜索流量上去了,但是店铺推广流量很低,销量不容乐观。小王很苦恼,不知道该怎么办。你能帮助小王找到解决问题的办法吗?

📖 任务分析

　　根据任务描述,我们需要掌握提高店铺推广流量的方法和技巧。具体内容包括以下三个方面。

　　(1)淘宝客流量。

　　(2)"直通车"流量。

　　(3)钻石展位流量。

📀 学习准备

　　在淘宝页面搜索栏,搜索秋冬连衣裙,选择同类的几个店铺,从后台分析秋冬连衣裙推广流量存在的差异,以及作为卖家提高店铺流量的依据,填写表 5-17。

表 5-17　推广流量差异

序号	店铺名称	推广流量
1		
2		

任务背景知识

与实体商家的营销广告一样,网店也需要一定的广告推广,如淘宝平台中常见的淘宝客、"直通车"、钻石展位。由于是付费推广,所以商家更希望每一笔钱都"花在刀刃上"。因此,在投放推广计划后,一般需要运营人员和数据分析人员对推广支出与流量、销量进行对比。如果存在问题,应给出具体建议。

1. 淘宝客流量

淘宝客推广是一种按成交计费的推广模式。淘宝客的作用类似于线下的推销员。阿里巴巴首次将广告推广视为商品,让其公开地展示在交易平台上。广告发布商和淘宝客可以实现销售利益的分享,获得双赢。

1) 淘宝客构成要素

在淘宝客中,有推广平台、卖家、淘宝客及买家四个角色,每个角色都是不可缺失的一环。

(1) 推广平台:帮助卖家推广产品;帮助淘宝客赚取利润,从每笔推广的交易中抽取相应的服务费用。

(2) 卖家:佣金支出者,他们提供自己需要推广的商品到淘宝联盟,并设置每卖出一个产品愿意支付的佣金。

(3) 淘宝客:佣金赚取者,他们在淘宝联盟中找到卖家发布的产品,并且推广出去。当有买家通过淘宝客的推广链接成交后,他们就能够赚到卖家所提供的佣金(其中一部分需要作为推广平台的服务费)。

(4) 买家:买家是交易链的最后一环也是第一环,买家从淘宝客那里得到淘宝客推广的链接,跳转并决定购买后,卖家就可以从买家这里获得利润,然后将获得的利润分出来一部分再用来在推广平台中继续做推广,这样就形成了一种循环。

2) 淘宝客推广方法

(1) 内容营销:创建专属的博客、微信公众号或个人网站,撰写高质量的文章或推荐内容,介绍商品的特点、使用方法和推荐理由,吸引用户的关注和购买欲望。

(2) 社交媒体:利用微信、微博、知乎、豆瓣等社交媒体平台,发布与商品相关的内容,进行互动和推广。可以通过文章、图片、视频等形式,吸引用户点击链接或转发分享。

(3) 网络广告:通过购买网络广告位,将商品信息投放在合适的平台和位置,增加曝光率和点击量。可以选择搜索引擎广告、横幅广告、信息流广告等不同形式的广告。

(4) 优惠券活动:与商家合作,提供优惠券给用户,吸引用户点击购买。可以通过在博客、社交媒体等渠道发布优惠券链接,引导用户下单。

(5) 直播推广:通过直播平台进行商品展示和介绍,吸引观众的关注并促使其购买。可以在直播过程中与观众互动、解答问题,增加用户黏性。

(6) SEO优化:对网站内容进行搜索引擎优化,提高排名和曝光率。通过选择合适的关键词、优化标题和描述等方式,增加被用户搜索到的概率。

2."直通车"流量

"直通车"是按照点击量付费的一种广告形式,广告每被点击一次,商家就会付给平台一定的广告费用,没有点击则不付费用。在淘宝搜索框中输入"杯子",搜索结果页面右侧和底部的商品都是"直通车"展示位,如图 5-9 所示。"直通车"广告展示本身是免费的,但当客户看到了商家投放的广告,点击了广告,商家就需要为这次点击支付一定的费用。一般情况下,"直通车"每点击一次的费用为几角到几元不等,在活动促销期间则可能为 $10\sim20$ 元。

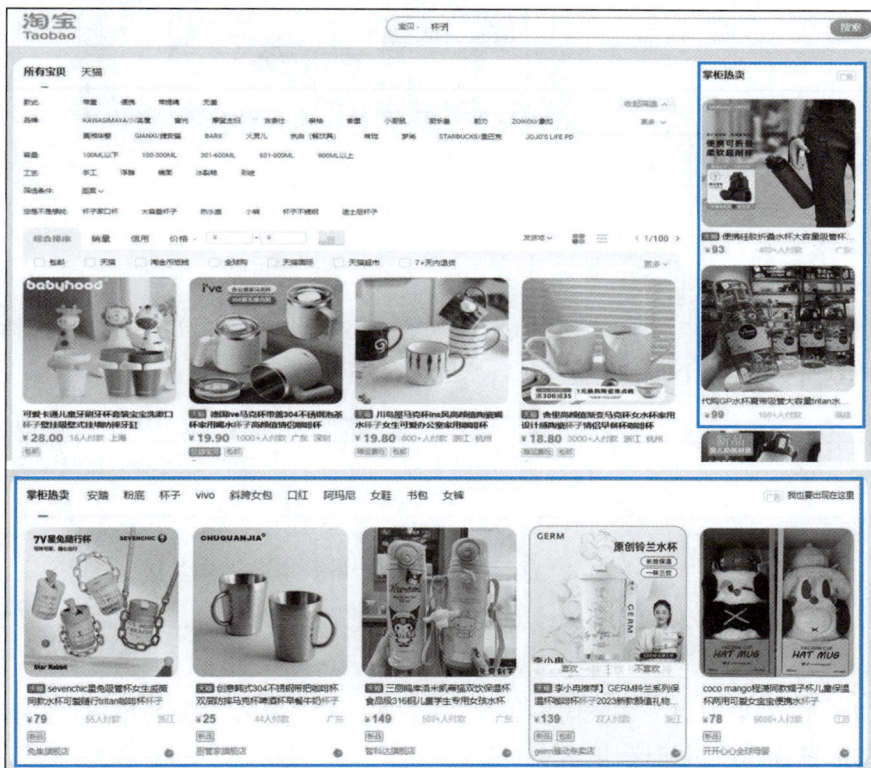

图 5-9　"直通车"展示位

课堂互动:什么样的产品适合开通淘宝"直通车"?

知识链接:
如何通过淘宝"直通车"
增加流量

3.钻石展位流量

钻石展位是淘宝图片类广告位自动竞价平台,是专为有更高信息发布需求的卖家量身定制的产品,如图 5-10 所示。钻石展位精选了淘宝最优质的展示位置,通过竞价排序,按照展示计费,性价比高,还适合店铺、品牌及爆款商品的推广。

钻石展位是按照流量竞价售卖广告位的,计费单位是"每千次浏览单价",即广告所在的页面被打开 1 000 次所收取的费用。钻石展位不仅适合发布商品信息,还适合发布店铺促销、店铺活动、店铺品牌的推广信息。钻石展位可以在为店铺带来充裕流量的同时增加客户对店铺的好感,增强客户黏度。

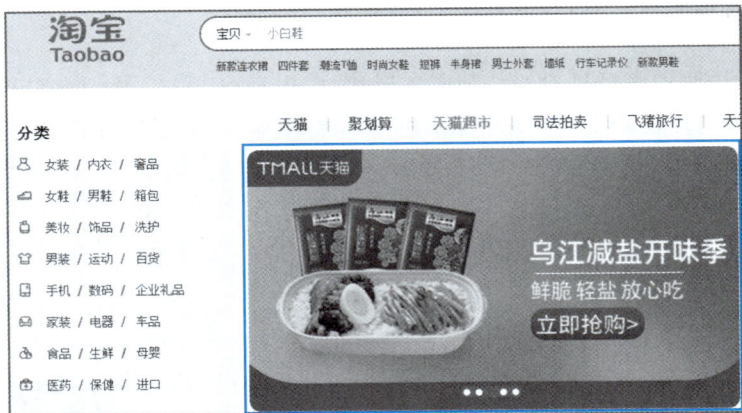

图 5-10　PC 端超级钻石展位

任务实施

1. 基础任务

以小组为单位，选择 3 家同类店铺，点击淘宝卖家后台中的"数据中心"，选择"流量分析"选项，即可查看店铺的推广流量情况。成果提交形式见表 5-18。

表 5-18　店铺推广流量

序号	店铺名称	推广流量来源
1		
2		
3		

2. 提升任务

以小组为单位，针对以上 3 家同类店铺，分析推广流量存在差异的原因，并对推广流量数据不好的店铺提出改进建议，填写表 5-19。

表 5-19　店铺推广流量差异原因分析改进建议

店铺名称：

原因分析	改进建议

任务考核

在本次任务完成后，综合各项表现和评分标准，填写表 5-20 和表 5-21。

表 5-20　评分标准

评分项目	分值	评分标准	得分
店铺推广流量数据收集	20	收集 3 家店铺推广流量数据,内容完整,得 20 分;不符合要求的,酌情扣分	
店铺推广流量数据分析	20	通过店铺推广流量数据对比,分析存在的差异,分析准确、完整,得 20 分;内容不完整,酌情扣分	
推广流量差的原因讨论	30	针对店铺推广流量差的问题展开讨论,分析合理、全面,得 30 分;分析不全面,酌情扣分	
店铺推广流量改进建议	30	店铺推广流量改进建议针对性强,可操作性高,得30分;可操作性差,不够全面,酌情扣分	
合　计			

表 5-21　综合成绩

任务形式	任务成果展现	个人自评 (20%)	小组互评 (30%)	教师点评 (50%)	合计
店铺推广流量数据收集(20 分)					
店铺推广流量数据分析(20 分)					
推广流量差的原因讨论(30 分)					
店铺推广流量改进建议(30 分)					
综合得分					

任务 3　活动流量分析

任务描述

小王在大学期间学的是电子商务专业,毕业后决定在淘宝上开一家童装店,经过一段时间的运营,他发现店铺活动流量很低,销量不容乐观。小王很苦恼,不知道该怎么办。你能帮助小王找到解决问题的办法吗?

任务分析

根据任务描述,我们需要掌握提高店铺活动流量的方法和技巧。具体内容包括以下五个方面。

(1)商家需要提前做好准备工作。

(2)商家可以利用优惠策略来吸引用户。

(3)商家可以借助社交媒体来进行引流。

(4)商家可以通过与用户互动来进行引流。

(5)商家需要关注用户体验。

学习准备

在淘宝页面搜索栏,搜索秋冬连衣裙,选择同类的几个店铺,从后台分析秋冬连衣裙活动流量存在的差异,以及作为卖家提高店铺流量的依据,填写表 5-22。

表 5-22　活动流量差异

序号	店铺名称	活动流量
1		
2		

任务背景知识

在日常生活中,热火朝天的电商活动已是屡见不鲜,特别是每年各大平台举办的"双 11""双 12""618"等大促活动。不少商家纷纷报名加入活动,想在活动中分到优质流量。那商家如何提高活动流量呢?

1. 商家需要提前做好准备工作

例如,在"双 11"期间,用户会面临大量的促销信息和选择,因此商家需要提前规划自己的活动,并确保商品库存充足。

商家可以制定引人关注的优惠策略,如限时折扣、满减活动、赠品等,以吸引用户的关注和购买欲望。

2. 商家可以利用优惠策略来吸引用户

例如,在"双 11"期间,用户通常会寻找最低价和最优惠的商品。因此,商家可以提供一些价格优势明显的商品或组合套餐,以吸引用户的购买。

同时,商家还可以设置一些限时抢购、秒杀活动等,增加用户的购买冲动和参与度。

3. 商家可以借助社交媒体来进行引流

社交媒体是用户获取信息和分享购物心得的重要渠道。商家可以通过微博、微信、抖音等平台,发布优惠信息、商品介绍、用户评价等内容,吸引用户的关注和访问。

4. 商家可以通过与用户互动来进行引流

用户往往更愿意参与有趣、有互动性的活动。商家可以开展一些有奖竞猜、抽奖等互动活动,鼓励用户参与并分享给好友。通过这些互动方式,商家可以提高用户黏性和转化率。

5. 商家需要关注用户体验

良好的用户体验可以增加用户对商家的信任感,并促使他们继续购物。商家可以提供快速发货、灵活的退换货政策等,给用户带来便利和安心。

课堂互动: 你认为活动结束之后卖家还需要做什么?

知识链接:"双 11"成绩单——成交额订单量创新高

任务实施

1. 基础任务

以小组为单位,选择 3 家同类店铺,点击淘宝卖家后台中的"数据中心",选择"流量分析"选项,即可查看店铺的活动流量情况。成果提交形式见表 5-23。

表 5-23　店铺活动流量来源

序号	店铺名称	活动流量来源
1		
2		
3		

2. 提升任务

以小组为单位,针对以上 3 家同类店铺,分析活动流量存在差异的原因,并对活动流量数据不好的店铺提出改进建议,填写表 5-24。

表 5-24　店铺活动流量差异的原因分析及改进建议

店铺名称:

原因分析	改进建议

任务考核

在本次任务完成后,综合各项表现和评分标准,填写表 5-25 和表 5-26。

表 5-25　评分标准

评分项目	分值	评分标准	得分
店铺活动流量数据收集	20	收集 3 家店铺活动流量,内容完整,得 20 分;不符合要求的,酌情扣分	
店铺活动流量数据分析	20	通过店铺活动流量数据对比,分析存在的差异,分析准确、完整,得 20 分;内容不完整,酌情扣分	
活动流量差的原因讨论	30	针对店铺活动流量差的问题展开讨论,分析合理、全面,得 30 分;分析不全面,酌情扣分	
店铺活动流量改进建议	30	店铺活动流量改进建议针对性强,可操作性高,得30分;可操作性差,不够全面,酌情扣分	
合　　计			

表 5-26　综合成绩

任务形式	任务成果展现	个人自评（20%）	小组互评（30%）	教师点评（50%）	合计
店铺活动流量数据收集(20 分)					
店铺活动流量数据分析(20 分)					
活动流量差的原因讨论(30 分)					
店铺活动流量改进建议(30 分)					
综合得分					

模块三 精准运营，提高转化

在淘宝平台上，每天都有大量的流量被引入店铺。然而，并非所有进入店铺的流量都能转化为实际的购买行为。转化率的高低直接影响店铺的销售业绩，如果进店转化率过低，可能导致店铺流失大量潜在的客户，从而影响销售额。因此，提高进店转化率对于淘宝卖家来说至关重要。那么该如何提高店铺转化率呢？

任务 1 热销商品分析

任务描述

小王大学毕业后在淘宝上注册了一个店铺，但是他很苦恼，不知道卖什么产品好，你能帮助小王找到解决问题的办法吗？

任务分析

根据任务描述，热销产品是提高店铺转化率的核心之一，那么如何分析热销产品呢？具体内容包括以下四个方面。

（1）明确热销商品的特征。

（2）掌握热销商品的分类。

（3）借助数据分析工具。

（4）灵活运用热销商品的营销策略。

学习准备

打开淘宝页面，在左侧的产品类目中选择几种卖得比较好的产品，并分析其原因，填写表 5-27。

表 5-27　热销产品原因分析

序号	热销产品名称	热销原因
1		
2		

任务背景知识

对于淘宝卖家来说，做好店铺的商品分析是必需的，商品分析的最终目的就是提升商品销量。那么该从哪些方面去分析呢？

1. 热销商品的特征

通过对淘宝店铺的热销商品进行分析，发现热销商品具有以下特征：

（1）价格适中。价格过高或过低的商品很难成为热销商品。

（2）有独特的设计和创意，能够吸引更多的消费者。

（3）好评率高。消费者对商品的评价是影响销量的重要因素。

（4）销量高的商品更容易被消费者发现和购买。

2. 热销商品的分类

热销商品可以分为以下几类：

（1）爆款商品。短时间内销量暴增的商品，往往跟某个事件或节日有关。

（2）长尾商品。销量虽然不高，但是卖家可以通过长期经营获得稳定的收益。

（3）潜力商品。目前销量不高，但是具有潜力成为热销商品。

3. 数据分析工具

卖家可以通过以下工具进行数据分析：

（1）阿里巴巴数据宝。可以通过搜索关键词，查看商品的销量、价格、评价等数据。

（2）淘宝指数。可以查看商品的搜索量和趋势，帮助卖家了解商品的热度。

（3）竞品分析工具。可以帮助卖家了解同行业的竞争情况，以及优化自己的销售策略。

知识链接：
开网店的
商品选择

4. 热销商品的营销策略

除了利用以上数据分析工具外，卖家还可以通过以下策略来提高热销商品的销量：

（1）价格优惠。适当的价格优惠可以吸引更多的消费者。

（2）广告投放。通过淘宝广告、微博营销等方式，提高商品的曝光率。

（3）促销活动。例如，限时折扣、满减活动等，可以促进消费者购买。

（4）优质服务。良好的售后服务和快速的物流配送，能够提高消费者的满意度。

掌握数据分析的方法，卖家可以更好地了解淘宝店铺热销商品的秘密，从而优化自己的销售策略，提高商品的销量和收益。同时，卖家也需要不断地关注市场变化，及时调整经营策略，才能在竞争激烈的淘宝市场中获得更大的成功。

课堂互动：近期淘宝平台什么样的产品比较热销？试分析它们属于哪一类热销产品，卖家采取的策略对销量有多大影响。

任务实施

1. 基础任务

以小组为单位，选择分别来自 3 家同类店铺销量数据比较好的商品，分析其产品名称、月销量和收藏数。成果提交形式见表 5-28。

表 5-28　店铺销量好的商品分析及比较

项目	店铺 1	店铺 2	店铺 3
产品名称			
月销量			
收藏数			

2. 提升任务

以小组为单位，针对以上 3 家同类店铺销量比较高的商品所做的分析，指出销量存在差异的原因,并对销量数据相对不好的商品提出改进建议,填写表 5-29。

表 5-29　店铺销量数据原因分析及改进建议

店铺名称:

原因分析	改进建议

任务考核

在本次任务完成后,综合各项表现和评分标准,填写表 5-30 和表 5-31。

表 5-30　评分标准

评分项目	分值	评分标准	得分
店铺销量高的数据收集	20	收集 3 家同类商品数据,如月销量、收藏数等,内容完整,得 20 分;不符合要求的,酌情扣分	
店铺销量高的数据分析	20	通过店铺销量高的数据对比,分析存在的差异,分析准确、完整,得 20 分;内容不完整,酌情扣分	
店铺销量相对低的原因讨论	30	针对店铺销量相对低的问题展开讨论,分析合理、全面,得 30 分;分析不全面,酌情扣分	
店铺销量改进建议	30	店铺销量改进建议针对性强,可操作性高,得 30 分;可操作性差,不够全面,酌情扣分	
合　　计			

表 5-31　综合成绩

任务形式	任务成果展现	个人自评（20%）	小组互评（30%）	教师点评（50%）	合计
店铺销量高的数据收集(20分)					
店铺销量高的数据分析(20分)					
店铺销量相对低的原因讨论(30分)					
店铺销量改进建议(30分)					
综合得分					

任务 2　店铺装修分析

任务描述

小王大学毕业后在淘宝上注册了一个店铺,但是他很苦恼,不知道店铺怎么装修,你能帮助小王找到解决问题的办法吗?

任务分析

根据任务描述,店铺装修是提高店铺转化率的核心之一。店铺装修的具体内容如下:

(1)突出店铺特色。

(2)运用色调灵魂。

(3)优化店铺首页。

(4)强化店招和产品展示区亮点。

(5)灵活运用文字。

(6)提供详细的商品信息。

(7)注重客户服务。

(8)运用数据分析优化店铺。

学习准备

打开淘宝页面,根据左侧的产品类目,选择几个店铺,分析其店铺装修存在的相同点,并进行阐述,填写表5-32。

表 5-32　店铺装修的相同点

序号	店铺名称	店铺装修相同点
1		
2		
3		

任务背景知识

在如今激烈竞争的电商市场中,淘宝店铺的装修是提高销售转化率的关键之一。吸引人的店铺装修可以有效地增加用户的黏性和购买欲望,从而提升销售业绩。店铺装修具体做法如下。

1. 突出店铺特色

在淘宝店铺装修中,要突出店铺的特色和卖点。首先确定产品特点和目标客户群体,然后根据这些特点进行店铺装修。比如,主营产品是时尚潮流的服装,那么店铺的整体风格可以选择时尚、年轻化的设计风格,以吸引目标客户的注意。

2. 运用色调灵魂

选择色调是店铺装修的第一步,可以根据节日的变化而更改店铺色调。例如,冬天可以多使用暖色系;春天是万物复苏的季节,应该使用翠绿色或者浓色调;夏天应该选用清凉的色调,所以可多使用浅蓝色或者偏冷色系的颜色;秋天是收获的季节,推荐使用橘黄色之类的色调。

课堂互动:你认为电子产品适合什么颜色的店铺装修? 为什么?

3. 优化店铺首页

店铺首页是用户第一次接触店铺的地方,它的设计和布局要能够吸引用户的眼球,布局应该是简洁大方、井然有序的,能让买家觉得店铺专业、服务优良,自然而然对店铺产生一定认可。

4. 强化店招和产品展示区亮点

店招就是一间店铺的门面,代表着店铺的形象,所以在设计店招时应该考虑的是 logo 以及色调,而产品展示区应该活跃点,这样才能更吸引买家。

5. 灵活运用文字

在文字运用方面务必要统一字体,不要店招是宋体、导航栏是黑体,其他栏目用隶书等,店招可以设计一种有特色的字体。

6. 提供详细的商品信息

淘宝店铺的商品信息非常重要,它直接关系到用户是否愿意购买。在商品信息中,要包括商品的详细描述、规格参数、材质等信息,以及清晰的商品图片和价格。此外,还可以添加一些用户评价和晒图,增加用户对商品的信任度。

7. 注重客户服务

良好的客户服务是提升销售转化率的重要因素之一。在淘宝店铺装修中,要充分展示店铺的客户服务政策和售后保障措施,让用户知道购买后可以享受到的服务。

8. 运用数据分析优化店铺

淘宝店铺的装修并不是一成不变的,要通过分析用户的浏览和购买行为的相关数据,了解用户的偏好和需求,在此基础上,进行店铺的装修调整优化。

任务实施

1. 基础任务

以小组为单位,分别选择 3 家同类店铺,分析其装修风格以及优势和不足。成果提交形式见表 5-33。

表 5-33　店铺装修情况

项目	店铺 1	店铺 2	店铺 3
装修风格			
优势			
不足			

2. 提升任务

以小组为单位,针对以上 3 家同类店铺的装修,你觉得能在哪方面做得更好,给出改进建议,填写表 5-34。

表 5-34　店铺装修改进建议

改进建议	店铺 1	店铺 2	店铺 3

任务考核

在本次任务完成后,综合各项表现和评分标准,填写表 5-35 和表 5-36。

表 5-35　评分标准

评分项目	分值	评分标准	得分
店铺装修风格收集	20	收集 3 家同类店铺的装修风格,列出优势和不足,内容完整,得 20 分;不符合要求的,酌情扣分	
店铺装修比较	20	通过店铺装修对比,分析存在的差异,分析准确、完整,得 20 分;内容不完整,酌情扣分	
店铺装修讨论	30	针对店铺装修出现的问题展开讨论,分析合理、全面,得 30 分;分析不全面,酌情扣分	
店铺装修改进建议	30	店铺装修改进建议针对性强,可操作性高,得 30 分;可操作性差,不够全面,酌情扣分	
合　　计			

表 5-36　综合成绩

任务形式	任务成果展现	个人自评（20%）	小组互评（30%）	教师点评（50%）	合计
店铺装修风格收集(20 分)					
店铺装修比较(20 分)					
店铺装修讨论(30 分)					
店铺装修改进建议(30 分)					
综合得分					

任务 3　店铺评分分析

任务描述

小王大学毕业后在淘宝上开了一个店铺,经过一段时间的运营,他发现自己的店铺评分很低,不知道该怎么办。你能帮助小王找到解决问题的办法吗?

任务分析

根据任务描述,店铺评分是提高店铺转化率的影响因素之一,那么店铺评分指标有哪些? 如何提高店铺评分呢? 具体内容包括以下两个方面。

(1)店铺评分指标。

(2)提高店铺评分的方法。

学习准备

打开淘宝页面,根据左侧的产品类目,选择几个店铺,查看其店铺的评分,并阐述评分高的店铺有哪些相同点,填写表 5-37。

表 5-37　评分高的店铺相同点

序号	店铺名称	店铺评分	评分高的店铺相同点
1			
2			
3			

任务背景知识

淘宝店铺评分是消费者对淘宝店铺的评价指标之一,对店铺的信誉度和销售量有着重要的影响。如果店铺的评分较低,不仅会失去消费者的信任,还可能导致流量减少,销售量下降。因此,提高淘宝店铺评分对于店铺的发展至关重要。

1. 店铺评分指标

店铺评分(detail seller rating,DSR)包含描述相符、服务态度、物流服务三项指标。店铺评分仅能由买家在"交易成功"的 15 天内操作评价时进行打分,为五星制打分,每项指标均为一星至五星共五档,店铺评分等级图和店铺评分截图如图 5-11 和图 5-12 所示。

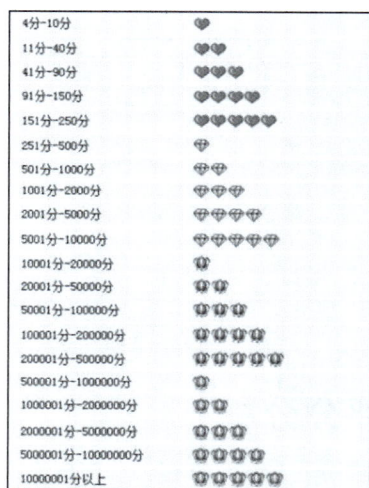

图 5-11　店铺评分等级图

图 5-12　店铺评分截图

目前店铺评分一旦作出则无法支持修改或删除,暂不支持查看单笔订单的店铺评分情况。那么评分标准是什么? 主要有以下方面。

1)宝贝与描述相符

5 分——质量非常好,与卖家描述的完全一致,非常满意。

4 分——质量不错,与卖家描述的基本一致,还是挺满意的。

3 分——质量一般,没有卖家描述得那么好。

2 分——部分有破损,与卖家描述的不符,不满意。

1 分——差得太离谱,与卖家描述的严重不符,非常不满。

2)卖家的服务态度

5 分——卖家的服务太棒了,考虑非常周到,完全超出期望值。

4 分——卖家服务挺好的,沟通挺顺畅的,总体满意。

3 分——卖家回复很慢,态度一般,谈不上沟通顺畅。

2 分——卖家有点不耐烦,承诺的服务也兑现不了。

1 分——卖家态度很差,还说脏话,简直不把顾客当回事。

3)物流公司的服务

5 分——物流公司服务态度很好,运送速度很快。

4 分——物流公司态度还好,送货速度挺快的。

3 分——物流公司服务态度一般,运送速度一般。

2 分——物流公司服务态度挺差,运送速度太慢。

1 分——物流公司态度非常差,送货慢,外包装有破损。

2. 提高店铺评分的方法

首先,要提高淘宝店铺评分,需要了解消费者对店铺的评价标准和关注点。一般来说,消费者会根据商品质量、价格、服务态度等因素来评价店铺。

其次,积极回应消费者的评价和反馈。对于消费者的投诉和问题,要尽快回应并解决。如果消费者对店铺的服务和商品满意,也会对店铺进行评价,这将有助于提高店铺的信誉度。

再次,增加店内活动、优化店内环境等也可以提高淘宝店铺评分。例如,可以定期举行促销活动、增加商品的详情页和关联销售等,提高消费者的购买体验和满意度。

课堂互动:你认为如何优化店内环境才能提高店铺评分?

知识链接:淘宝店铺动态评分

最后,需要注意的是,提高淘宝店铺评分是一个长期的过程,需要店家坚持不懈地努力。同时,要根据店铺的特点和消费者的需求进行合理的优化和改进,才能取得更好的效果。

任务实施

1. 基础任务

以小组为单位,选择 3 家同类店铺,查看其店铺评分,并分析店铺评分高或低的原因。成果提交形式见表 5-38。

表 5-38　店铺评分情况

项目	店铺 1	店铺 2	店铺 3
店铺评分			
店铺评分高/低的原因			

2. 提升任务

以小组为单位,针对以上 3 家同类店铺评分的比较,分析评分低的店铺应该在哪方面进行改进,给出改进建议,填写表 5-39。

表 5-39　店铺评分低的改进建议

店铺名称：	
改进建议	

任务考核

在本次任务完成后，综合各项表现和评分标准，填写表 5-40 和表 5-41。

表 5-40　评分标准

评分项目	分值	评分标准	得分
店铺评分收集	20	收集 3 家同类店铺评分数据，内容完整，得 20 分；不符合要求的，酌情扣分	
店铺评分分析	20	通过店铺评分对比，分析存在的差异，分析准确、完整，得 20 分；内容不完整，酌情扣分	
店铺评分讨论	30	针对店铺评分出现的问题展开讨论，分析合理、全面，得 30 分；分析不全面，酌情扣分	
店铺评分改进建议	30	店铺评分改进建议针对性强，可操作性高，得 30 分；可操作性差，不够全面，酌情扣分	
合　计			

表 5-41　综合成绩

任务形式	任务成果展现	个人自评（20%）	小组互评（30%）	教师点评（50%）	合计
店铺评分收集（20 分）					
店铺评分分析（20 分）					
店铺评分讨论（30 分）					
店铺评分改进建议（30 分）					
综合得分					

任务 4　物流管理分析

任务描述

小王大学毕业后在淘宝上开了一个店铺，经过一段时间的运营，他发现自己的物流服务评分很低，不知道该怎么办。你能帮助小王找到解决问题的办法吗？

任务分析

根据任务描述，物流服务是提高店铺转化率的影响因素之一，那么如何提高店铺的物流服务水平呢？具体内容包括以下两个方面。

（1）物流的选择。

（2）物流效率和服务质量的提升。

学习准备

打开淘宝页面，根据左侧的产品类目，选择几个店铺，查看其店铺物流服务评分，并阐述评分高或低的可能原因，填写表 5-42。

表 5-42　评分高或低的原因

序号	店铺名称	物流评分	物流评分高或低的原因
1			
2			
3			

任务背景知识

物流管理是网络店铺运营中的一个重要环节，良好的物流管理不仅可以提高客户满意度，还能够提升店铺的口碑和销量。如何选择物流？如何提高物流效率和服务质量呢？

1. 物流的选择

对于店铺来说，选择合适的物流有降低运输成本、缩短运输时间和提高竞争力以及提升店铺信誉等作用。那么如何选择物流呢？可从以下几个方面考虑。

（1）贵重的物品，如手机、电脑或者高档服装、化妆品，建议选择顺丰速递和邮政特快专递。如果是时效性比较强的商品，如食物类，最好不用邮政特快专递，速度比较慢。

（2）平价且不易破损的产品，如小首饰、服装鞋帽等，价格比较低的，用顺丰和邮政特快专递不够划算，可以选择申通、圆通、韵达快递，这几家快递公司的好处是价格便宜，网点比较多，时效性也能保证。

（3）货物体积、质量、数量非常大的物品，建议用专门的物流公司，如华宇、德邦等，比快递公司收费要划算，缺点是买家需要自己去取货，如果要门对门服务需要额外付费。

课堂互动： 你认为卖家在选择物流方式时还会考虑哪些问题？

_____

_____

2. 物流效率和服务质量的提升

首先，选择合作的物流公司是物流管理的关键。在淘宝店铺运营中，选择一家可靠的物流公司是确保订单能够准时送达的重要保障。

其次，合理的仓储管理是物流管理的基础。对于淘宝店主来说，仓储管理是确保订单能够及时发货的重要环节。

再次，合理利用物流信息技术也是物流管理中的重要环节。随着物流信息技术的发展，店主可以利用电子化的物流信息系统，以实时掌握订单的状态和位置，及时提醒客户发货信息,提高客户满意度。

最后,建立良好的售后服务体系也是物流管理的重要环节。在电商行业中,售后服务是影响店铺口碑和客户忠诚度的重要因素。

任务实施

知识链接:
电商物流
配送模式

1. 基础任务

以小组为单位,选择 3 家同类店铺,查看其店铺物流服务评分,并分析店铺服务评分高或低的原因。成果提交形式见表 5-43。

表 5-43　店铺评分情况

项目	店铺 1	店铺 2	店铺 3
物流服务评分			
物流服务高/低的原因			

2. 提升任务

以小组为单位,针对以上 3 家同类店铺物流服务评分的比较,你觉得评分低的店铺应该在哪方面进行改进,给出改进建议,填写表 5-44。

表 5-44　店铺物流服务改进建议

店铺名称:	
改进建议	

任务考核

在本次任务完成后,综合各项表现和评分标准,填写表 5-45 和表 5-46。

表 5-45　评分标准

评分项目	分值	评分标准	得分
店铺物流服务评分收集	20	收集 3 家同类店铺物流服务评分数据,内容完整,得 20 分;不符合要求的,酌情扣分	
店铺物流服务评分分析	20	通过店铺物流服务评分数据对比,能准确分析其物流服务评分高或低的原因,分析准确、完整,得 20 分;内容不完整,酌情扣分	
店铺物流服务评分讨论	30	针对店铺物流服务评分出现的问题展开讨论,分析合理、全面,得 30 分;分析不全面,酌情扣分	
店铺物流服务改进建议	30	店铺物流服务评分改进建议针对性强,可操作性高,得30分;可操作性差,不够全面,酌情扣分	
合　　计			

表 5-46　综合成绩

任务形式	任务成果展现	个人自评（20%）	小组互评（30%）	教师点评（50%）	合计
店铺物流服务评分收集(20分)					
店铺物流服务评分分析(20分)					
店铺物流服务评分讨论(30分)					
店铺物流服务改进建议(30分)					
综合得分					

项目小结

（1）网店运营中涉及的数据指标繁多，店铺卖家要有针对性地选择数据指标，一般而言，流量数据指标、订单数据指标和转化数据指标是最核心的，缺一不可。

（2）数据分析对网店运营至关重要，有助于了解店铺运营现状、分析店铺运营好坏的原因、预测店铺未来的运营状况、及时发现店铺的问题。

（3）流量是网店运营的重要因素，流量分析的主要内容包括搜索流量分析、推广流量分析和活动流量分析。

（4）热销商品是店铺重点关注的商品，可以从热销商品的特征、热销商品的分类、数据分析工具、热销商品的营销策略四个方面分析。

（5）转化率对店铺运营至关重要，影响转化率的因素有店铺装修、店铺评分、物流服务等。做好这些工作，不仅可以提高客户满意度，还能够提升店铺的口碑和销量。

拓展阅读：田间"直播带货"助力乡村振兴

财务数据分析

思维导图

微课：
财务数据
分析

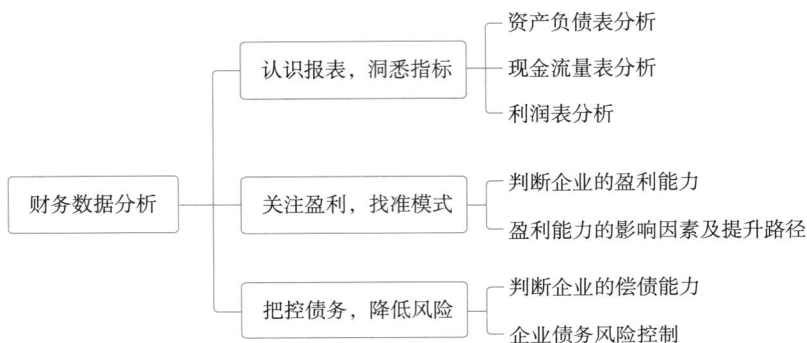

财务数据分析
- 认识报表，洞悉指标
  - 资产负债表分析
  - 现金流量表分析
  - 利润表分析
- 关注盈利，找准模式
  - 判断企业的盈利能力
  - 盈利能力的影响因素及提升路径
- 把控债务，降低风险
  - 判断企业的偿债能力
  - 企业债务风险控制

项目导入 ▶▶

　　财务数据分析是对企业财务状况、经营情况和盈利能力进行全面评估和分析，为企业管理层、投资者和其他利益相关方提供决策依据。那么如何读懂财务数据以客观评价企业的经营业绩及其财务健康状况呢？本项目旨在通过对财务报表、盈利能力和债务风险控制能力的分析，为相关方提供有关企业财务健康状况和经营绩效的信息。请根据学习情境描述和任务指引，完成相应工作。

知识目标

（1）能够理解企业业务背景，评估分析需求，确定财务报表分析维度。

（2）掌握偿债能力比率、盈利能力比率和运营能力比率的计算方法和解读技巧。

（3）掌握财务数据分析的一般流程，能够根据企业分析目标对数据进行筛选、整理、分类等。

能力目标

（1）读懂财务报表，识别重要的财务指标和数据。

（2）培养职业判断力，能够初步分析财务指标变化动因。

（3）培养敏锐洞察力，能够识别问题，基于公司具体情况搭建财务分析指标体系。

（4）能够准确评估企业的财务状况和风险，并作出相应的财务管理决策。

素养目标

（1）培养责任意识，能初步确定财务报表分析的决策建议。

（2）培养严谨、诚信的职业品质，具有良好的职业道德和心理素质。

（3）培养数据安全意识和数据保护意识。

模块一 认识报表，洞悉指标

企业经过一年的运营，已经具备一定的财务数据，如何判断企业的财务基础是否稳健？如何剖析企业目前的运营能力、偿债能力、盈利能力、发展能力，让企业负责人能够从错综复杂的数据中了解和把控公司运营情况？本模块将从财务分析的角度，深入解析资产负债表、利润表、现金流量表，为企业做出决策提供必要的指导。

任务 1 资产负债表分析

任务描述

小王是企业战略规划部的经理，年底想要摸清企业的"家底"，以此来制定企业未来的发展规划。而要摸清"家底"，就需要深入挖掘企业资产负债表的数据。那么，资产负债表都有哪些指标？该如何解读呢？

任务分析

根据任务描述，要想读懂资产负债表，就要掌握资产和负债的结构分析，具体内容包括以下三个方面。

（1）核查流动资产、非流动资产、负债、所有者权益等大项目的合计数。

（2）分析各项资产、负债、所有者权益分别在资产总额、负债与所有者权益总额中所占的比重。

（3）根据有关的各项比重，评价和衡量企业的资产负债状况。

学习准备

以小组为单位，收集 3 家不同类型企业的相关资产和负债数据，填写表 6-1。

表 6-1　企业的相关资产和负债数据

企业名称	员工人数	设备数量	车间/店面数量	有无欠款

任务背景知识

1. 资产负债表的含义

资产负债表反映某一个时点一家企业的财务状况。以企业为例，比如截至年末，小王所在的企业，其银行账户存款余额、店面及设备的固定资产价值，以及客户欠款是多少，用所有资产减去负债,就是这家企业的财富。

资产负债表是一个时点概念、一个截面数据,是在一个时间剖面上企业所拥有的财富时点数。资产负债表中应收账款周转率、存货周转率、固定资产周转率、总资产周转率是反映一家公司经营能力的重要指标。资产负债表中主要包括资产和负债等。

1)资产

资产负债表中的资产反映由过去的交易或事项形成、企业在某一特定日期所拥有或控制的、预期会给企业带来经济利益的资源。

课堂互动:(1)一个面包店的资产包括什么?

_____

_____

(2)一个珠宝店的资产包括什么?

_____

_____

资产按照流动性可以划分为流动资产、长期投资、固定资产、无形资产和其他资产。其中,流动资产是指可以在一年内或者超过一年的一个营业周期内变现或者耗用的资产,包括现金、银行存款、短期投资、应收及预付款项、待摊费用、存货等。长期投资是指除短期投资以外的投资,包括持有时间准备超过一年(不含一年)的各种股权性质的投资、不能变现或不准备变现的债券、其他债权投资和其他长期投资。固定资产是指企业使用期限超过一年的房屋、建筑物、机器、机械、运输工具,以及其他与生产、经营有关的设备、器具、工具等。无形资产是指企业为生产商品或者出租劳务给他人,或为管理目的而持有的没有实物形态的非货币性长期资产。其他资产是指除流动资产、长期投资、固定资产、无形资产以外的资产,如固定资产、修理、改建支出等形成的长期待摊费用。资产具有可量化、可控制、能够持续获得经济利益的特征。

2)负债

负债反映在某一特定日期企业所承担的、预期会导致经济利益流出企业的现时义务。负债按流动性可分为流动负债和长期负债。流动负债是指预计在一个正常营业周期中偿还,或者主要为交易目的而持有,或者自资产负债表日起一年内(含一年)到期应予以清偿,或者企业无权自主地将清偿推迟至资产负债表日以后一年以上的负债。流动负债主要包括短期借款、应付票据、应付账款、预收款项、应付职工薪酬、应交税费、应付利息、应付股利、其他应付款等。非流动负债是指流动负债以外的负债,主要包括长期借款、应付债券等。

将一项现时义务确认为负债,需要符合负债的定义,还应当同时满足以下两个条件。

(1)与该义务有关的经济利益很可能流出企业。

(2)未来流出的经济利益的金额能够可靠地计量。

3)所有者权益

所有者权益是企业资产扣除负债后的剩余权益,反映企业在某一特定日期股东拥有的净资产的总额。所有者权益按构成分为投入资本、资本公积和留存收益三类。

所有者权益在企业经营期内可供企业长期、持续地使用,企业不必向投资人返还资本金。而负债则须按期返还给债权人,成为企业的负担。企业所有人凭其对企业投入的资本享有税后分配利润的权利。

2. 资产负债表的重要性

(1)体现企业的整体财务状况。

（2）体现企业的债务偿还能力。

（3）检验企业的经营绩效。

3. 资产负债表的应用

（1）组织决策依据：通过对资产负债表进行分析，管理层可以了解企业各项资产和负债的情况，从而制定合理的资金、生产和经营策略。

（2）外部融资工具：银行和其他债权人可以通过资产负债表来评估企业的偿债能力和风险水平，从而决定是否给予贷款。

（3）税务申报依据：资产负债表是企业报税的重要依据之一。通过正确填写资产负债表和申报税务，可以提高企业申报纳税的准确性和合规性，减少税务风险。

（4）监督机构监管：监管机构可以通过核查和分析资产负债表评估企业的风险水平，确保企业的合规性和健康发展。

4. 资产负债表的结构

资产负债表一般由表头、表体两部分组成。表头部分应列明报表名称、编制单位名称、资产负债表日、报表编号和计量单位；表体部分是资产负债表的主体，列示了用以说明企业财务状况的各个项目。资产负债表的表体格式一般有两种：报告式资产负债表和账户式资产负债表（我国采用）。

（1）报告式资产负债表是上下结构，上半部分列示资产各项目，下半部分列示负债和所有者权益各项目。

（2）账户式资产负债表是左右结构，左边列示资产各项目，反映全部资产的分布及存在状态；右边列示负债和所有者权益各项目，反映全部负债和所有者权益的内容及构成情况。

课堂互动：（1）表 6-2 是某企业的资产结构表，请根据给定的数据，完成表格填写。

表 6-2　资产结构表

资产的组成	金额/万元	比例/%
流动资产总计	44 820.00	
非流动资产总计	12 242.00	
资产总计	57 062.00	100.00%

（2）表 6-3 是某企业的负债与所有者权益结构表，请根据表格数据，回答以下问题：公司流动负债占资本总计的_____，长期负债占资本总计的_____，所有者权益占资本总计的_____。由此得出，公司的债务资本比例为_____，权益资本比例为_____。

表 6-3　负债与所有者权益结构表

负债与所有者权益的组成	金额/万元	比例/%
流动负债总计	11 730.00	18.02%
长期负债总计	12 000.00	18.44%
所有者权益	41 359.00	63.54%
负债与所有者权益总计	65 089.00	100.00%

案例分析：
某企业的
资产负债表
分析

任务实施

1. 基础任务

以小组为单位,调研一家企业 2024 年的资产、负债和所有者权益的原始数据,对企业的资产、负债、所有者权益的数据进行分析。

提交调查成果:《某企业资产构成情况分析》《某企业负债情况分析》《某企业所有者权益情况分析》。

2. 提升任务

资产负债表的数据分析不仅需要考虑时点和时期,还要调查公司的经营规模、业态来综合考量,才能更准确地评估企业的财务状况和未来潜力,这有助于全面了解企业的财务健康状况和长期发展趋势。以小组为单位,对比所调研的这家企业三年间的资产负债情况,梳理出该企业资产负债的动态发展情况,填写表 6-4。

表 6-4　资产负债调查表

基本资料	企业业态类型			
	企业资金规模	微型□　　小型□	中型□　　大型□	
资产负债情况(2022 年)	期初资产:_____ 期末资产:_____	期初负债:_____ 期末负债:_____	所有者权益:_____ 所有者权益:_____	
资产负债情况(2023 年)	期初资产:_____ 期末资产:_____	期初负债:_____ 期末负债:_____	所有者权益:_____ 所有者权益:_____	
资产负债情况(2024 年)	期初资产:_____ 期末资产:_____	期初负债:_____ 期末负债:_____	所有者权益:_____ 所有者权益:_____	

任务考核

在本次任务完成后,综合各项表现和评分标准,填写表 6-5 和表 6-6。

表 6-5　评分标准

评价项目	分值	评分标准	得分
资产数据收集	30	数据收集涉及资产的指标,内容完整,得 30 分;不符合要求的,酌情扣分	
负债数据搜集	30	数据收集涉及负债的指标,内容完整,得 30 分;不符合要求的,酌情扣分	
所有者权益数据搜集	30	数据收集涉及所有者权益的指标,内容完整,得 30 分;不符合要求的,酌情扣分	
调查数据汇总统计	10	数据汇总针对性强,可操作性高,得 10 分;可操作性差,不够全面,酌情扣分	
合　　计			

表 6-6　综合成绩

任务形式	任务成果展现	个人自评（20%）	小组互评（30%）	教师点评（50%）	合计
资产数据收集（30 分）					
负债数据搜集（30 分）					
所有者权益数据搜集（30 分）					
调查数据汇总统计（10 分）					
综合得分					

任务 2　现金流量表分析

任务描述

小李是产品开发部门的员工，经过市场调查，他觉察到某款产品特别畅销，也符合现在的市场需求，就向公司递交了投资该款新产品的可行性建议，但财务部以现金流不够为由给予否定。企业的现金流要关注哪些指标？如何解读现金流量表呢？

任务分析

根据任务描述，要想读懂现金流量表，就要掌握和现金流量相关的活动，通常包括经营活动、投资活动和筹资活动，这三类活动也分别表示了企业主营业务的运营情况、投资活动的收益情况和财务状况的健康程度。

（1）按照这三个类别的活动分别记录现金的流入和流出情况。

（2）通过流入减去流出的净额判断公司的现金来源、应用及其增减变动的情况。

学习准备

以小组为单位，对同行业、相似规模的 3 家企业进行调查，主要调查企业的现金流入流出的情况，填写表 6-7。

表 6-7　企业调查表

企业名称	投资收到的现金	销售商品收到的现金	接受劳务支付的现金	支付的税费

任务背景知识

1. 现金流量表的含义

现金流量表是财务报表的三个基本报告之一，所表达的是在一固定期间（通常是每月或每季度）内，一家机构的现金（包含银行存款）的增减变动情形。它主要反映出资产负债表中各个项目对现金流量的影响，可用于分析企业在短期内有没有足够现金应付开销。

2. 现金流量表的结构

企业的经济活动通常分为经营活动、投资活动、筹资活动，这三个活动都会产生现金流入和流出。根据上述调查，填写表6-8。

表6-8　现金流量表

现金流量表

项目	本期金额	累计金额
经营活动现金净流量		
现金流入		
现金流出		
投资活动现金净流量		
现金流入		
现金流出		
筹资活动现金净流量		
现金流入		
现金流出		
现金流净增加额		

3. 现金流量表的意义

(1) 弥补了资产负债信息量的不足。

(2) 能够分析企业未来获取现金的能力。

(3) 决定企业短期生存能力。

(4) 有利于反映企业偿债能力和支付股利的能力。

(5) 对企业未来现金流量进行预测。

4. 现金净流量分析

现金净流量是指现金流入量和流出量的差额。这里需要掌握一个基础公式：

$$现金净流量＝现金流入－现金流出 \qquad (6\text{-}1)$$

根据企业经营活动不同，现金净流量可进一步分为经营活动现金净流量、投资活动现金净流量和筹资活动现金净流量。

$$经营活动现金净流量＝经营活动现金流入－经营活动现金流出 \qquad (6\text{-}2)$$

经营活动现金净流量大于0时，说明企业主要经营业务发展正常，这个数值越大，说明企业自身的"造血"能力越强。同时还需要注意经营活动现金净流量占总体现金净流量的比例，它反映的是企业的现金收入结构是否合理，依靠企业主营业务收入创造价值，企业才能持续发展。

$$投资活动现金净流量＝投资活动现金流入－投资活动现金流出 \qquad (6\text{-}3)$$

企业投资活动相当于"献血"。一般来说，当企业需要快速扩大市场份额时，需要对内扩大投资或者对外进行并购，投资活动现金净流量小于0。但如果投资量过大，甚至超过了企业主体业务的经营活动现金净流量，有时还要依靠外部的股权融资或债权融资填补资金空缺,企业会处于"失血"状态,这是非常危险的。而如果企业处于战略收缩或比较保守的发展时期,投资活动现金净流量将大于0。

$$筹资活动现金净流量＝筹资活动现金流入－筹资活动现金流出 \tag{6-4}$$

企业筹资活动相当于"输血"。在企业处于创业初期或高速发展时期,筹资活动现金流净额大于0,这时候企业需要融入大量资金,形成生产能力,开拓市场,其资金来源主要就是债权及股权融资。

案例分析:企业经营现金流

企业要密切关注现金净流量,"造血－献血＋输血"状态反映了企业的健康状况。企业自身的发展速度是有限的,当外部"输血"(筹资)为0时,不要过分"献血"(投资),否则"造血"速度跟不上"献血"速度,就容易造成资金链断裂。

任务实施

1. 基础任务

以小组为单位,搜集某企业2024年的财务数据,按照经营活动、投资活动、筹资活动对企业的现金流量进行分析。现金流量表的重点不是关心企业最后有多少现金留存、净额多少,而是要通过现金流入流出的来龙去脉了解企业在三项活动中的表现,以及背后隐藏着的一些风险。

成果提交格式:形成《某企业2024年现金流的经营活动分析》《某企业2024年现金流的投资活动分析》《某企业2024年现金流的筹资活动分析》。

2. 提升任务

以小组为单位,针对某企业3种活动的现金流量表现情况进行调研,找出企业经营中存在的优劣势,并针对企业财务特点制定有针对性的优化管理策略,填写表6-9。

表6-9 某企业简明现金流量表

项目	本期金额	累计金额
经营活动现金净流量		
现金流入		
现金流出		
投资活动现金净流量		
现金流入		
现金流出		
筹资活动现金净流量		
现金流入		
现金流出		
现金流净增加额		

优势 _____

劣势 _____

优化策略 _____

任务考核

在本次任务完成后,综合各项表现和评分标准,填写表 6-10 和表 6-11。

表 6-10　评分标准

评价项目	分值	评分标准	得分
经营活动现金流数据收集	30	企业经营活动现金流分析细致,得 30 分;分析不够深刻,流于形式,酌情扣分	
投资活动现金流数据收集	30	企业投资活动现金流分析细致,得 30 分;分析不够深刻,流于形式,酌情扣分	
筹资活动现金流数据收集	30	企业筹资活动现金流分析细致,得 30 分;分析不够深刻,流于形式,酌情扣分	
调查汇总数据分析	10	汇总数据针对性强,可操作性高,得 10 分;可操作性差,不够全面,酌情扣分	
合　　计			

表 6-11　综合成绩

任务形式	任务成果展现	个人自评(20%)	小组互评(30%)	教师点评(50%)	合计
经营活动现金流数据收集(30 分)					
投资活动现金流数据收集(30 分)					
筹资活动现金流数据收集(30 分)					
调查汇总数据分析(10 分)					
综合得分					

任务 3　利润表分析

任务描述

某企业年底召开年终总结大会,老板交代财务人员小李,要以 PPT 的形式向经营者、投资者展示企业一年来的经营成果和各产品线对总体效益的贡献度,利润表就是小李最好的工具。他该如何向大家来解读利润表呢?

任务分析

根据任务描述,要想读懂利润表,就要分析当期的利润总额及其构成,其次再就企业本期的利润率与目标值进行横向比较,找出差距和努力方向,随后将本报表最近几期的相关项目进行纵向比较,分析出企业的发展趋势。具体包括以下两个方面。

(1)阅读利润表,理解并描述企业基本利润状况。

(2)对利润表进行整体分析。

学习准备

找出一家行业代表性企业，通过其官网等渠道找到其有哪些产品线和其对应的目标市场，填写表 6-12。

表 6-12 企业产品线和目标市场调查

企业名称	产品线	目标市场

任务背景知识

1. 利润表的含义

企业利润表是根据"收入－费用＝利润"的基本关系来编制的，其具体内容取决于收入、费用、利润等会计要素及其内容，利润表项目是收入、费用和利润要素内容的具体体现。从反映企业经营资金运动的角度看，它是一种反映企业经营资金动态表现的报表，主要提供有关企业经营成果方面的信息，属于动态会计报表。

2. 利润表的内容

1）营业收入

以主营业务收入为基础，加上其他业务活动实现的收入，反映企业一定时期内经营活动的业绩。

2）营业成本

营业成本是指企业对外销售商品、提供劳务等主营业务活动和销售材料的成本、出租固定资产的折旧额、出租无形资产的摊销额、出租包装物的成本或摊销额等其他经营活动所发生的实际成本。

3）营业利润

以实现的营业收入加上公允价值变动收益及投资收益净额减去营业成本、税金及附加、期间费用和资产减值损失，得到营业利润，反映企业一定时期内经营活动的结果。

4）利润（或亏损）总额

以营业利润为基础，增加（或减少）营业外收支等项目，得到利润（或亏损）总额，反映企业一定时期内全部经济活动的最终结果。

5）净利润（或净亏损）

用利润总额减去所得税费用，反映企业实际拥有、可供企业自行支配的权益。利润表的格式内容及基本构成关系，为财务分析提供了有用的信息。

3. 利润表提供的信息

（1）提供了反映企业财务成果的信息。

（2）提供了反映企业盈利能力的信息。

（3）提供了反映企业营业收入、成本费用状况的信息。

（4）提供了企业经营业绩结构的信息。

4. 利润表的作用

（1）评价和预测企业的经营成果和获利能力，为投资决策提供依据。

（2）评价和预测企业的偿债能力，为筹资决策提供依据。

（3）企业管理人员可根据利润表披露的经营成果做出经营决策。

（4）评价和考核管理人员的绩效。

课堂互动：

表 6-13 是 A 公司的简明利润表，请根据相关数据，填写完整。

表 6-13　A 公司简明利润表　　　　　　　　　单位：万元

项目	金额
营业收入	1000
营业成本	600
营业利润	
销售及管理费用	200
研发费用	100
财务费用	50
利润总额	
所得税费用	10
净利润	

任务实施

1. 基础任务

以小组为单位，搜集某企业 2024 年的利润表的数据，对利润表进行分析和解读。成果提交格式：形成《某企业 2024 年营业结构分析》《某企业 2024 年业绩结构分析》《某企业 2024 年利润情况整体分析》。

案例分析：
A 公司的
利润表分析

2. 提升任务

以小组为单位，搜集某企业的利润情况，找出企业经营中存在的优劣势，并针对企业财务特点制定有针对性的优化管理策略，填写表 6-14。

表 6-14　某公司简明利润表　　　　　　　　　单位：万元

项目	金额
营业收入	
营业成本	
营业利润	
销售及管理费用	
研发费用	
财务费用	
利润总额	

续表

项目	金额
所得税费用	
净利润	

优势＿＿＿＿＿＿＿＿＿＿＿＿＿＿＿＿＿＿＿＿＿＿＿＿＿＿＿＿＿＿＿＿＿＿＿＿＿＿

劣势＿＿＿＿＿＿＿＿＿＿＿＿＿＿＿＿＿＿＿＿＿＿＿＿＿＿＿＿＿＿＿＿＿＿＿＿＿＿

优化策略＿＿＿＿＿＿＿＿＿＿＿＿＿＿＿＿＿＿＿＿＿＿＿＿＿＿＿＿＿＿＿＿＿＿＿

任务考核

在本次任务完成后,综合各项表现和评分标准,填写表 6-15 和表 6-16。

表 6-15　评分标准

评价项目	分值	评分标准	得分
营业收入数据搜集	30	企业营业收入数据分析细致,得 30 分;分析不够深刻,流于形式,酌情扣分	
营业成本数据搜集	30	企业营业成本数据分析细致,得 30 分;分析不够深刻,流于形式,酌情扣分	
营业利润数据搜集	30	企业营业利润数据分析细致,得 30 分;分析不够深刻,流于形式,酌情扣分	
净利润分析	10	企业净利润情况分析细致,得 10 分;分析不够深刻,流于形式,酌情扣分	
合　　计			

表 6-16　综合成绩

任务形式	任务成果展现	个人自评（20%）	小组互评（30%）	教师点评（50%）	合计
营业收入数据搜集（30 分）					
营业成本数据搜集（30 分）					
营业利润数据搜集（30 分）					
净利润分析（10 分）					
综合得分					

模块二　关注盈利,找准模式

通过对三大报表的解析,同学们基本掌握了企业的运营情况。如何判断企业的竞争力以及经济效益对于企业管理者和投资者具有重要意义。本项目将从盈利能力分析的各项指标入手,深入分析和评估企业的盈利能力,为企业做出决策提供必要的指导。

任务 1 判断企业的盈利能力

任务描述

小王在大学毕业后想要创业,在奶茶店、烧烤店、便利店三个项目中进行选择,想要看看哪一种业态在大学城附近更挣钱,因此小王需要对大学城附近这些店铺的盈利能力进行调研。他该关注哪些指标呢? 具体该如何评估呢?

任务分析

根据任务描述,要想评估企业的盈利能力,就要计算出衡量企业盈利能力的指标并进行分析,具体内容包括以下两个方面。

(1) 对盈利能力分析指标进行分类和计算。

(2) 运用这些指标评价企业盈利能力。

学习准备

收集某企业 2024 年四个季度销售收入及其主要来源情况,填写表 6-17。

表 6-17 某企业 2024 年四个季度销售收入及其主要来源

	销售收入金额	销售收入主要来源
第一季度		
第二季度		
第三季度		
第四季度		

任务背景知识

1. 盈利能力分析的含义

盈利能力也称企业的资金增值能力,通常是指企业在一定时期内获取利润的能力。盈利能力反映了企业的财务结构状况和经营绩效,是企业偿债能力和营运能力的综合体现。盈利能力分析的主要内容有以下三个方面。

(1) 业务获利能力:企业在经营活动中平均每一元销售收入创造收益的能力。

(2) 资产获利能力:企业用投资者投入企业的每一元资金创造收益的能力。

(3) 市场获利能力:企业投资者在资本市场上的每一元投资创造收益的能力。

2. 盈利能力分析的意义

盈利能力是评价一家企业经营者业绩的主要指标,也是与该企业相关的各利益方共同关注的重点。企业盈利能力分析的意义如下:

(1) 有利于保护投资者的所有者权益。

(2) 有利于债权人衡量投入资金的安全性。

(3) 有利于政府部门行使社会管理职能。

(4) 有利于保障企业职工的劳动者权益。

(5) 有利于企业经理人员对企业进行经营管理。

3. 盈利能力分析的指标

盈利能力指标分为三大类。第一类：根据业务量与收益构造的业务获利能力指标，包括销售毛利率、销售利润率、主营业务利润率、销售净利润率。第二类：根据企业资产与收益构造的资产获利能力指标，包括总资产报酬率、净资产报酬率。第三类：根据金融市场投资者投资与其收益构造的市场获利能力指标，包括每股收益、每股净资产、市盈率、市净率等。

具体的盈利能力指标计算和分析方法如下。

1）销售毛利率

销售毛利率是企业经营过程中的一个非常关键的指标，它反映的是企业在销售产品或提供服务时所获得的利润与销售额之间的比率。

$$销售毛利率＝（销售收入－销售成本）/销售收入×100\%$$

$$销售净利率＝净利润/销售收入×100\% \tag{6-5}$$

毛利率对于企业的经营管理具有非常重要的作用，它可以使企业管理者了解企业的盈利能力和效率，从而优化企业的经营管理。

课堂互动：以下是甲公司 2022—2024 年三年间的营业数据（表 6-18），请根据表中数据，回答以下问题。

（1）甲公司 2022 年的销售毛利为 _____，销售毛利率为 _____。

（2）甲公司 2023 年的销售毛利为 _____，销售毛利率为 _____。

（3）甲公司 2024 年的销售毛利为 _____，销售毛利率为 _____。

表 6-18　甲公司销售毛利率

项目	2024 年	2023 年	2022 年
营业收入/万元	242 100	221 673	177 033
营业成本/万元	183 001	180 154	148 083
销售毛利/万元			
销售毛利率/%			

2）营业利润率

营业利润率是指经营所得的营业利润占销售净额的百分比，或占投入资本额的百分比。这种百分比能综合反映一个企业或一个行业的营业效率。由于营业利润率的计算包含了企业营业中涉及的成本和费用，所以营业利润率比营业毛利率更能反映企业的盈利能力。

$$营业利润率＝营业利润/全部业务收入×100\% \tag{6-6}$$

$$营业利润＝营业收入－营业成本－税金及附加－销售费用－管理费用－财务费用$$
$$－资产减值损失＋公允价值变动收益（－公允价值变动损失）$$
$$＋投资收益（－投资损失） \tag{6-7}$$

营业利润指标越高，说明企业产品或商品的定价科学，产品附加值高，营销策略得当，产品市场竞争力强，发展潜力大，获利水平高。

3）主营业务利润率

主营业务利润率是指企业一定时期主营业务利润同主营业务收入净额的比率。它表明企业每单位主营业务收入能带来多少主营业务利润,反映了企业主营业务的获利能力。

$$主营业务利润率=主营业务利润/主营业务收入×100\% \tag{6-8}$$

主营业务利润也称基本业务利润(在工业企业则称为产品销售利润),是企业主营业务收入扣除主营业务成本、税金及附加后得来的,不包括其他业务利润、投资收益、营业外收支等。

主营业务利润计算公式为

$$主营业务利润=主营业务收入-主营业务成本-税金及附加 \tag{6-9}$$

主营业务利润率是主营业务利润与主营业务收入的百分比。主营业务利润率越高,表明产品或商品定价越科学,产品附加值越高,营销策略越好。

4）销售净利润率

"营业收入"是利润表的第一行数据,"净利润"是利润表的最后一行数据,两者相除可以概括企业的全部经营成果。它表明每一元销售收入与其成本费用之间可以"挤"出来的净利润,表示销售收入的收益水平。销售净利率的计算公式为

$$销售净利润率=(净利润/销售收入)×100\% \tag{6-10}$$

净利润(税后利润)＝利润总额－所得税费用

　　　　　　　　＝主营业务收入＋其他业务收入

　　　　　　　　－主营业务成本－其他业务成本－营业税金及附加

　　　　　　　　－期间费用(销售费用＋管理费用＋财务费用)

　　　　　　　　－资产减值损失＋公允价值变动收益(－公允价值变动损失)

$$+投资收益(-投资损失)-所得税费用 \tag{6-11}$$

在企业分析中,销售毛利润率和销售净利润率都是重要的指标。销售毛利率可以帮助企业了解销售商品或提供服务的效率,而销售净利润率则可以帮助企业更全面地了解自己的经济状况和盈利能力。这两个指标都可以帮助企业制定更合理的经营策略,提高企业的盈利水平。

课堂互动:请根据表6-19M公司相关财务数据,回答以下问题。

该公司2022年的销售净利润率为_____,2023年的销售净利润率为_____,2024年的销售净利润率为_____,总体呈_____趋势。

表 6-19　M 公司相关财务数据

项目	2024 年	2023 年	2022 年
营业收入/万元	242 100	221 673	177 033
营业成本/万元	183 001	180 154	148 083
营业税金及附加/万元	1 161	751	671
销售费用/万元	23 566	14 840	10 925
管理费用/万元	12 702	11 228	11 669
财务费用/万元	1 887	61	440

续表

项目	2024 年	2023 年	2022 年
资产减值损失/万元	569	610	638
投资收益/万元	7 804	96 513	31 420
营业利润/万元	27 018	110 542	36 027
营业外收入/万元	12	621	181
营业外支出/万元	0	5	313
利润总额/万元	27 143	111 158	35 895
所得税费用/万元	3 439	2 413	1 163
净利润/万元	23 704	108 745	34 732
销售净利润率/%			

5）资产获利能力——总资产报酬率（资产净利润率）

总资产报酬率反映每一元资产创造的净利润。总资产报酬率越高，说明企业利用全部资金为股东创造收益的能力越强。

$$总资产报酬率 ＝（利润总额＋利息支出）/平均资产总额×100\% \qquad (6-12)$$

这个公式考虑了企业的利润总额和利息支出，以及资产的平均规模，从而能够全面反映企业资产的盈利能力。

案例分析：对比分析总资产报酬率

6）资产获利能力——净资产报酬率

净资产报酬率是衡量企业盈利能力和效率的重要指标。它反映了企业利用自有资本的效率，体现了股东权益的收益水平，以及公司运用自有资本的效率。

$$净资产报酬率＝净利润/平均净资产总额（所有者权益的平均值）×100\% \qquad (6-13)$$

其中，净利润是指企业在一定时期内的总收入减去所有成本和费用后的余额；平均净资产总额就是所有者权益的平均值。因此，净资产报酬率的高低直接受到净利润和所有者权益平均值（平均净资产总额）的影响。

这个指标展示了企业每一元钱的股东权益可以赚取多少利润。需要注意的是，净资产报酬率并非越高越好。过高的净资产报酬率可能意味着企业承担了过高的风险，或者采用了过于激进的财务策略。因此，在分析净资产报酬率时，需要结合企业的其他财务指标和经营状况进行综合判断。

案例分析：计算并评估净资产收益率

7）市场获利能力——每股收益

每股收益也称为每股盈余或每股利润，是企业股东每持有一股权益所能获得的利润（或承担的亏损）。每股收益通常用来反映企业的经营成果，衡量普通股的获利水平及投资风险，是投资者等信息使用者据以评价企业盈利能力、预测企业成长潜力、进而做出相关经济决策的重要的财务指标之一。

$$每股收益＝归属于普通股股东的当期净利润/当期发行在外普通股的加权平均数$$

$$(6-14)$$

假设某企业某年普通股毛利润为 10 000 万元，年末的总股数为 5 000 万股，那么，该企业的每股收益为：10 000 万元/5 000 万股＝2 元/股。可以看出，每股收益并非越高越好。首先，由于每股的股价不同，所代表的收益率也就不同。例如，现在有两支股票，一支股票的行市为 30 元每股,另一支股票的行市为 5 元每股,在同样每支股都盈利 1 元的情况下,5 元的股票就好过 30 元的股票。其次,由于不同企业的股利分配政策不同,每股收益多,并不一定意味着分红就多。

8)市场获利能力——每股净资产

该指标表明发行在外的每股股票所代表的净资产的账面价值,在理论上提供了股票的最低价值,可以用来估计其上市股票或拟上市股票的合理市价,判断投资价值及投资风险。

每股净资产的计算公式为

$$每股净资产 = 股东权益总额 / 总股本 \tag{6-15}$$

假设企业的净资产是 100 万元,有 10 万股股票在市场上流通,那么每股净资产就是 10 元(100 万元除以 10 万股)。这个数值可以帮我们理解每股股票代表的企业资产价值。如果一家企业的每股净资产是 1 元,但股市价格是 0.5 元,可能意味着市场低估了这家企业,它的股票值更高的价格。反之,如果一家企业的每股净资产是 1 元,但股价为 10 元,股价远远高于每股净资产,那可能就代表着市场高估了这家企业的表现,又或者市场对它的期望远超出它现阶段的表现。

案例分析:判断市场的获利能力

9)市场获利能力——市盈率

市盈率是指股票价格除以每股收益的比率。在市盈率的计算中,每股收益的取值通常使用最近一期的企业的每股收益,但是,当企业公布了预测的盈余,或者分析者通过分析已知企业的预计每股收益时,使用这种预计的每股收益作为分母计算出的市盈率则更能够显示出股票市场定价的合理与否。

$$市盈率(静态市盈率) = 普通股每股市场价格/普通股每年每股盈利 \tag{6-16}$$

总体来看,市盈率可以作为衡量公司盈利潜力的一个参考指标,但需要综合考虑公司自身的情况和行业背景。投资者应该根据自己的风险偏好、投资期限和预期收益等因素进行分析和抉择,而不是仅仅以市盈率作为投资决策的唯一依据。

课堂互动:请根据甲公司三年间的市盈率(表 6-20),回答以下问题。

甲公司 2022 年的市盈率为_____,2023 年的市盈率为_____,2024 年的市盈率为_____。

表 6-20 甲公司市盈率

项目	2022 年	2023 年	2024 年
每股市价/万元	12.15	12.87	14.35
基本每股收益/万元	0.122	0.481	0.158
市盈率/%			

10)市场获利能力——市净率

市净率反映了普通股股东愿意为每一元净资产支付的价格。其中,每股净资产(也称为每股账面价值)是指普通股股东权益与流通在外普通股加权平均股数的比率,它反映每支普通股享有的净资产。

$$市净率 = 每股市价/每股净资产 \tag{6-17}$$

当市净率较高时,表示市值相对于净资产较高。这可能意味着市场对企业未来盈利能力持有较高期望,认为企业的净资产价值较为低估。高市净率可能反映了市场对企业的高成长预期或企业有较好的盈利能力。反之,当市净率较低时,表示市值相对于净资产较低,这可能意味着市场对企业未来盈利能力持有较低期望,认为企业的净资产价值较高。

任务实施

1. 基础任务

从企业财务报表中提取与盈利能力相关的数据,如营业收入、营业成本、净利润、总资产等。对收集到的数据进行清洗、分类和整理,确保数据的准确性和一致性。根据分析结果,撰写一份详细的《某企业盈利能力分析报告》。报告应包括分析目的、分析方法、数据来源、分析结果、问题识别和改进建议等内容。

2. 提升任务

以小组为单位,对比分析企业不同时段内的盈利能力指标,找出变化趋势和原因,填写表 6-21。

表 6-21　企业盈利能力对比分析

指标	2024 年	2023 年	2022 年	2021 年
销售毛利率				
销售利润率				
主营业务利润率				
销售净利率				
总资产报酬率				
净资产报酬率				
每股收益				
每股净资产				
市盈率				
市净率				

该企业 2021—2024 年产品盈利能力变化趋势为_____,变化原因为_____。
该企业 2021—2024 年企业投资能力变化趋势为_____,变化原因为_____。
该企业 2021—2024 年筹资盈利能力变化趋势为_____,变化原因为_____。

任务考核

在本次任务完成后,综合各项表现和评分标准,填写表 6-22 和表 6-23。

表 6-22　评分标准

评价项目	分值	评分标准	得分
经营类盈利数据搜集	30	数据收集涉及企业的经营能力指标,内容完整,得 30 分;不符合要求的,酌情扣分	

评价项目	分值	评分标准	得分
投资类盈利数据搜集	30	数据收集涉及企业的投资能力指标,内容完整,得 30 分;不符合要求的,酌情扣分	
筹资类盈利数据搜集	30	数据收集涉及企业的筹资能力指标,内容完整,得 30 分;不符合要求的,酌情扣分	
数据汇总统计分析	10	数据收集涉及企业的盈利能力综合分析,内容完整,得 10 分;不符合要求的,酌情扣分	
合　　计			

表 6-23　综合成绩

任务形式	任务成果展现	个人自评(20%)	小组互评(30%)	教师点评(50%)	合计
经营类盈利数据搜集(30 分)					
投资类盈利数据搜集(30 分)					
筹资类盈利数据搜集(30 分)					
数据汇总统计分析(10 分)					
综合得分					

任务 2　盈利能力的影响因素及提升路径

任务描述

小李所在的公司盈利水平逐年下滑,他咨询了相关人员,众说纷纭,有人说是市场竞争太激烈,也有人说是销售部门的营销能力太差,还有人说是成本费用的管理不规范……影响盈利能力提升的因素都有哪些呢? 如何提升盈利能力呢?

任务分析

根据任务描述,要想分析企业目前的盈利能力体现以及欠缺,就要分析影响企业盈利能力的因素、常用的处理方法和提升盈利能力的策略。

(1)影响企业盈利能力的因素。

(2)企业盈利能力提升的路径。

学习准备

以小组为单位,调查 3 家同行业、相似规模的企业 2024 年的盈利产品情况,填写表 6-24。

表 6-24　企业 2024 年的盈利产品情况

企业名称	企业的主力产品	适应市场的哪些需求

续表

企业名称	企业的主力产品	适应市场的哪些需求

任务背景知识

1. 盈利能力的影响因素

盈利能力是指企业获取利润的能力,是衡量企业经营状况的重要指标。企业的盈利能力受到多种因素的影响,包括以下几个方面。

1)市场环境

市场竞争激烈程度和企业的竞争优势是影响盈利能力的重要因素。在竞争激烈的行业中,企业需要具备一定的竞争优势才能脱颖而出。竞争优势可以体现在产品差异化、成本控制、营销策略等方面。具备竞争优势的企业能够在市场上获得更大的利润空间,从而提高盈利能力。

2)企业的产品或服务

企业的产品质量和技术创新对盈利能力有着巨大的影响。高质量的产品能够赢得客户的信任和口碑,增加销售额和市场份额,从而提高盈利能力。同时,技术创新能够推动产品的升级和增值,提高产品附加值,进一步提升企业盈利能力。

3)企业的成本控制能力

经营成本是影响企业盈利能力的重要因素之一。企业的成本控制能力直接决定其盈利能力。降低生产成本、管理成本、销售成本等,能够增加企业的盈利。此外,规模效益也是提高盈利能力的重要方式之一。通过规模化生产、采购优势等,企业能够降低成本,进而提高盈利。

4)企业的财务管理能力

财务管理和投资策略的合理性对企业盈利有着深远的影响。合理的财务管理能够提高企业的经营效率,优化财务结构,降低财务风险,从而为企业创造更多的利润空间。而投资策略的选择要考虑回报率、风险和流动性等因素,以确保投资不会给企业带来不必要的盈利压力。

此外,企业盈利能力还受到其他因素的影响,包括技术创新、经营成本与规模效益、投资策略以及政策环境与法律规定。

2. 盈利能力分析的内容

(1)财务报表分析:通过查看企业的利润表、资产负债表和现金流量表等财务报表,可以了解企业的收入、成本、费用、资产和负债等情况,从而分析企业的盈利能力和财务健康状况。一些重要的财务指标,如净利润率、毛利率、利润总额等,可以从财务报表中得出。

(2)行业分析:了解企业所处的行业和市场环境,可以帮助分析企业的盈利能力。行业的增长率、竞争环境、市场份额等因素都可以对企业的盈利能力产生影响。

(3)经营模式分析:了解企业的经营模式,包括生产制造、销售渠道、销售模式等方面,可以帮助分析企业的盈利能力。例如，企业的利润率可能会受到生产成本、销售渠道、定价策略等因素的影响。

（4）管理层质量分析：企业的管理层质量也会对盈利能力产生影响。通过了解企业的领导层、董事会、管理团队等情况，可以评估企业的管理质量，从而推断企业的盈利能力。

（5）公司前景分析：了解企业的发展前景和未来计划，可以帮助分析企业的盈利能力。例如，企业是否有扩张计划、新产品或服务的开发等，都会对企业的盈利能力产生影响。

3. 提升企业盈利能力的路径

（1）优化成本管理：成本是企业利润的重要影响因素。通过优化供应链、减少浪费、降低人力成本和提高资源利用效率等方法，企业可以有效控制成本，并提高盈利能力。此外，与供应商进行谈判以获取更好的价格和条件也是一个有效的成本管理策略。

（2）提高销售额：销售额的增长将直接促进利润的增加。为了实现这一目标，企业可以采取多种方法，如改进产品或服务的质量，加强市场营销和品牌推广，开拓新的市场和客户群体，提供个性化的解决方案等。此外，建立稳固的客户关系和提高客户满意度也是提高销售额的关键因素。

（3）创新和研发：创新是推动企业效益增长和利润增加的关键因素。通过在产品、技术和市场方面的持续研发和创新，企业可以提供更具竞争力的解决方案，满足不断变化的市场需求，从而实现利润的增长。此外，寻求合作伙伴关系和开展开放式创新也可以加速企业的创新步伐。

（4）提高效率和生产力：提高企业的工作效率和生产力可以降低生产成本并增加利润。通过优化流程、引入先进的生产技术和设备、提供员工培训和激励措施等，企业可以提高生产效率、减少决策失误和资源浪费，并实现更高的产出。此外，自动化和数字化解决方案也可以进一步提高效率和生产力。

（5）发展附加值服务：提供附加值服务可以为企业带来更高的利润。通过了解客户需求并提供个性化的解决方案，提供增值服务如售后支持、培训和咨询等，企业可以在市场中获得竞争优势，并通过提高产品的附加值来获取更高的利润。

通过上述方法，企业可以有效地提升盈利能力。然而，每个企业的情况和行业特点都有所不同，因此，找到适合自身的方法并进行灵活的调整是至关重要的。

任务实施

1. 基础任务

根据以上盈利分析的具体内容，小组根据企业的盈利能力相关的财务数据指标分析一家企业的盈利能力和发展前景，并进行横向行业和纵向时间轴的对比分析。

成果提交格式：形成《某企业 2022—2024 年盈利能力趋势分析》《某企业盈利能力行业对比分析》。

2. 提升任务

结合所学知识，填写表 6-25。

表 6-25　企业盈利能力提升方法

序号	维度	方法
1	企业战略规划	
2	企业盈利策略	
3	企业成本控制	

任务考核

在本次任务完成后,综合各项表现和评分标准,填写表 6-26 和表 6-27。

表 6-26　评分标准

评价项目	分值	评分标准	得分
不同时期盈利能力数据搜集	20	数据收集涉及以盈利能力时间线为轴的数据,内容完整,得 20 分;不符合要求的,酌情扣分	
不同企业盈利能力数据搜集	20	数据收集涉及盈利能力横向的行业数据对比分析,内容完整,得 20 分;不符合要求的,酌情扣分	
盈利能力问题汇总	30	企业盈利问题分析细致,得 30 分;分析不够深刻,流于形式,酌情扣分	
盈利能力策略建议	30	改进措施针对性强,可操作性高,得 30 分;改进措施可操作性差,不够全面,酌情扣分	
合　　计			

表 6-27　综合成绩

任务形式	任务成果展现	个人自评(20%)	小组互评(30%)	教师点评(50%)	合计
不同时期盈利能力数据搜集(20 分)					
不同企业盈利能力数据搜集(20 分)					
盈利能力问题汇总(30 分)					
盈利能力策略建议(30 分)					
综合得分					

模块三　把控债务,降低风险

企业具备一定的盈利能力,就一定能获得利润吗?如果不能,就需要对企业的偿债能力进行分析,这样可以全面考察企业持续经营的能力和风险,有助于预测企业未来的收益。如果企业不能清楚地了解自己的偿债能力,不能按时偿还到期债务,严重时可能有破产清算的风险。

任务 1　判断企业的偿债能力

任务描述

小王作为企业运营部门的经理,目前遇到了经营困境,很多新项目开展不下去,各种筹资渠道都不愿意再给企业融资,究其根源是企业的信用评级很低。小王咨询财务管理人员小李,说是企业信用评级与长短期偿债能力有关。那么,哪些指标能够反映企业偿债能力呢? 具体该如何分析呢?

任务分析

根据任务描述,要想评估该企业的偿债能力,就要计算出偿债能力的指标并进行分析,具体内容包括以下两个方面。

(1) 对偿债能力指标进行分类和计算。

(2) 运用这些指标评价企业控制债务风险的能力。

学习准备

收集财务数据:调查企业 2022—2024 年债务类型,填写表 6-28。

表 6-28　企业调查表

年份	贷款的机构	借款金额	利率	还款期限
2022				
2023				
2024				

任务背景知识

1. 偿债能力分析的含义

偿债能力分析是指对企业用其资产偿还长期债务与短期债务的能力进行分析。企业有无支付现金的能力和偿还债务的能力,是企业能否生存和健康发展的关键。静态地讲,偿债能力就是用企业资产清偿企业债务的能力;动态地讲,就是用企业资产和经营过程创造的收益偿还债务的能力。

2. 偿债能力分析的目的

(1) 了解企业的财务状况。从企业财务状况这一定义来看,企业偿债能力的强弱是反映企业财务状况的重要标志,辅以企业发展的稳定性和近期增长情况。

(2) 揭示企业所承担的财务风险程度。当企业举债时,就可能会出现债务不能按时偿付的情况,这就是财务风险的实质所在。而且,企业的负债比率越高,到期不能按时偿付的可能性越大,企业所承担的财务风险就越大。

(3) 预测企业筹资前景。当企业偿债能力强时,说明企业财务状况较好,信誉较高,债权人就愿意将资金借给企业;否则,债权人就不愿意将资金借给企业。因此,当企业偿债能力较弱时,企业筹资前景不容乐观,或企业将承担更高的财务风险。

(4) 为企业进行各种理财活动提供重要参考。偿债能力是指企业偿还到期债务(包括本息）的能力。能否及时偿还到期债务，是反映企业财务状况好坏的重要标志。通过对偿债能力的分析，可以考察企业持续经营的能力和风险，有助于对企业未来收益进行预测。

3. 偿债能力分析的分类

一般地说，由于负债可分为流动负债和长期负债，资产可分为流动资产和非流动资产，所以，偿债能力可分为短期偿债能力和长期偿债能力。

短期偿债能力主要可通过企业流动资产与流动负债的对比得出，包括流动比率、速动比率、现金流动负债比率等。

长期偿债能力主要可通过企业非流动资产及收益与长期负债的对比得出，包括长期负债率、资产负债率、净资产负债率、产权比率、负债与有形净资产比率、债务本息偿付比率、利息保障倍数、现金流量比率和固定费用补偿倍数等。

4. 长期偿债能力分析指标

长期偿债能力是评估企业财务稳定性和可持续性的关键指标之一。常用的长期偿债能力指标有以下几种。

1）资产负债率

资产负债率是衡量企业负债与资产之间关系的指标。它通过计算企业总负债与总资产的比例来反映企业的负债程度。较高的资产负债率可能意味着企业承担了较高的债务风险。一般来说，低于50%的资产负债率被认为是较为健康的水平。

例如，如果企业总负债为500万元，总资产为1 000万元，那么资产负债率为50%。这意味着企业的负债占总资产的一半，剩余的50%是企业的净资产。投资者可以根据行业的特点和企业的盈利能力来评估资产负债率的合理范围。

课堂互动： 某企业的流动资产为360 000元，长期资产为4 800 000元，流动负债为205 000元，长期负债为780 000元，则资产负债率为多少？

2）产权比率

产权比率，也称资本负债率，是指负债总额与所有者权益总额的比率，是企业财务结构稳健与否的重要标志。其计算公式为

$$负债与所有者权益比率＝（负债总额/所有者权益总额）×100\% \tag{6-18}$$

该比率反映了所有者权益对债权人权益的保障程度，即在企业清算时债权人权益的保障程度。该指标越低，表明企业的长期偿债能力越强，债权人权益的保障程度越高，承担的风险越小，但企业不能充分地发挥负债的财务杠杆效应。

3）负债与有形净资产比率

负债与有形净资产比率是负债总额与有形净资产的比例关系，表示企业有形净资产对债权人权益的保障程度。其计算公式为

$$负债与有形净资产比率＝（负债总额/有形净资产）×100\% \tag{6-19}$$

$$有形净资产＝所有者权益－无形资产－递延资产企业的无形资产 \tag{6-20}$$

递延资产等一般难以作为偿债的保证，从净资产中将其剔除，可以更合理地衡量企业清算时对债权人权益的保障程度。该比率越低，表明企业长期偿债能力越强。

4）利息保障倍数

利息保障倍数是企业息税前利润与利息费用的比率，是衡量企业偿付负债利息能力的

指标。其计算公式为

$$利息保障倍数 = 息税前利润 / 利息费用 \qquad (6-21)$$

式(6-21)中,利息费用是指本期发生的全部应付利息,包括流动负债的利息费用,长期负债中进入损益的利息费用以及进入固定资产原价中的资本化利息。

利息保障倍数越高,说明企业支付利息费用的能力越强;该倍数越低,说明企业难以保证用经营所得来及时足额地支付负债利息。因此,它是衡量企业偿债能力强弱的主要指标。一般情况下,利息保障倍数不能低于1。

案例分析:评估公司的偿债能力

5)现金流量比率

现金流量比率是衡量企业偿债能力的重要指标之一。它通过计算企业经营活动产生的现金流量与债务支付所需现金流量的比值来反映企业还本付息的能力。较高的现金流量比率表明企业有足够的现金流量满足债务支付,而较低的比率则可能表明企业面临偿付压力。一般来说,现金流量比率大于1被视为较好的水平。

例如,企业经营活动产生的现金流量为50万元,支付债务所需现金流量为40万元,则现金流量比率为1.25。这意味着企业经营活动产生的现金流量可以覆盖债务支付所需现金流量的1.25倍。投资者在评估现金流量比率时,应考虑企业的盈利质量和现金流稳定性。

课堂互动:表6-29是某公司的资产负债表截图,请根据相关财务数据回答以下问题。

该公司的资产负债率为_____,产权比率为_____,有形净值债务率为_____。

表6-29 某公司的资产负债表 单位:万元

资产		负债及股东权益	
流动资产	655	流动负债	290
固定资产	1 570	长期借款	540
无形资产	5.5	应付债券	200
递延资产	7.5	其他长期负债	25
其他长期资产	5	长期负债合计	765
资产总计	2 243	股东权益	1 188
		负债及股东权益	2 243

5. 短期偿债能力分析指标

短期偿债能力也叫短期流动性,是指企业偿还短期债务的能力。短期偿债能力是企业流动资产对流动负债及时足额偿还的保证程度,是衡量企业当前财务能力特别是流动资产变现能力的重要标志。

企业短期偿债能力分析主要采用比率分析法,衡量指标主要有营运资本、流动比率、速动比率和现金流动负债比率。

1)营运资本

营运资本是合营企业流动资产总额减流动负债总额后的净额,即企业在经营中可供运用、周转的流动资金净额。营运资本的特点如下。

(1)周转时间短。这一特点说明营运资金可以通过短期筹资方式加以解决。

（2）非现金形态的营运资金如存货、应收账款、短期有价证券容易变现，这一点对企业应付临时性的资金需求有重要意义。

（3）数量具有波动性。流动资产或流动负债容易受内外条件的影响，数量的波动往往很大。

（4）来源具有多样性。营运资金的需求问题既可通过长期筹资方式解决，也可通过短期筹资方式解决。仅短期筹资就有银行短期借款、短期融资、商业信用、票据贴现等多种方式。

2）流动比率

流动比率是流动资产与流动负债的比率，表示企业每一元流动负债有多少流动资产作为偿还的保证，反映了企业的流动资产偿还流动负债的能力。其计算公式为

$$流动比率＝流动资产/流动负债 \tag{6-22}$$

一般情况下，流动比率越高，反映企业短期偿债能力越强。因为该比率越高，不仅反映企业拥有较多的营运资金抵偿短期债务，而且表明企业可以变现的资产数额较大，债权人的风险越小。但是，过高的流动比率并不均是好现象。

3）速动比率

速动比率，又称酸性测试比率，是企业速动资产与流动负债的比率。其计算公式为

$$速动比率＝速动资产/流动负债 \tag{6-23}$$

其中

$$速动资产＝流动资产－存货 \tag{6-24}$$

或

$$速动资产＝流动资产－存货－预付账款－待摊费用 \tag{6-25}$$

一般认为，速动比率维持在 1∶1 较为正常，它表明企业每一元流动负债就有一元易于变现的流动资产来抵偿，短期偿债能力有可靠的保证。速动比率过低，企业的短期偿债风险较大。速动比率过高，企业在速动资产上占用资金过多，会增加企业投资的机会成本。

4）现金流动负债比率

现金流动负债比率是企业一定时期的经营现金净流量与流动负债的比率，它可以从现金流量角度来反映企业当期偿付短期负债的能力。其计算公式为

$$现金流动负债比率＝年经营现金净流量/年末流动负债 \tag{6-26}$$

式（6-26）中，年经营现金净流量指一定时期内，由企业经营活动所产生的现金及现金等价物的流入量与流出量的差额。

该指标是从现金流入和流出的动态角度对企业实际偿债能力进行考察。用该指标评价企业偿债能力更为谨慎。该指标较大，表明企业经营活动产生的现金净流量较多，能够保障企业按时偿还到期债务。但该指标也不是越大越好，太大则表示企业流动资金利用不充分，收益能力不强。

🌐 任务实施

1. 基础任务

以小组为单位，计算出企业的短期和长期偿债能力数据，对其偿债能力进行分析。通过对偿债能力指标的分析、解读和对比，可以帮助管理者做出明智的决策，提升财务风险控制能力。

案例分析：计算资本、比率与评估短期偿债能力

成果提交格式：形成《某企业短期偿债能力指标分析》《某企业长期偿债能力指标分析》。

2. 提升任务

以小组为单位，任选学校周围的一家水果店、便利店、奶茶店，分析其债务的来源、形成的原因和负债的特点，填写表 6-30。

表 6-30 企业调查表

企业名称	债务来源	债务形成的原因	负债特点

任务考核

在本次任务完成后，综合各项表现和评分标准，填写表 6-31 和表 6-32。

表 6-31 评分标准

评价项目	分值	评分标准	得分
短期偿债能力指标计算	35	指标计算涉及短期偿债能力的数据，内容完整，搜集和计算详细，得 35 分；不符合要求的，酌情扣分	
长期偿债能力指标计算	35	指标计算涉及长期偿债能力的数据，内容完整，搜集和计算详细，得 35 分；不符合要求的，酌情扣分	
数据汇总分析	30	企业整体债务风险分析细致，得 30 分；分析不够深刻，流于形式，酌情扣分	
合　　计			

表 6-32 综合成绩

任务形式	任务成果展现	个人自评（20%）	小组互评（30%）	教师点评（50%）	合计
短期偿债能力指标计算（35 分）					
长期偿债能力指标计算（35 分）					
数据汇总分析（30 分）					
综合得分					

任务 2　企业债务风险控制

任务描述

小张最近收到很多银行的催收电话，企业的多笔贷款即将到期。作为企业负责人，小张一直忙于扩大业务，忽视了企业的债务问题，公司的借款长期疏于管理，造成了重大的债务风险。如何进行债务风险控制呢？

任务分析

（1）通过分析企业目前的财务数据，包括现金流量、资产负债表、利润表等，评估企业的偿债能力。

（2）识别企业短期和长期的偿债压力，以及可能存在的偿债风险。

（3）根据偿债能力分析的结果，制定有针对性的债务风险控制策略。

学习准备

以小组为单位，调查3家零售企业的债务结构，填写表6-33。

表6-33　企业调查表

企业名称	短期债务比重	长期债务比重	债务结构是否合理

任务背景知识

1. 影响企业偿债能力的因素

1）企业资产负债情况

企业的资产负债情况是影响偿债能力的重要因素。资产负债表反映了企业资产和负债的状况。如果企业资产规模大、流动性好、负债较少且为短期负债，那么企业的偿债能力较强。此外，企业的营运资金也是衡量偿债能力的重要指标。如果企业的营运资金充裕，那么企业在短期内偿还债务的能力就较强。

2）企业盈利能力

企业的盈利能力对偿债能力有着直接的影响。企业的盈利水平高意味着企业有更多的现金流入，更容易偿还债务。同时，企业的盈利能力也可以用于衡量企业经营管理的水平和抗风险的能力。

3）企业经营风险

企业的经营风险是影响偿债能力的重要因素之一。经营风险包括市场风险、信用风险、法律风险等。如果企业面临的风险大，那么企业的偿债能力就会受到影响。

4）企业的融资能力

企业的融资能力是影响偿债能力的重要因素之一。企业能否获得足够的资金来偿还债务直接关系企业的偿债能力。同时，企业的信用状况也会影响企业融资的能力。信誉较好的企业更容易获得低成本的融资，从而提升偿债能力。

5）宏观经济环境和政策因素

宏观经济环境对企业发展至关重要，如果宏观经济情况不佳，企业面临的偿债压力会增加，偿债能力会减弱。此外，政策因素也会对企业的偿债能力产生影响，因此企业需要密切关注宏观经济环境和政策变化，并灵活调整经营策略，以应对不利的影响。

2. 企业偿债能力和财务风险管理的关系

偿债能力和财务风险管理是企业财务管理中两个重要的方面。偿债能力指的是企业在面临债务偿还压力时能够按时足额偿还债务的能力,是企业财务稳定和可持续发展的重要保障。财务风险管理则是指企业对财务风险进行有效的识别、评估、控制和应对的过程,旨在保护企业的财务安全和利益。

一方面,偿债能力是企业财务风险管理的基础和前提。只有当企业具备足够强大的偿债能力,才能够在面临财务风险时有能力承担、化解和应对这些风险。如果企业的偿债能力较弱,资金流动性不足,就会增加企业面临财务风险的概率和风险程度。因此,提高企业的偿债能力是预防和控制财务风险的重要手段。

另一方面,财务风险管理对于提高企业的偿债能力也起到了重要的促进作用。财务风险管理不仅能够帮助企业有效地防范和化解各种财务风险,减少财务风险对企业偿债能力的冲击,还能够提高企业财务的透明度和稳定性,提升企业在市场上的信誉和形象。这些有利于增强企业的信贷能力和融资能力,进而提高企业的偿债能力。

3. 企业偿债能力的提升对策

1)提高资产质量

首先,加强存货管理,合理安排存货的生产和销售;其次,加强应收账款的管理,建立客户信用评价体系,对不同的客户采用不同的销售策略;最后,加强投资管理,投资前应当进行可行性研究,对投资回报率、投资风险进行评估,避免盲目投资而占用企业资金。

2)提高盈利能力

企业应及时进行盈利能力分析,找出企业盈利能力下降的原因,并采取相应的措施提高企业的盈利能力。在研究分析以前销售收入和销售模式的基础上,制定长期销售战略,找好市场定位,积极开发新产品和新市场,努力提高企业的盈利能力。

3)提高现金流量水平

企业应提前预测生产经营活动中可能发生的较大交易支出和流入的现金,并用合适的方式分配现金,预防企业突发性的融资问题。

4)科学融资

企业应根据实际情况并结合多种融资方式的特点进行合理融资,降低融资成本和风险。

5)制订合理的偿债计划

偿债计划要根据企业的债务合同和企业的实际生产经营状况制订,企业的生产销售计划、偿债计划、资金链等方面应充分结合协调,对负债进行全面评价,并建立应急机制,防范意外风险,以保证在债务到期时有充足的资金偿还。

6)建立偿债基金

首先,建立偿债基金的账户管理体制,将偿债基金的形成与使用纳入会计专项核算和控制;其次,对偿债基金形成与使用中所引起的资金流出要有科学的规定并严格执行;最后,健全偿债监督机制,形成有效的偿债监管体系,促进和保障各项债务偿付。

总之,企业的目标是获得利润和发展,企业的偿债能力不仅关系着投资人和债权人的利益,也关乎企业未来的发展。企业偿债能力受到营运能力、盈利能力和现金流量等多种因素的影响,企业需要根据自身实际情况,优化资产结构,构建合理的筹融资构架,建立债务预警机制,制订科学的偿债计划,从多角度、多维度提高企业的偿债能力,确保企业健康可持续发展。

任务实施

1. 基础任务

小组根据企业的债务能力相关的财务数据指标分析一家企业的风险控制能力，进行横向行业和纵向时间轴的对比。

成果提交格式：形成《某企业 2022—2024 年债务增长趋势分析》《某企业偿债能力行业对比分析》。

2. 提升任务

小组需要找到对所调研企业在债务风险控制方面未来发展的展望和建议，填写表 6-34。

表 6-34　企业债务管理策略

债务管理维度	企业债务管理策略
债务结构	
债务规模	
风险防范机制	

任务考核

在本次任务完成后，综合各项表现和评分标准，填写表 6-35 和表 6-36。

表 6-35　评分标准

评价项目	分值	评分标准	得分
偿债能力时间轴数据搜集	30	数据收集涉及偿债能力时间线为轴的数据，内容完整，得 30 分；不符合要求的，酌情扣分	
偿债能力横向数据搜集	30	数据收集涉及偿债能力横向的行业数据对比分析，内容完整，得 30 分；不符合要求的，酌情扣分	
偿债能力问题汇总	30	偿债问题分析细致，得 30 分；分析不够深刻，流于形式，酌情扣分	
偿债能力策略建议	10	改进措施针对性强，可操作性高，得 10 分；改进措施可操作性差，不够全面，酌情扣分	
合　　计			

表 6-36　综合成绩

任务形式	任务成果展现	个人自评（20%）	小组互评（30%）	教师点评（50%）	合计
偿债能力时间轴数据搜集（30 分）					
偿债能力横向数据搜集（30 分）					
偿债能力问题汇总（30 分）					
偿债能力策略建议（10 分）					
综合得分					

项目小结

（1）会计三大报表分别是资产负债表、损益表、现金流量表。资产负债表反映企业报表拓展阅读：
居安思危，
思则有备，
有备无患

日财务状况，损益表反映企业会计期间的盈利情况，现金流量表反映企业会计期间的经营、投资、筹资现金流情况。

（2）盈利能力就是企业赚取利润的能力。企业盈利能力分析主要是通过对企业收益、成本、费用等因素的分析，评价企业的经营成果和投资效益，为企业决策提供重要依据。

（3）企业偿债能力是反映企业财务状况的重要标志。企业有无支付现金的能力和偿还债务的能力，是企业能否生存和健康发展的关键。

参 考 文 献

[1] 杨从亚,邹洪芬,斯燕.商务数据分析与应用[M].2 版.北京:中国人民大学出版社,2024.

[2] 杨凤,何亮.商务数据分析与应用[M].2 版.成都:西南财经大学出版社,2024.

[3] 郑玉亮,马艳秋.数据化运营(微课版)[M].北京:人民邮电出版社,2024.

[4] 秦军昌,李明臣.商务数据分析与应用(微课版)[M].北京:人民邮电出版社,2024.

[5] 王晓亮,何璐.数据化运营与管理[M].北京:人民邮电出版社,2024.

[6] 王刚.商务数据分析[M].北京:科学出版社,2023.

[7] 沈凤池.商务数据分析与应用(微课版)[M].2 版.北京:人民邮电出版社,2023.

[8] 吴洪贵.商务数据分析与应用[M].2 版.北京:高等教育出版社,2023.

[9] 李浩光,张芬芬.商务数据分析与处理[M].成都:电子科技大学出版社,2021.

[10] 贾树生,刘琪.商务数据分析[M].北京:中国铁道出版社有限公司,2022.

[11] 李岩松.淘宝精准运营·策略营销与客户服务[M].北京:清华大学出版社,2021.

[12] 卢彰诚,邱丽萍,朱留栓.网店数据化运营与管理[M].北京:清华大学出版社,2023.